카네이션

브레이크 없는 어느 자동차 왕국 시승기

오민규 지음

이매진

카네이션

이매진의
시선
時線 03

카네이션
브레이크 없는 어느 자동차 왕국 시승기

1판 1쇄 2017년 3월 20일 **지은이** 오민규 **펴낸곳** 이매진 **펴낸이** 정철수 **등록** 2003년 5월 14일 제313-2003-0183호 **주소** 서울시 은평구 진관3로 15-45호, 1019동 101호 **전화** 02-3141-1917 **팩스** 02-3141-0917 **이메일** imaginepub@naver.com **블로그** blog.naver.com/imaginepub **ISBN** 979-11-5531-082-3 (03300)

- 환경을 생각해 재생 종이로 만들고 콩기름 잉크로 찍은 책입니다. 표지 종이는 앙코르 190그램이고, 본문 종이는 그린라이트 70그램입니다.
- 값은 뒤표지에 있습니다.
- 이 도서의 국립중앙도서관 출판도서목록(CIP)은 서지정보유통지원시스템 홈페이지(http://seoji.nl.go.kr)와 국가자료공동목록시스템(http://www.nl.go.kr/kolisnet)에서 이용하실 수 있습니다.(CIP제어번호: CIP2017006220)

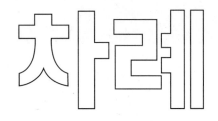

차례

죽음의 레이스,
너무 많은 차

"엄마, 저 사람들 왜 데모해?"

"차가 안 팔려서 공장 문을 닫는대."

"차가 왜 안 팔리는데?"

"응, 차를 너무 많이 만들어서 그렇대."

"차를 많이 만드는데 왜 우리 집에는 한 대도 없어?"

"응? 그건……우리가 돈이 없어서……."

세계 수준의 경제 위기와 공황이 시작된 뒤 미국과 유럽에서 자주 볼 수 있는 광경이다. 2008년 9월 리먼 브라더스가 파산하면서 시작된 미국발 금융 위기는, 미국의 자존심이라 할 수 있는 '빅 3'(제너럴모터스^{GM}, 크라이슬러, 포드)를 파산 직전까지 몰고 갔다. 조립 공장 수십 개가 문을 닫았고, 노동자 수십만 명이 해고됐다.

2년 뒤에는 유럽 재정 위기가 터지면서 공장 폐쇄 물결이 시작됐다. 곳곳에서 타이어를 불태우고 공장을 점거하는 노동자 파업이 줄을 이었다.

미국이나 유럽뿐 아니라 이곳 한국도 마찬가지다. 2009년 파산에 몰린 쌍용자동차가 그랬고, 지금 생산 물량이 줄어 구조 조정 위기 앞에 선 한국지엠이 그렇다.

아이 엄마가 짚은 대로 이 노동자들이 쫓겨나는 이유는 어처구니없게도 회사가 시키는 대로 차를 너무 많이 만든 탓이다. 그렇지만 만약 회사가 시키는 대로 많이 만들지 않았다면 더 일찍 잘렸을 테니 노동자들에게는 선택의 여지도 없다.

도대체 얼마나 많은 차를 더 만들어야 만족할 수 있을까? 세계 여러 나라의 자동차공업협회와 자동차 관련 전문 잡지가 한 분석에 따르면, 2012년 말 현재 전세계에서 굴러다니는 자동차는 11억 1400만 대 정도다. 이 중에서 승용차만 7억 7000만 대에 이른다. 세계 인구를 70억 명으로 계산하면 9.1명당 1대인 셈이다.

선진국으로 가면 이 숫자는 훨씬 작아진다. 미국은 2.6명당 1대, 일본은 2.1명당 1대, 유럽연합^{EU} 국가들은 평균 1.9명당 1대다. 한국도 3.4명당 1대를 갖고 있다. 운전을 할 수 있는 인구 수를 기준으로 하면 수치는 더 떨어진다. 그런데 생산량은 해마다 크게 늘고 있다. 2008년에 터진 경제 위기로 꽤 큰 타격을 입은 세계 자동차 산업은, 대륙별로 조금씩 차이가 있지만 2009~2010년의 회복기를 거쳐 2011년부터 다시 2007년 수준을 넘어서며 생산과 판매가 늘고 있다.

2012년 전세계에서 자동차 8090만 대가 팔렸으며, 2013년 판매량은 8427만 대를 넘어섰다. 전세계 자동차 공장의 생산 능력은 이미 연간 1억 대를 넘어섰다. 이런 흐름이면 선진국은 운전 가능 인구 수 대비 1명당 승용차 1대를 넘는 날을 곧 맞게 된다.

이제 우리는 이런 질문을 정면으로 던져야 한다. 세계 자동차 생산량은 인류의 필요를 넘어서고 있다. 생산 능력은 훨씬 더 가파른 수준으로 올라가고 있다. 과연 인류에게 이 정도 수준의 자동차, 아니 지금보다 더 많은 자동차가 필요할까? 우리는 자동차 '과잉 생산'이라는 문제에 직면해 있는 게 아닐까?

물론 인류에게 '필요한' 자동차가 충분히 만들어지고 있지는 않다. 아프리카 오지를 달리며 환자들을 실어 나를 앰뷸런스, 저개발 국가 주민을 싣고 거친 길을 달릴 버스처럼 인류에게 꼭 필요한 차량은 수익성이 크지 않다는 이유로 외면당한다. 따라서 과잉 생산의 '과잉'이란 '인류의 필요를 다 채우고도 남을 만큼 생산된다'는 말이 아니라 '구매력(소비 능력)에 견줘 많이 생산된다'는 뜻이다. 환자를 실어 나를 앰뷸런스가 꼭 필요한 곳은 차가 모자란 반면, 차가 넘쳐나는 곳은 팔릴 가능성도 높지 않은 자동차를 많이 찍어내고 있다는 말이다.

아이 엄마 말처럼 '차를 너무 많이 만들어서 차가 팔리지 않는 상황'에 이르면, 자동차 공장 사장님들은 이제 생산력 파괴에 나선다. 어떻게 생산력을 파괴하느냐고? 공장 문을 닫고 노동력을 폐기 처분한다. 공장 폐쇄와 정리해고다.

웃기는 일은 많은 노동자를 자르고 나서도 자본은 살아남은 노동자들에게 '생산성 향상'을 요구하며 단위 시간당 생산 대수를 높이라고 닦달한다는 점이다. 아니, 겨우 1~2년 차가 안 팔린다며 수십 년 청춘을 함께 보낸 동료들을 해고해놓고서?

2007년 7316만 대로 최고치를 기록한 세계 자동차 판매량은 2008년 미국발 금융 위기로 폭락하기 시작해 2009년 6500만 대로 떨어졌지만, 2010년부터 숨 고르기에 들어가더니 이내 회복기를 거쳐 2014년에는 2007년보다 훨씬 많은 8816만 대를 판매했다.

늘어난 판매량은 13억 인구를 가진 중국을 빼놓고 설명할 수 없다. 2007년 판매량이 879만 대에 지나지 않던 중국 자동차 내수 시장은 어느새 2300만 대(2014년 기준)를 넘어 세계 1위 자리를 꿰찼다. 차량이 갑자기 늘어 100미터 앞도 보이지 않는 스모그에 시달리게 된 몇몇 대도시는 '신차 등록 제한제'를 도입할 정도다. 그렇지만 중국을 빼면 판매량은 2007년의 최대치에 다가갔을 뿐이다. 그런데 어쩌나? 노동자를 비롯한 소비자의 지갑 사정은 그때보다 더 나빠졌다. 공장 폐쇄와 정리해고로 실업률도 치솟았다. 도대체 이 자동차들을 누가 산다는 말인가?

2008년 세계를 강타한 경제 위기는 잠시 숨을 고르고 있을 뿐 여전히 세계 경제 밑바닥에서 강하게 꿈틀대는 중이다. 세계 자동차 산업은 다시 한 번 과잉 생산의 나락으로 정신없이 몰려가고 있다. 언제 다시 폭발할지 모를 시한폭탄을 장착한 채.

자동차 공장 사장님들은 이런 위기를 감지하지 못하고 있을까? 알 수 없다. 그렇지만 한 가지는 확실하다. 위기의 가능성을 알고 있더라도 사장님들은 이 죽음의 레이스를 멈출 수 없다는 점 말이다.

"과잉 생산이 자동차 산업 전체를 집어삼킬 수 있으니 우리 여기서 탐욕의 경쟁을 잠시 중단하고 생산량을 통제합시다." 누가 이런 얘기를 할 수 있을까? 어떤 사장님이 이런 얘기를 용기 있게 한다손 치더라도 나머지 사장님들은 이렇게 생각한다. "그래, 누군가 이 경쟁에서 몰락할 가능성이 높지. 그렇지만 그게 나만 아니면 되지 않겠어?"

위기의 결과로 자동차 산업 전체의 이윤은 줄어들고 이윤율은 떨어질 수 있다. 몇몇 회사는 몰락할 수도 있다. 그렇지만 그 과정에서 살아남은 자본은 더 많은 기회를 얻는다. 총자본의 이윤은 줄어들더라도 자기가 누릴 이윤과 이윤율만 높아진다면, 우리네 사장님은 얼마든지 다른 사장님들의 이해하고 정반대로 행동할 자세가 돼 있다.

이윤만 추구하는 자본의 이런 탐욕이 자본주의를 지탱해온 만큼 이 탐욕을 통제하는 일은 자본가들 스스로 자본주의를 포기하는 짓이나 다름없다. 그리고 여기에 한 가지를 더 보태야 한다. 자본가들은 위기를 관리하려고 오래전부터 강력한 대응책을 마련해왔다. '세계적 수준의 공장 이동'과 '물량 경쟁과 생산 재배치'가 바로 그것이다.

—

애덤 스미스를 비롯한 자본주의 성립기의 이론가들은 이 체제가 생각보다 매우 쉽게 무너질 수 있다며 두려워했다. 먼저 자본가에 견줘 노동자의 수가 압도적으로 많았다. 오죽하면 존 스튜어트 밀이 부르주아 계급에게 투표권을 몇 개씩 더 주자는 제안까지 했을까. 자본은 국경을 넘어서 이동하기 어려운 반면 노동자들은 자유롭게 국경을 넘을 수 있다는 사실도 두려워했다. 게다가 노동자의 단결은 이런 과정을 거쳐 국제적 수준으로 확대될 수 있는 반면 자본가는 기껏해야 한 나라 안에서 힘을 합칠 수밖에 없는 만큼 자기들이 아주 불리하다고 봤다.

그러나 후대의 자본가들은 이 생각을 완전히 거꾸로 뒤집어놓았다. 전세계 모든 국가에서 노동력이 국경을 넘는 일은 엄격히 통제되는 반면, 자본은 국경을 자유롭게 넘나들기 시작했다. 그리고 마침내 그전에는 불가능하다고 여긴 것까지 국경을 넘어 이동시키는 데 성공한다. 바로 '공장'이다.

데이비드 카퍼필드의 마술이라도 동원한 걸까? 영화에서 보던 순간 이동? 아니다. 이곳 공장 문을 닫고 저곳에 공장을 새로 짓는 방식이다. 에이, 그럼 비용이 많이 깨지잖아? 아니다. 저곳 노동자의 임금과 생산 비용이 이곳의 10분의 1이라면 훨씬 남는 장사다. 게다가 저곳으로 공장을 옮긴다는 말 한마디만 해도 이곳의 노동자들과 노조가 두려움에 떨며 양보하려 하니 일석이조다.

21세기 들어 이 현상은 훨씬 압축적으로 진행된다. 지엠, 포드, 크라이슬러, 도요타, 르노-닛산, 폭스바겐은 물론이고 이제 한국의 현대-기아차도 전세계 거의 모든 대륙에 생산 공장을 운영한다. 따라서 새로운 공장을 지을 필요도 없다. 그냥 이 공장에서 저 공장으로 생산 물량만 옮기면 된다. 물량을 이동하는 방식으로 세계적 수준의 생산 재배치를 언제든 할 수 있다는 말이다.

이렇게 물량을 이동하는 이유는 생산 비용이라고 말들 한다. 그렇지만 노동자들을 '물량 경쟁'의 도가니로 밀어 넣는 일이 더 중요하다. "더 많은 생산 물량을 확보하려면 더 양보하라. 가장 많이 양보하는 쪽에 신차 물량을 배정하겠다." 그 과정에서 폐쇄되는 공장과 신차 물량을 확보하는 공장의 명암이 엇갈린다.

이제 전세계 각 대륙을 오가는 이동이 바로 우리 옆에서 벌어진다. 유럽은 얼마 전만 해도 한국 자동차 산업의 주요 수출 무대로 알려져 있었다. 이를테면 지엠의 소형 스포츠 실용차(에스유브이ᴿᵁⱽ)인 쉐보레 트랙스의 유럽 시장용 모델 오펠Opel 모카는 모두 한국지엠의 부평 공장에서 만들어 유럽에 수출했다. 그런데 이 물량을 갑자기 지엠의 스페인 공장으로 옮겨버린다. 또한 2013년 말에 반짝 출시돼 인기를 끈 르노삼성의 '캡처(큐엠3QM3)'는 한국에서 만드는 차가 아니다. 팔리기는 한국에서 만드는 차 못지않게 잘 팔리지만, 사실은 스페인에 있는 르노의 바야돌리드 공장에서 생산돼 한국으로 수입된다.

상식이 깨지는 순간이다. 한국에서 만들면 유럽보다 비용이 덜 들지 않나? 자유롭게 공장을 이동하고 물량을 옮기는 자본가들의 움직임은 이런 믿기 어려운 사건들을 우리 눈앞에 더 많이 보여줄 수 있다. 안타깝게도 노동자들도 이런 경쟁의 도가니 속으로 끌려 들어왔다. 임금과 노동 조건, 특히 고용이 자동차 생산량과 판매량이나 이윤에 좌우되는 일을 자주 겪는다. 노동조합은 대부분 자본의 논리에 그대로 젖어들어 양보하는 대가로 생산 물량을 따내고 고용을 지키는 데 몰두한다. 다른 나라 노동자들의 생존권을 희생하더라도 말이다.

대안은 없을까? 양보를 해서라도 생산 물량을 따내고 다른 곳에 빼앗기지 않기, 이것이 임금과 노동 조건과 고용을 방어할 수 있는 자동차 산업 노동자들의 유일한 대안일까? 다른 대안은 없을까? 내가 던지려는 진짜 질문이다. 개별 자본과 자본에 종속된 노동만을 놓고 보면, 이 질문의 대답은 '그렇다'다. 다른 대안은 없다. 그렇지만 아예 질문 자체를 바꾸면 어떻게 될까? 내게도 정답은 없다. 아직은 많은 오답만 갖고 있다. 다만 정답에 가까운 오답이기를 바랄 뿐이다.

왜 대안이 없을까? 상상력을 발휘하자. 지금 세계는 너무 많은 자동차를 만들고 있다. 그런데 어째서 더 많은 자동차 생산 물량을 따오는 일이 대안이 된다는 말인가. 더 많이 생산하면 공황의 수렁으로 더 깊이 들어갈 뿐인데! 자동차를 너무 많이 생산해서 자동차를 살 수 없는 시대, 자동차가 넘쳐나지만 정작 필요한 자동차는 구할 수 없는 이 야만을 확대할 뿐인데!

—

프레임을 바꾸자. 사고 틀을 바꾸는 데 돈은 들지 않는다. '이윤 추구에 도움이 되는 자동차 생산'이 아니라 '인류에게 필요한 자동차 생산'이라는 관점에서 한번 보자는 말이다. 그렇게 프레임을 바꿔서 보면 자동차 산업의 생산 시스템은 완전히 달라져야 한다는 사실을 알 수 있다. 앰뷸런스와 대중교통용 버스 등에 우선순위를 둬야 한다. 아울러 신차를 출시하는 주기에 맞춰 5~6년에 한 번씩 차를 바꾸지 말고, 튼튼하고 안전한 자동차를 만들어 다음 세대에 물려줘야 한다. '인류의 필요'에 따라 생산 시스템이 바뀌어야 한다.

1년에 한 달도 채 쓰지 않는 자동차가 주차장에 즐비하다. 심지어 집집마다 2~3대씩 갖고 있는 사람도 많다. 도로에는 너무 많은 자동차가 줄지어 신호를 기다린다. 이런 일이 과연 합리적일까? 자나 깨나 생산성과 효율성 제고를 부르짖는 자본주의 체제의 관점에서 보더라도 '효율' 있는 시스템이기는 한 걸까?

스파이 영화에서 접선 장소로 자주 쓰일 만큼 유럽에서 빨래방은 '대중적인 공공장소'다. 유럽처럼 빨래방을 대중화하면 집집마다 세탁기를 하나씩 갖고 있을 필요가 있을까? 이런 방식을 자동차에 적용할 수는 없을까? 요즘 세계 몇몇 도시에서 대중교통에 요금을 매기지 않는 '무상 교통'이 시행되고 있다. 그렇게 되면 출퇴근에 자가용이 아니라 대중교통을 이용할 수 있게 교통 정책과 도로 정책이 바뀐다. 주말이나 여가 시간에만 자동차를 쓰면 지금 같은 자동차 소유 시스템은 필요 없다. 국가와 지자체가 여러 종류의 차를 확보해 필요한 이들에게 필요한 시간만큼 빌려주는 시스템을 갖추면? 보험 회사는 회사 망하게 할 소리라 경을 칠지 모르지만, 쓸데없는 보험료를 줄이고 자동차 안전 관리를 전문으로 받을 수 있다. 아파트와 건물을 지을 때마다 고민하게 되는 주차장 문제도 자동차를 빌려주는 곳에 주차 타워를 지어 해결할 수 있다. 차량 렌트를 신청한 이들에게 '서비스'로 자동차를 배달하는 공공 일자리를 새로 만들 수도 있다.

환경 친화형 자동차 산업에도 이런 시스템이 훨씬 바람직하다. 대중교통용 버스를 중심으로 화석 연료가 아니라 대체 에너지를 쓸 수 있게 연구개발 역량을 집중한다면? 지금 전기차 개발 업체들은 힘세고 오래가는 배터리 소재를 찾느라 혈안이 돼 있다. 오로지 작은 승용차에 배터리를 달아야 한다는 자본의 이윤 논리 때문인데, 우리는 큰 비용 들이지 않고 몸체가 큰 버스에 대형 배터리를 넣는 기술을 이미 갖고 있다.

많은 사람이 이윤 추구라는 동기 없이 어떻게 새롭고 편리한 차를 만들어낼 수 있느냐고 묻는다. 나는 멀리 갈 것도 없이 쌍용자동차 사례를 보라고 대답하겠다. 쌍용그룹 소속이다가 부도나서 워크아웃을 겪은 뒤 대우그룹이 인수하지만, 대우도 부도를 맞아 조흥은행이 관리하는 체제로 넘어갔다. 그 뒤 상하이차에 팔리지만 '먹튀' 의혹만 남긴 채 또다시 법정 관리로 넘어가더니, 결국 인도의 마힌드라가 인수하는 등 여러 차례 주인이 바뀌었다. 그런데 한국경영자총협회^{경총}가 발표한 쌍용차의 20년 간 당기순이익 흐름을 보자. 주인이 있을 때는 이윤이 줄어들거나 손실이 늘어난 반면, 워크아웃, 은행 관리, 법정 관리 등 주인이 없을 때는 이윤이 늘거나 손실이 줄었다. '이윤 추구'라는 강력한 동기를 지닌 주인들은 쌍용차의 차량 제조 능력을 빼앗기만 했을 뿐이다.

쌍용차 사례를 일반화할 수는 없다. 반대 사례도 많이 찾아낼 수 있다. 그러나 치열한 경쟁의 도가니 속에서 지난 20년 동안 주인이 여러 번 바뀌는 사이에도 묵묵히 자리를 지켜온 쌍용차 노동자들의 '차량 제조 능력' 하나는 인정할 수 있지 않을까? 내가 지어낸 말이 아니다. 2014년 2월 7일, 서울고등법원은 2009년에 벌어진 쌍용차 정리해고가 부당하다고 판결하면서 바로 이 대목을 언급했다.

—

담배 한 모금 커피 한 잔의 여유가 지나면 시끌벅적한 음악 신호가 울린다. "휴식 시간 끝났다고!" '우우웅' 소리를 내며 컨베이어 벨트가 작동을 시작한다. 지게차와 토모다가 자재와 부품을 실어나르고, '취리릭 취리릭' 나사의 결을 따라 볼트가 박히는 소리하고 함께 다시 기나긴 조립 노동이 시작된다. 지금은 대부분 자동화 공정으로 대체된 프레스와 차체 공정을 거치며 뼈대를 만든 자동차는 페인트가 뿜어져 나오는 도장 공정에서 형형색색의 옷을 입는다. 차량 안팎에 장착할 부품과 액세서리들이 제자리를 찾으면, 자동차의 심장이라 할 엔진을 얹는다.

이렇게 노동자의 손끝에서 자동차에 생명을 불어넣는 과정을 자본은 시간당 생산 대수Unit per Hour·UPH, 자동차 1대당 조립 시간Hour per Vehicle·HPV, 자동차 1대당 제조 비용Cost per Vehicle·CPV 따위의 수치로 평가한다. 시간을 줄이고, 비용도 낮추며, 여기에다 불량률을 떨어뜨려 품질까지 높이라는 요구가 더해진다. 100미터 달리기 선수에게 전력 질주하면서 관중들 표정까지 빠짐없이 읽어오라는 주문이나 다름없다.

다시 프레임을 바꿔보자. '단위 시간에 얼마나 많은 자동차를 생산할까'가 아니라 '얼마나 튼튼하고 안전한 자동차를 만들까' 또는 '어떻게 하면 시민들이 배기가스 한 모금이라도 덜 마시게 하는 자동차를 만들까' 하는 관점 아래 생산 공정을 바꾸고, 이런 과정에 현장 노동자들이 폭넓게 자발적으로 참여하게 하면 어떨까?

—

"형, 주변 사람들한테 20○○년 ○○월에 만든 ○○○는 사지 말라고 해."

"왜 그래? 뭐, 결함 있어?"

"선루프에 이상이 있나 봐. 내가 조립을 하는데 각이 안 맞더라고. 그래서 나만 그러나 봤더니 옆에 있는 작업자들이 다 똑같은 말을 해."

"아니, 그럼 공정을 바꾸든지 제작 결함을 바로잡으라고 회사에 얘기해야 될 것 아냐?"

"몇 번이고 얘기했지. 그런데 회사가 말을 듣나? 컨베이어 서면 난리라도 난 것처럼 뛰어오잖아. 부장, 과장 와서 한다는 말이, 일단 지금 컨베이어 속도대로 무조건 차를 뽑으래. 그러고 나서 검사 파트에서 ○○○는 모두 사이드 공터로 빼 가지고 공구 들고 선루프 각을 억지로 맞추고 있더라고."

"그렇게 만든 차를 도대체 누가 믿고 산다는 거야?"

"이런 결함 있다고 해도 쉬쉬 하고 넘어가던걸, 뭐. 여하튼 억지로 각 맞춘 선루프, 저거 비 오면 줄줄 샐 거야. 다음달부터는 개선된다니까 ○○○ 신차에 관심 있는 사람들 있으면 그 뒤에 만든 차로 사라고 해."

사실 현장 노동자들, 이런 문제에 관심이 아주 많다. 내 가족이 타는 자동차인데 어떻게 관심이 없을 수 있을까? 다만 이런 이야기를 해봐야 자본가들이 귓등으로도 듣지 않을 게 뻔하기 때문에 입을 닫고 있을 뿐이다.

그 노동자들은 물량 경쟁의 도가니에 빠져 있는 이들이기도 하다. 그래서 나는 자동차 공장 사장님들이 아니라 '차 만드는 노동자들'에게 대안과 전망이 있다고 확신한다. 이 책에서 나는 세계 곳곳의 여러 완성차 업체들을 넘나든다. 그리고 그 많은 이야기 속에 차 만드는 사람들이 늘 등장한다는 점, 그 사람들이 하는 말을 들어봐야 한다는 점을 잊지 않기를 바라는 마음을 담았다.

1부

리셋, 세계 경제
다시 굴러가는 네 바퀴는 어디로

2008년 9월 14일, 리먼 브라더스가 파산했다. 그 전에도 서브프라임 모기지론 상품을 다루던 금융 회사들이 무너진 적은 많았다. 그렇지만 미국 5대 투자 은행 중 하나인 리먼 브라더스의 파산이 미치는 영향은 컸다. 리먼이 파산하던 날, 미국뿐 아니라 전세계 금융 거래와 실물 경제가 일순간 정지된 듯 느껴졌다. 멀쩡하던 컴퓨터가 갑자기 리셋 모드로 들어가며 꺼진 것처럼. 갑자기 혈액 순환이 막혀 심장이 멎은 사람처럼.

물론 세계 경제의 심장은 다시 뛰기 시작했다. 미국발 금융 위기에 이어 중국의 실물 경제 위기, 유럽의 재정 위기 등 곳곳에서 이상 징후를 보이기는 했지만, 여하튼 지금 이 순간까지 그럭저럭 세계 경제는 굴러가고 있다. 그렇지만 2008년 9월 리먼 브라더스 파산 이전과 이후의 상황은 많이 달랐다. 먹통이 된 컴퓨터가 다시 돌아가더라도 사오정처럼 움직이듯이, 갑자기 심정지가 온 사람이 응급 처치를 받아 심장 박동이 되돌아오더라도 삶은 많이 달라지듯이 말이다.

1장
오바마,
쉐보레 크루즈,
박근혜

만약 미국 자동차 산업에 관련해 롬니 후보의 제안을 따른다면, 우리는 중국에 차를 파는 것이 아니라 중국산 차를 팔아줘야 할 겁니다.

대통령 선거전의 열기가 후끈 달아오르던 2012년 10월 22일, 버락 오바마가 텔레비전 토론에서 미트 롬니 공화당 후보를 공격한 핵심 쟁점은 자동차 산업이다. 보름 뒤 이 문제는 오바마가 백악관에 4년 더 머무르는 데 결정적인 구실을 한다.

직선제처럼 보이지만 사실은 간선제인 미국 대선에서는 '경합 주'에서 승리를 거머쥐는 일이 가장 중요하다. 단 한 표라도 이기면 그 주의 선거인단을 독식하기 때문이다. 오하이오 주는 전통적으로 가장 중요한 경합 주다. 1900년 이후 오하이오 주에서 지고도 당선한 대통령은 존 에프 케네디뿐이다. '오하이오를 잡는 자가 대권을 잡는다'는 말은 미국 대선의 공식이나 다름없다. 그리고 오하이오 주에는 지엠의 로즈타운 공장이 있다.

오바마, 오하이오를 잡다

2008년 9월 리먼 브라더스가 파산하면서 시작된 미국발 금융 위기는 이내 실물 경제 위기로 번졌다. 소비가 위축됐고 생산도 타격을 입는다. 미국 제조업의 자존심이라 할 '빅 3' 중 지엠과 크라이슬러는 파산 위기로 내몰렸다. 그해 11월, 오바마 대통령이 주도해 수천 억 달러에 이르는 구제 금융, 그러니까 한국으로 치면 공적 자금이 투입된다. 지엠과 크라이슬러를 구제하는 데만 수백 억 달러를 쏟아부었다. 이 구제 금융은 전임 대통령인 조지 워커 부시가 결정하지만, 임기 말이라 별다른 구실을 하지 못한 채 오바마에게 바통을 넘긴다. 그런데 애꿎게도 같은 공화당 출신인 미트 롬니는 이 조치를 거세게 비난했다.

(빅 3의 본사가 몰려 있는) 디트로이트가 파산하게 그냥 내버려둬라. 그 기업들도 서민들하고 똑같이 파산의 고통에서 배워야 한다. 왜 기업만 구제 금융의 혜택을 받아야 하나?

세계 경제를 지배하는 신자유주의 경제 원리에 들어맞는 논리였다. 그러나 정오바마는 신자유주의 경제 원리 지키기보다 파산 직전의 미국 경제 구하기가 급선무였다. 구제 금융 결과 미국 정부는 지엠과 크라이슬러의 최대 주주가 됐다. 오바마가 자동차 산업을 국유화해 미국을 사회주의로 인도하려 한다는, 지금 돌아보면 참으로 어이없는 비난도 나돌았다.

구제 금융으로 미국을 사회주의로 인도하기는커녕 오바마는 공적 자금을 투입한 대가로 구조 조정, 곧 노동자들의 희생을 요구했다. 퇴직자 의

료보험 혜택이 크게 줄고, 큰 폭의 임금 삭감과 공장 폐쇄와 정리해고가 이어졌다. 또한 앞으로 신규 채용되는 젊은 노동자에게는 정규직이 누리는 임금과 복지 혜택의 절반만 주는 이중 임금제Two-tier Wage System가 실시됐다. 오바마의 당선을 도운 전미자동차노동조합UAW는 그해 단체 교섭에서 이 모든 양보안이 담긴 단체 협약에 서명하고 말았다.

구제 금융과 노동자의 희생을 바탕으로 지엠과 크라이슬러는 되살아난다. 크라이슬러는 이탈리아 피아트 그룹에 팔리지만, 한 세기를 넘어 미국의 자존심으로 군림하던 지엠까지 팔아치울 수는 없었다. 지엠은 독자 회생의 길을 걷는데, 그 신호탄이 바로 오하이오 주 로즈타운에 3억 5000만 달러를 투자해 '쉐보레 크루즈'를 만들기 시작한 '사건'이었다. 로즈타운 생산 공장에만 일자리 5000개가 만들어지고, 자동차 산업의 연쇄 파생 효과로 부품 업체를 비롯한 일자리 수만 개가 생겼다. 오하이오 주에 있는 일자리 8개 중 1개는 쉐보레 크루즈 생산에 관련된다는 얘기가 나올 정도였다.

오바마의 재선을 돕고 싶었을까? 선거전이 가까워진 2012년 8월, 지엠은 차세대 쉐보레 크루즈도 오하이오 로즈타운 공장에서 생산할 예정이라고 발표한다. 아울러 오하이오 주 파마에 있는 쉐보레 크루즈 부품 공장 투자 계획도 공개했다. 차세대 크루즈를 생산하려고 2개 공장에 쏟아붓는 돈만 2억 2000만 달러였다. 궁지에 몰린 공화당의 롬니 후보는 받아쳤다. "오하이오에 있는 8개 일자리 중 1개만 연관될 뿐, 나머지 7개는 자동차 생산에 관계없는 일자리다." 그렇지만 오하이오 사람들에게는 설득력 있게 들리지 않았다. 결국 오바마는 바로 이 점, 지엠과 크라이슬러를 되살리지 않았으면 벌어질 리 없는 일들을 선거 캠페인에 집요하게 활용했고, 결국 오하이오에서 대승을 거둬 대통령 재선에 성공한다.

쉐보레 크루즈의 마법, 중소형을 만들어라

왜 '크루즈'를 만드는 일이 그토록 중요한 사건이 된 걸까? 저 정도 승용차는 한국에서도 수십여 종을 만들고 있는데 말이다. 미국 사정을 알고 나면 궁금증이 풀린다. 크루즈 같은 승용차를 만드는 데 저 정도로 투자하고 공을 들이는 일은 2008년 금융 위기가 오기 전 미국에서는 상상하기 어려웠다. 2000년대 초반 부동산 거품이 일면서 미국 소비자들 주머니가 조금씩 두둑해졌다. 은행에서 10만 달러를 빌려 집을 사면, 1~2년도 지나지 않아 집값이 두 배로 뛰었다. 집을 되팔면 대출 원금을 다 갚고도 남았다. 임금은 오르지 않고 일자리도 안 늘어났지만, 신통하게도 집 사고팔기만으로 쏠쏠한 수입이 생겼다. '집값은 절대 내려가지 않는다'는 말이 신념처럼 굳어졌다. 부동산 투기 열풍에 기름을 끼얹듯 연방준비제도^{FRB}(연준)가 금리를 1퍼센트대로 유지한 덕에 이자 부담도 크지 않았다.

미국인들의 씀씀이도 자연스럽게 커졌다. 어차피 집집마다 승용차 한 대씩은 있으니 좀더 큰 차종으로 눈이 옮겨갔다. 레저용 차량인 에스유브이가 각광받기 시작하고, 실용적인 지프 차량이나 픽업트럭도 인기를 얻는다. 트럭이나 미니밴, 에스유브이와 다목적 차량(엠피브이^{MPV})이 빅 3의 주요 생산품이 된다. 빅 3의 자본가들도 안전하고 튼튼한 승용차를 만드는 데는 별 관심이 없었다. 픽업트럭 같은 경상용차^{Light Commercial Vehicle}는 개발이 힘들지도 않고 생산도 쉬웠다. 오히려 빅 3가 관심을 가진 쪽은 서브프라임 모기지론 같은 금융 사업이었다.

그래서 크루즈 같은 중소형차 개발이나 품질 개선은 뒷전이었다. 어차피 그런 차는 도요타와 현대-기아차를 비롯한 아시아 업체들이 더 싸게 잘 만들고 있으니 그걸 사면 되는 일이었다. 소형차 개발이나 에스유브이 개발이나 픽업트럭 개발은 모두 비슷한 돈이 들지만, 이윤은 에스유브이를 비롯한 중대형차가 훨씬 더 남는 법이다. "그래, 아시아 업체들은 푼돈이나 벌어라, 우리는 돈벼락을 맞을 테니!" 부동산 거품이 이어지고 차가 잘 팔릴 때는 이 모든 공식이 잘 들어맞았다.

2000년대에 미국 시장에 나온 지엠의 승용차들을 시기별로 살펴보자 (26쪽 표 참조). 쉐보레, 뷰익, 캐딜락, 폰티악, 새턴 등 5개 브랜드가 다양한 차를 내놨다. 그중 2003~2009년 사이에 미국에서 팔린 '소형차와 콤팩트 카'를 사각형으로 묶었다(콤팩트 카는 한국식으로 따지면 '준중형'이지만 글로벌 기준으로 보면 '소형차'다). 2000년대 초반 미국은 소형차를 아예 안 만들었다고 할 수 있을 정도다. 쉐보레 아베오가 판매됐지만, 모두 해외에서 만들어 수입했다. 중형차나 대형차에 견줘 콤팩트 카 종류가 빈약하다는 점도 확인할 수 있다. 이 무렵 미국의 빅 3는 중대형차와 상용차에 신경쓸 뿐 소형차에는 완전히 무관심했다.

그런데 2008년에 터진 공황이 모든 것을 뒤바꿨다. 대출금과 이자를 감당하지 못하는 서민들이 부지기수로 늘었고, 파산과 주택 압류가 줄을 이었다. 소비자의 호주머니가 꽁꽁 얼어붙었다. 차를 사려는 사람들의 눈은 이제 소형차로 쏠렸다. 중대형차와 상용차에 집중하던 빅 3의 판매량이 급감하고, 엎친 데 덮친 격으로 금융 대란까지 터져 파산 위기에 몰렸다.

반면 그때까지 중소형차 개발에 강점을 갖고 있던 아시아 업체들이 약진하게 된다. 빅 3는 안방에서 현대-기아차가 공격적 마케팅을 펼치며 단숨에 미국 시장 점유율을 10퍼센트까지 올리는 모습을 그저 지켜볼 수밖에 없었다. 이런 업체들에 맞서 경쟁할 중소형차를 짧은 시간 안에 만들어

분류	차종	기간 (연도)
2인승 스포츠카	캐딜락 XLR-V	2004–2009
2인승 스포츠카	캐딜락 XLR-V	2006–2009
2인승 스포츠카	새턴 스카이	2006–2009 / 2010년 새턴 브랜드 소멸
2인승 스포츠카	폰티악 솔스티스	2006–2009 / 2010년 폰티악 브랜드 소멸
스포츠카	쉐보레 카마로	2001– / 쉐보레 카마로 2010–2014
스포츠카	쉐보레 콜벳	2001–2014
소형차 & 경차	폰티악 G3	2009 / 2010년 폰티악 브랜드 소멸
소형차 & 경차	지오 메트로	2001–2002
소형차 & 경차	쉐보레 스파크	2013–2014
소형차 & 경차	쉐보레 아베오	2004–2009 / 쉐보레 소닉 2010–2014
컴팩트카	캐딜락 ATS	2012–2014
컴팩트카	캐딜락 ELR	2013–2014
컴팩트카	쉐보레 프리즘	2001–2009 / 쉐보레 볼트 2010–2014
컴팩트카	쉐보레 HHR	2006–2009
컴팩트카	쉐보레 카발리에	2001–2004 / 쉐보레 코발트 2005–2009 / 쉐보레 크루즈 2010–2014
컴팩트카	뷰익 베라노	2011–2014
컴팩트카	새턴 S 시리즈	2001–2002 / 새턴 이온 2003–2006 / 새턴 아스트라 2007–2009 / 2010년 새턴 브랜드 소멸
컴팩트카	폰티악 선파이어	2001–2005 / 폰티악 G5 2006–2009
컴팩트카	폰티악 바이브	2003–2009
컴팩트카	폰티악 그랜앰	2001–2004 / 폰티악 G6 2005–2009 / 2010년 폰티악 브랜드 소멸
중형차	캐딜락 엘도라도	2001
중형차	캐딜락 카테라	2001–2002 / 캐딜락 CTS 2003–2014
중형차	캐딜락 CTS-V	2004–2009 / 캐딜락 CTS-V 2010–2014
중형차	캐딜락 세빌	2001–2004 / 캐딜락 STS 2005–2009
중형차	캐딜락 STS-V	2005–2009
중형차	쉐보레 말리부	2001–2014
중형차	쉐보레 루미나	2001
중형차	뷰익 센추리	2002–2005 / 뷰익 리갈 2011–2014
중형차	뷰익 리갈	2001–2004 / 뷰익 라크로스 2005–2014
중형차	새턴 L 시리즈	2001–2004 / 새턴 아우라 2006–2009 / 2010년 새턴 브랜드 소멸
중형차	폰티악 그랑프리	2002–2009 / 2010년 폰티악 브랜드 소멸
대형차	캐딜락 드빌	2001–2005 / 캐딜락 DTS 2006–2009 / 캐딜락 XTS 2011–2014
대형차	쉐보레 임팔라	2001–2014
대형차	쉐보레 SS	2013–2014
대형차	쉐보레 카프리스	2011–2014
대형차	뷰익 르사브레	2001–2005 / 뷰익 루체른 2006–2009
대형차	뷰익 파크에비뉴	2001–2004
대형차	폰티악 보네빌	2001–2004 / 폰티악 G8 2007–2009 / 2010년 폰티악 브랜드 소멸

미국 현지에서 생산해 미국 시장에 판 차량
외국에서 수입해 미국 시장에 판 차량
2009년 파산 보호 신청 뒤 사라진 브랜드

낼 재간이 없기 때문이었다. 게다가 파산 위기에 몰려 당장 내 코가 석 자인데, 아무리 빨라도 개발에 1~2년이 걸리는 장기 투자를 어떻게 결정할 수 있을까? 구제 금융과 공적 자금이 퍼부어지는 동안 지엠은 새 전략을 짠다. '중소형차 개발과 생산에 승부수를 던지자!' 자존심은 구겨질 대로 구겨졌지만, 그래도 100년 넘게 이어온 '넘버원'의 저력은 남아 있었다. 2009년 6월, 지엠은 전미자동차노조를 상대로 단체 협약을 체결하면서 마치 노조의 요구에 못 이기는 척하며 다음 문구를 넣는 데 동의한다.

회사는 전미자동차노조가 조직돼 있는 지엠 프레스 공장 중 유휴 공장 한 곳을 재가동한다. 선택된 공장은 오로지 중소형차 생산 물량에만 쓰이는 생산 능력을 갖추게 한다.

미국발 금융 위기로 글로벌 자동차 산업이 위기에 몰리자 세계 각국의 자본가들이 너도나도 소형차 생산에 눈을 돌리는 시절이었다. 전미자동차노조는 '회사 살리기'를 위해 소형차를 만들자고 요구했는데, 사실 이런 변화는 오히려 지엠 자본에 더 절실했다.

오바마는 미래를 내다본 걸까? 알 수 없다. 2008년 상황에서는 천문학적인 돈을 들여 지엠과 크라이슬러를 회생시키는 짓은 모험이나 다름없었다. 게다가 거의 만들어본 적 없는 소형차 생산은 더욱 위험했다. 그렇지만 지엠은 오하이오 주 로즈타운 공장에서 콤팩트 카인 크루즈를 만들기 시작했고, 크루즈는 얼마 지나지 않아 미국에서 가장 잘 팔리는 차가 된다. 지엠을 시작으로 달라진 빅 3의 행보도 마찬가지였다. 쉐보레 크루즈의 마법은 오바마에게 대통령 재선이라는 선물을 안긴다.

쉐보레 크루즈? 라세티 프리미어!

금융 위기가 시작된 2008년으로 다시 돌아가자. 파산 위기에 몰린 빅3의 회장님들이 절망스런 상황을 벗어나 정부가 주는 구제 금융을 받으려고 친히 나서게 된다. 그렇지만 천문학적인 자금이 필요한 탓에 절차상 반드시 의회 청문회를 거쳐야 했다.

오바마 당선 직후인 2008년 11월 말, 빅3의 시이오^{CEO}인 지엠의 릭 왜고너, 포드의 앨런 뮬랠리, 크라이슬러의 로버트 나델리가 의회에 출석하려고 워싱턴에 왔다. 그런데 세 사람은 생각지도 못한 여론의 역풍을 맞는다. 천문학적인 자금을 달라고 간청하는 이들이 모두 자가용 비행기를 타고 날아왔기 때문이다. "아니, 저자세로 빌어도 구제 금융을 줄까 말까 하는데, 비싼 기름 들여 호화 비행기 타고 왔다고?"

결국 12월 초에 열린 2차 청문회를 앞두고 다급해진 자본가들은 각각 여러 대의 자동차에 나눠 타고 '카라반^{caravan}' 같은 차량 행렬을 준비했다. 여기서 지엠의 시이오 릭 왜고너는 꾀를 하나 낸다. "공황과 경제 위기 속에 세계 여러 나라 자본가들이 소형차에 더해 친환경차 개발에 나서고 있는데, 이참에 지엠의 회생 의지를 보여주는 작은 쇼를 하나 선보이자!" 릭 왜고너는 개발 중인 소형 전기차를 타고 이동하기로 했다. 그때는 말할 것도 없고 지금도 전기차는 디트로이트에서 워싱턴까지 충전 없이 갈 수 없다. 아예 여벌의 배터리를 싣고 출발한 릭 왜고너 일행은 방전된 배터리를 바꿔가며 워싱턴에 도착했다.

철 지난 2008년 일화를 왜 들먹이느냐고? 그때 릭 왜고너 일행이 워싱턴까지 타고 간 차가 바로 '쉐보레 크루즈'다. 아주 일찍부터 지엠 경영진은 위기를 돌파할 전략 차종으로 크루즈를 점찍고 있었다. 릭 왜고너가 쇼를 선보이기 전부터 이미 한국의 보통 사람들은 이 차를 타고 다녔다. 2008년 11월, 한국에서 가장 먼저 출시됐기 때문이다. 다만 '쉐보레 크루즈'라는 이름이 낯설게 들리는 이유는 이 차가 한국에는 '라세티 프리미어'라는 이름으로 나왔기 때문이다. 사실 지금 팔리고 있는 '쉐보레 크루즈'는 '라세티 프리미어'에서 이름만 바꾼 차일 뿐이다.

크루즈가 한국에서 가장 먼저 출시된 점, 그리고 라세티의 후속 모델 느낌을 주는 '라세티 프리미어'라는 이름을 단 점은 또 다른 의미가 있다. 사실 이 차를 연구하고 개발하는 데 결정적인 구실을 한 곳이 지엠의 한국 법인인 '지엠대우'기 때문이다.

전세계에서 지엠의 소형차 중 가장 각광받는 삼총사인 크루즈, 스파크, 아베오의 발자취가 모두 비슷하다. 쉐보레 크루즈의 개발 과정이 라세티에 기반을 두고 있듯이, 쉐보레 스파크는 마티즈에, 쉐보레 아베오는 젠트라에 중요한 토대를 두고 있다.

희비쌍곡선, 한국과 미국

2012년 11월 6일, 버락 오바마는 재선의 기쁨을 누린다. 그런데 오바마의 당선이 확정되기 딱 5일 전인 11월 1일, 한국에서는 정반대되는 일이 벌어진다. 세르지오 호샤 한국지엠 사장은 차세대 크루즈를 한국에서 생산하지 않기로 한 사실을 노조 쪽에 알렸다.

당장 노동조합이 발칵 뒤집혔다. 도대체 이게 무슨 일인지 해석조차 되지 않았다. 한국지엠이 개발한 차인데 생산도 못하게 한다니? 크루즈를 생산하는 군산 공장의 운명은 어떻게 된다는 말인가? 미국에서는 그동안 관심도 없던 소형차 생산이 활발해지기 시작하는데, 지금까지 소형차 개발과 생산에 강점을 갖고 있던 한국에서 소형차 생산을 중단한다니?

미국 대선이 끝난 바로 그 시점에, 한국에서도 대통령 선거전이 한창이었다. 미국만큼은 아니지만 한국에서도 쉐보레 크루즈에 관련된 문제가 대선 의제로 등장했다. 그런데 이 의제를 '민생' 문제로 보고 쟁점으로 만든 쪽은 새누리당 박근혜 후보였다.

> 새누리당 박근혜 대선 후보가 부평의 제너럴모터스, 지엠 공장에 생산 중단 사태가 오지 않도록 잘 챙기겠다고 강조했습니다. 박 후보는 오늘(17일) 저녁 7시쯤 인천 부평역에서 열린 유세에서 "군산 공장에 이어 부평 공장도 어려움을 겪지 않을까 걱정하시는 심정을 잘 알고 있다"며, "힘든 일 없도록 잘 챙기겠다"고 약속했습니다. (《MBN 뉴스》 2012년 12월 17일)

2008년 리먼 브라더스 파산과 미국발 경제 위기 이후 지금까지, 세계 자동차 산업은 참으로 많은 변화를 겪었다. 오바마를 웃게 만들기도 하고 한국지엠 노동자들을 울상으로 만들기도 하는 크루즈의 사례는 그런 변화의 한 단면일 뿐이다. 이제 그 무렵 세계 곳곳에서 자동차 만드는 이들에게 벌어진 역사를 함께 여행해보자.

2장
리셋,
세계 경제

컴퓨터가 갑자기 꺼졌다. 산 지 오래되기는 했지만 그럭저럭 돌아가던 컴퓨터가 이렇게 말썽을 부리다니. 다시 켜봐도 문제가 해결되지 않는다. 고장 난 기계는 때려야 고칠 수 있다던데, 이걸 확 한번 패봐? 몇 번 시도한 끝에 다시 켜진 컴퓨터는 다행히 안전하게 부팅이 됐고 저장해둔 파일 목록에도 이상은 없어 보인다. 그렇지만 정전도 아닌데 왜 갑자기 꺼졌을까? 어디엔가 분명히 이상이 있어 보인다. 속도도 좀 느려진 듯하고……

심정지 그리고 다르게 뛰는 세계 경제

2008년 리먼 브라더스가 파산했다. 그전에도 서브프라임 모기지론 상품을 다루던 금융 회사들이 무너진 적은 많았다. 그렇지만 미국 5대 투자은행 중 하나인 리먼 브라더스의 파산이 미치는 영향은 컸다. 리먼이 파산하던 날, 미국뿐 아니라 전세계 금융 거래와 실물 경제가 일순간 정지된 듯

느껴졌다. 멀쩡하던 컴퓨터가 갑자기 리셋 모드로 들어가며 꺼진 것처럼. 물론 세계 경제의 심장은 다시 뛰었다. 미국발 금융 위기에 이어 중국의 실물 경제 위기, 유럽의 재정 위기 등 곳곳에서 이상 징후를 보이기는 했지만, 지금까지 그럭저럭 세계 경제는 굴러가고 있다. 그렇지만 리먼 브라더스 파산 이전과 이후의 상황은 많이 달랐다. 먹통이 된 컴퓨터가 다시 돌아가도 사오정처럼 움직이듯이, 갑자기 심정지가 온 사람이 응급 처치를 받아 심장 박동이 되돌아와도 삶은 많이 달라지듯이 말이다.

세계 자동차 산업의 규모 변화

전세계 자동차 판매량은 2008년 미국발 금융 위기로 빠르게 떨어지다가 2010년부터 회복세에 접어들어 2007년 수준을 따라잡았고, 2013년에는 8427만 대라는 기록적인 판매량을 보였다. 2007년부터 2013년까지 전세계 완성차 업체 5대 메이커의 판매량 추이를 보자. 대부분 세계 판매량 추이하고 비슷한 모습을 보인다. 그런데 도요타와 지엠이 세계 판매량 추이하고 거의 비슷하게 움직인 반면, 폭스바겐, 르노-닛산, 현대-기아차는 2008~2009년 사이에 거의 하락하지 않거나 현상 유지를 했다(판매량 데이터는 각 업체의 보도 자료에 나온 수치. 르노-닛산은 2013년부터 러시아 아브토바즈 판매량까지 합한 수치).

그러나 대륙별 또는 국가별로 보면 자동차 판매량 변화는 불균등한 편이다. 2007~2013년까지 세계 주요 7개국의 자동차 판매량 변화를 살펴보자. 먼저 미국의 경우 전세계 자동차 판매량 추이하고 거의 비슷한 흐름을

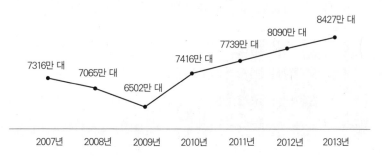

전세계 자동차 판매량(2007~2013년)

7316만 대　7065만 대　6502만 대　7416만 대　7739만 대　8090만 대　8427만 대

2007년　2008년　2009년　2010년　2011년　2012년　2013년

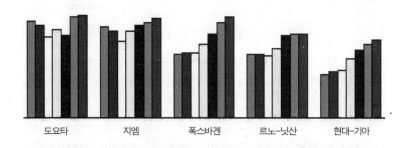

완성차 업체 5대 메이커의 판매량 추이(2007~2013년)

도요타　지엠　폭스바겐　르노-닛산　현대-기아

	도요타	지엠	폭스바겐	르노-닛산	현대-기아
2007년	937만 대	888만 대	619만 대	616만 대	423만 대
2008년	897만 대	836만 대	627만 대	610만 대	440만 대
2009년	781만 대	748만 대	629만 대	609만 대	464만 대
2010년	856만 대	839만 대	714만 대	668만 대	574만 대
2011년	795만 대	903만 대	816만 대	803만 대	659만 대
2012년	974만 대	929만 대	928만 대	810만 대	713만 대
2013년	998만 대	971만 대	973만 대	817만 대	755만 대

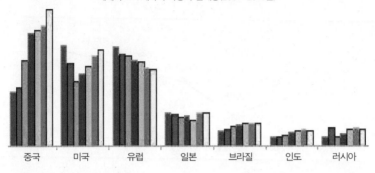

세계 주요 7개국의 자동차 판매량(2007~2013년)

	중국	미국	유럽	일본	브라질	인도	러시아
2007년	8,791,523	16,154,010	15,959,804	5,353,648	2,462,728	1,509,330	1,645,630
2008년	9,380,502	13,245,687	14,717,358	5,082,235	2,820,350	1,543,691	2,897,459
2009년	13,644,794	10,430,969	14,499,059	4,609,256	3,141,240	1,815,137	1,465,742
2010년	18,061,936	11,589,844	13,768,401	4,956,136	3,515,064	2,387,197	1,912,794
2011년	18,505,114	12,779,576	13,592,823	4,210,219	3,633,248	2,514,362	2,653,803
2012년	19,306,435	14,493,092	12,528,093	5,369,720	3,802,071	2,773,516	2,938,789
2013년	21,984,100	15,582,136	12,308,215	5,375,513	3,767,370	2,553,979	2,777,447

보여준다. 2008~2009년까지 판매량이 크게 떨어지다가 2010년부터 회복하기 시작하더니, 2013년에는 위기 이전인 2007년 수준에 거의 다가갔다. 물론 전세계 판매량이 2007년을 훨씬 넘는 수준으로 회복한 점을 생각하면 2008년 위기가 미국 자동차 산업에 가장 강력한 타격을 준 사실을 알수 있다(유럽, 일본, 브라질, 인도, 러시아의 판매량 데이터는 각국 자동차공업협회의 자료를 썼고, 중국과 미국의 데이터는《오토모티브 뉴스》와《와즈 오토》의 자료를 썼다. 유럽은 유럽연합 회원국과 유럽자유무역연합EFTA 국가들이 포함된 수치고, 유럽과 인도는 승용차 판매량만 집계된 수치다).

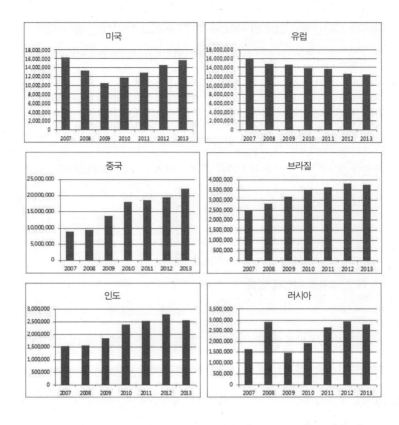

그러나 유럽의 경우 2007년 이후 한 차례의 반등도 없이 계속 떨어졌다. 물론 하락 폭은 미국이 2008~2009년에 겪은 것보다 훨씬 완만한 편이지만, 미국 판매량 최저점(1043만 대)에 해당하는 2009년과 유럽 최저점(1230만 대)인 2013년의 차이는 그리 크지 않은 수준이다. 여하튼 전세계 판매량 추이하고는 전혀 다른 흐름을 보여주고 있다.

중국은 유럽하고 정반대다. 2008년 세계 경제 위기를 거치면서도 단 한 차례도 하락하지 않고 꾸준히 올랐다. 전세계 자동차 판매량을 빨아들이는 거대한 흡인력을 보여주고 있는 셈이다. 2007년 879만 대 수준의 내수 판매가 2013년에는 2198만 대로 무려 250퍼센트 성장했다. 중국 대륙이 뿜어내는 배기가스가 엄청나리라는 점은 묻지 않아도 알 수 있다.

신흥 시장의 대명사라 할 브릭스 중에서 중국을 뺀 브라질, 인도, 러시아는 2013년에 일제히 내수 판매가 마이너스 성장을 기록했다. 브라질, 인도는 꾸준한 성장을 보이다가 떨어졌지만, 러시아는 2009년에 한 차례 급락했다. 2014년에는 브라질 350만 대, 러시아 234만 대 등 하락했다. 신흥 시장이 맡아온 전세계 자동차 산업의 성장 엔진은 지금 위태로워 보인다.

리셋, 그래프 너머의 진실

그렇지만 전세계 판매량 변화 추이하고 비슷한 흐름을 보이느냐 그렇지 않느냐 하는 문제는 별로 중요하지 않다. 어느 대륙, 어느 나라에서건 판매량이 떨어지는 시기에는 어김없이 대대적인 공장 폐쇄와 대규모 정리해고가 벌어졌기 때문이다. 이 대목이 바로 그래프가 말해주지 않는 불편한 진실이다. 2008년 9월에 벌어진 자동차 산업의 '리셋'은 대규모 생산력 파괴의 스위치였다. 그래프 곡선이 아래로 향할 때마다 수만 명에서 수십만 명에 이르는 노동자와 가족들이 절망의 나락으로 떨어졌다.

조금씩 다른 그래프의 흐름은 공장 폐쇄와 정리해고가 단행된 시기가 대륙과 나라별로 차이가 있다는 점을 말해줄 뿐이다. 가장 대표적인 판매량 하락 국면인 2008~2009년 미국과 2010년 이후 유럽에서 큰 규모의 생산력 파괴가 벌어진다. 각각 미국발 금융 위기와 유럽발 재정 위기에 맞아 떨어지는 이 시기, 차를 만드는 노동자들은 무슨 일을 겪어야 했을까.

3장
플랜더스의 개,
플랑드르의 공장

여기는 벨기에 안트베르펜. 어릴 때 본 텔레비전 애니메이션 〈플랜더스의 개〉의 배경으로 익숙하다. 애니메이션에서는 높은 산을 오르내리며 네로와 할아버지가 파트라슈하고 함께 우유 마차를 끌고 다니던 목가풍 도시로 그려지지만, 그런 모습은 벌써 150년도 더 된 얘기다. 지금은 수도 브뤼셀에서 대중교통으로 40분이면 갈 수 있는 공업 도시다.

이 도시에서 이름난 곳 중 하나가 흔히 노트르담 대성당으로 알고 있는 성모마리아 대성당이다. 화가 페테르 파울 루벤스가 그린 명화 〈성모 승천〉과 〈십자가에서 내려지는 예수〉 같은 그림이 걸린 곳이다. 〈플랜더스의 개〉에서 네로가 그토록 보고 싶어하지만 은화 한 닢을 구하지 못해 구경도 하지 못한 그 그림 말이다.

1970~1980년대에 애니메이션 〈플랜더스의 개〉를 보고 자란 세대들, 특히 일본인 관광객이 2000년대에 이곳을 찾아 사람들에게 네로와 파트라슈를 물어본다. 그렇지만 벨기에 사람들은 도대체 무슨 얘기를 하는지 알아듣지 못한다.

"네로? 파트라슈? 플랜더스?"

벨기에 사람들은 〈플랜더스의 개〉를 전혀 몰랐다. 왜 그럴까? 먼저 이 애니메이션은 '위다'라는 필명을 쓴 영국 작가 매리 루이스 드 라 라메가 쓴 같은 제목의 소설을 원작으로 한다. 그렇지만 위다는 벨기에에 가본 적이 없다. 벨기에의 플랑드르 지방을 여행한 아버지가 듣고 겪은 얘기들을 떠올리며 소설을 쓴 탓이다. 이 소설은 영국에서는 좀 알려진 축에 들지만 정작 벨기에 사람들에게는 낯설었다. 우리가 기억하는 〈플랜더스의 개〉는 1975년에 일본의 구로다 요시오 감독이 제작한 텔레비전 시리즈용 애니메이션이다. 특히나 동양적인 서정을 바탕으로 그려서 서양보다는 일본과 한국 같은 곳에서 큰 인기를 끌었다. 소설 배경인 벨기에는 물론이고 원작자가 산 나라 영국에서도 이 애니메이션은 거의 안 알려져 있다.

또한 우리에게 익숙한 단어들을 벨기에 사람들은 정말 낯설어했다. 먼저 '플랜더스Flanders'라는 말을 몰랐다. 그럴 만도 한 게 이 소설의 배경이 되는 플랜더스 지방을 벨기에인들은 '플랑드르'라고 부르기 때문이다. 원작자인 위다가 영국인이다 보니 영어식 표현을 제목에 썼을 뿐이다.

벨기에는 네덜란드어와 프랑스어, 그리고 이 지역에 독특한 플랑드르어 등 3개 국어를 섞어 쓰는 나라다. 따라서 '플랜더스' 같은 영어식 발음은 쓰이지 않는다. 도시 이름도 흔히들 영어식 표현인 '앤트워프Antwerp'로 알고 있지만, 벨기에 사람들은 '안트베르펜Antwerpen'이라고 하듯이.

그럼 소설과 만화 제목도 '플랑드르의 개로 바꿔야 되냐고 물을 수 있겠다. 뭐, 《플랜더스의 개》라는 소설 자체가 고유 명사가 됐으니 그렇게 할 것까지는 없을 듯하다. 게다가 이제 많은 일본인 관광객이 이 도시를 찾은 덕에 벨기에 사람들도 좀 익숙해졌고, 안트베르펜 시도 관광객을 끌어들이는 데 활용하고 있다. 일본을 대표하는 자동차 메이커이자 글로벌 자동차 산업 넘버원을 기록하고 있는 도요타가 안트베르펜에 네로와 파트라슈의 동상을 기증하기도 했다.

자동차 만드는 기업이 왜 이런 동상을 기증했을까? 사실 이 도시가 자동차하고 인연이 깊은 곳이기도 하다. 얼마 전까지 안트베르펜에서는 다양한 모델의 '아스트라Astra' 승용차를 생산하던 지엠 공장이 쌩쌩 돌아갔기 때문이다. 아스트라는 한국식으로 하면 준중형급 승용차로, 오펠의 주력 차종 중 하나다. 유럽 사람들이 해치백을 좋아해 벨기에에서도 해치백 모델을 많이 만들었고, 2009년부터는 이곳에서 생산한 아스트라 일부가 새턴 브랜드를 달고 미국 시장에 수출되기도 했다.

1925년부터 가동된 이곳은 1980년대 중반만 해도 무려 노동자 1만 2000명이 일하던 대공장이었다. 그러나 1988~1989년에 1공장이 폐쇄되면서 3000명이 일자리를 잃었다. 그 뒤 1990년대와 2000년대에도 이어진 구조 조정 공세를 막지 못해 2004년에는 5600명, 2010년에는 2600명 규모로 줄어들었다.

한국에서는 이미지 좋은 신사, 유럽에서는 저승사자?

리먼 브라더스 사태는 전세계적 파괴력을 지닌 탓에 유럽에서도 자동차 생산과 판매 수치가 떨어지는 등 큰 타격을 줬다. 그렇지만 2008~2009년 새 수십 개의 조립 공장을 폐쇄한 미국에 견줘 유럽은 좀더 버틸 힘이 있었다. 규모는 세계적이라 해도 우리가 흔히 리먼 브라더스 사태를 '미국발 금융 위기'라고 부르듯이 어쨌든 위기의 출발점은 미국이었고, 따라서 미국에 가장 큰 타격을 줬다.

모기업 지엠이 파산 위기로 치닫기 시작하면서 지엠 유럽 법인 오펠도 서서히 구조 조정의 영향권 아래 들어가기 시작했다. 2008~2009년 미국에서 한창 공장 폐쇄가 벌어질 무렵, 유럽에서는 캐나다의 자동차 부품 업체 마그나Magna와 러시아 최대 은행 스베르방크Sberbank가 합작한 컨소시엄을 상대로 이미 오펠 매각 협상이 벌어지고 있었다.

2009년 11월 초, 지엠은 갑자기 오펠 매각 계획을 취소한다. 취소 발표 뒤 곧바로 오펠 법인장인 칼 피터 포스터가 전격 사임했다. 며칠 뒤 지엠은 새로운 오펠 법인장으로 닉 라일리Nick Reilly를 선임한다고 발표했다. 매각 취소에서 새로운 법인장 선임까지 채 한 주도 걸리지 않았다. 마치 사전 각본에 따라 연출된 듯 사건들이 전광석화처럼 펼쳐졌다.

닉 라일리는 한국인들에게도 잘 알려진 사람이다. 부도난 대우자동차를 인수한 지엠에서 2002년부터 2006년까지 지엠대우 사장을 맡긴 적이 있다. 재임 막바지에는 노조를 상대로 정리해고자 1600여 명의 복직을 합의하는가 하면 텔레비전 광고에도 직접 출연하는 등 한국에서는 나름 괜찮은 이미지를 갖고 있다.

2010년 1월, 유럽 법인장 임기가 시작된 지 3주 만에 라일리는 벨기에 안트베르펜 공장을 폐쇄한다는 계획을 전격 발표한다. 한국에서 정리해고자 복직을 합의한 닉 라일리가 유럽에서 맡은 임무는 노동자 2600명을 실업으로 내몬 저승사자 노릇이었다. 갑작스런 매각 계획 취소와 법인장 교체는 전면 구조 조정을 감행한다는 결의의 표현이었다.

내 빵 빼앗아 다른 이에게 주는 지엠

닉 라일리가 공장 폐쇄를 발표하기 하루 전인 1월 20일, 안트베르펜 공장 노동자들은 지엠이 중대 발표를 할지도 모른다는 정보를 듣고 공장 일부를 막아 경영진의 출입을 봉쇄했다. 노동자들은 공장 폐쇄는 안 될 말이며, 만에 하나 이 공장을 폐쇄할 때는 2600여 명의 해고를 피할 수 있는 다른 계획을 내놓으라고 요구했다.

노동자들은 사흘 동안 공장 봉쇄를 이어갔다. 사흘째에는 회사 쪽도 공장을 가동하려는 시도를 포기해야 했다. 공장 안에서는 이따금 시위가 벌어졌다. 그런데 시위하는 사이사이에 '코레아'라는 익숙한 단어가 노동자들 입에 오르내렸다. 왜 한국 얘기를 하는 걸까?

이건 내 빵을 빼앗아 다른 사람에게 준다는 말입니다.

안트베르펜 공장의 한 노동자가 아에페**AFP** 통신 인터뷰에서 한 얘기다. 본디 지엠은 벨기에 공장에서 아스트라 후속 모델로 소형 에스유브이를 생산하기로 노동자평의회하고 협약을 맺었는데, 닉 라일리가 공장을 폐쇄한 뒤 이 물량을 한국의 지엠대우로 옮겨 생산한다고 밝혔기 때문이다(한국으로 생산지를 옮긴 소형 에스유브이가 바로 2012년 하반기부터 부평에서 생산하기 시작한 오펠 모카다. 쉐보레 트랙스와 뷰익 앙코르도 같은 라인에서 생산되는데, 사실 모두 같은 플랫폼에서 설계됐다. 겉 디자인만 조금 다르게 해서 유럽에는 오펠 브랜드를, 미국 시장에는 뷰익 브랜드를, 나머지 나라에는 쉐보레 브랜드를 달고 나간다).

플랑드르 지도. 안트베르펜 남동쪽에 헹크가 있다.

소형 에스유브이 생산이 취소되지도 않았는데 벨기에 공장을 폐쇄한다니! 게다가 한국에서 생산된 차를 유럽으로 역수입해 오펠 브랜드로 판매한다니! 노동자들은 약속을 깬 지엠에 분노를 쏟아내기 시작했다. 벨기에 정부도 안트베르펜 공장을 유지하면 5억 유로 정도를 지원하겠다고 밝혔지만, 지엠은 공장 폐쇄를 그만둘 뜻이 없다고 답했다.

결국 2010년 12월 15일, 마지막 오펠 아스트라 해치백 모델 생산을 끝으로 안트베르펜 공장은 문을 닫았다. 이곳에서 일하던 노동자 2600명도 모두 일자리를 잃었다. 부품 납품 업체들 사정도 비슷해서, 1만여 명의 일자리가 날아간 것으로 짐작된다.

포드 헹크 공장에서 벌어진 공장 폐쇄

안트베르펜에서 남동쪽으로 1시간 정도 가면 자동차 산업이 발달한

공업 도시 헹크Genk에 닿는다. 플랑드르 지방에 속하는 이 도시에 자리한 포드 공장에서 노동자 4500명이 몬데오를 생산하고 있었다. 안트베르펜 공장에 견줘 2배 가까운 노동자들이 일하고 있는 만큼 이곳에 부품을 대는 공장 등 연관 산업 고용 유발 효과는 거의 2만 명에 이른다.

포드는 유럽 대륙에서 무려 3개 공장을 한꺼번에 폐쇄하는 계획을 발표한다. 영국의 사우샘프턴 공장과 대거넘 공장, 벨기에의 헹크 공장. 서유럽에서 노동 계급 운동이 가장 약한 영국에서는 별다른 어려움 없이 폐쇄가 진행되고 있지만, 얼마 전 지엠의 안트베르펜 공장 폐쇄를 경험한 벨기에 노동자들은 저항에 나서기 시작했다.

2012년 11월, 공장 폐쇄 계획이 알려지자 헹크 공장 노동자들은 곧바로 파업에 돌입했다. 자본가들은 작업 재개를 촉구했지만 노동자들의 분노는 정점에 이르렀다. 결국 자본은 연말까지 휴업을 공고했다. 2013년 1월부터 출근이 재개되지만 노동자들은 이내 파업에 돌입했다. 특히 헹크 공장에 납품하는 부품 업체 노동자들도 달려와 작업 거부 피켓 라인에서 선동을 펼쳤다.

노동조합 지도부의 생각은 파업에 돌입한 평조합원들하고 전혀 달랐다. 지도부는 투쟁 대안을 조합원들의 민주적 투표로 결정한다며 투표용지를 발송한다. 거기에는 세 가지 대안이 제시돼 있었다.

1. 자본가들의 안을 거부하고 전면 파업에 돌입한다.
2. 평소보다 하루에 차를 10퍼센트 더 만들고 보너스 800유로를 받는다.
3. 평소보다 하루에 차를 15퍼센트 더 만들고 보너스 1000유로를 받는다.

2010년 12월 15일 1330만 6292째 승용차(아스트라 해치백 모델) 생산을 마지막으로 안트베르펜 공장은 폐쇄됐다. 마지막 승용차 생산 과정을 찍은 유투브 동영상에서 딴 사진들이다.

2안과 3안은 공장 폐쇄를 기정사실로 받아들이는 내용이었다. 투표용지를 받지 못한 조합원, 한꺼번에 몇 장을 받은 조합원이 나타나는 등 투표 관리도 엉망이었다. 개표 결과 노동자들은 놀랍게도 1안에 40퍼센트가 넘는 표를 던졌다. 둘째 안과 셋째 안은 합해서 50퍼센트 남짓 표를 얻었다.

지도부는 잔꾀를 낸다. "2안과 3안 모두 공장 폐쇄를 기정사실로 받아들이는 안이므로, 사실상 조합원들은 공장 폐쇄를 받아들였다. 따라서 2안과 3안을 놓고 결선 투표를 하겠다." 당연히 가장 많은 표를 얻은 1안을 중심으로 대안을 짜야 하는데도 억지 논리를 끌어다 붙여 결국 3안으로 결정이 나게 된다.

노동조합의 태도에 분노한 몇몇 조합원이 지도부 방침에 반발해 파업에 나섰지만, 더 많은 조합원들은 지도부의 투쟁 의지가 없다는 점을 확인한 뒤 체념하고 말았다. 2013년 3월, 노동자들은 2014년 말에 공장을 폐쇄하는 대신 2년 반 치 임금을 위로금으로 받는 합의안을 받아들인다.

현대판 네로와 파트라슈?

　네로와 파트라슈는 마을 사람들에게 쫓겨나 추운 크리스마스이브에 거리를 헤매고 있었다. 둘을 보살피던 할아버지도 돌아가신 지 오래됐다. 어느새 자기도 모르게 다다른 곳은 성모마리아 대성당. 꿈에도 그리던 거장 루벤스의 그림이 걸려 있는 곳이다. 그렇지만 네로는 성당 입장료인 은화 한 닢을 구하지 못해 한 번도 들어가지 못했다.

　오늘만은 하늘도 가엾은 이들의 사연을 들어준 걸까? 이날 성당 문지기는 마음씨 좋은 아저씨였다. "춥지 얘야? 그래, 이리 들어오너라." 드디어 네로와 파트라슈에게 성당 문이 열렸다. 루벤스의 〈성모 승천〉과 〈십자가에서 내려지는 예수〉 등 화가 꿈을 키우며 늘 동경해온 루벤스의 그림을 네로는 난생처음으로, 그렇지만 생의 마지막으로 감상한다. "파트라슈, 잠이 온다. 자면 안 되는데⋯⋯." 달빛이 비치는 그림 안에서 예수가 하는 말이 네로의 귀를 때린다. "네로, 너는 오늘 나하고 함께 천국에 가게 된단다." 루벤스의 그림 밑에서 네로와 파트라슈는 끝내 생을 마감한다. 어릴 적 애니메이션 〈플랜더스의 개〉의 이 마지막 장면을 보면서 얼마나 울었는지 모른다. 해피엔드에만 익숙한 탓에 이런 비극적 결말이 오래도록 기억에 남아 있다.

　마을의 풍차가 원인 모를 불로 타버리자 네로가 억울하게도 방화범으로 몰렸다. 딸 아로아하고 가깝게 지내던 네로를 못마땅해하던 마을 유지 코제트 씨가 모함한 탓이다. 코제트 씨 눈 밖에 나지 않으려고 마을 사람들은 어쩔 수 없이 우유를 끊기 시작했다. 더는 우유 배달로 집세를 낼 수 없는 처지가 됐고, 그렇게 네로와 파트라슈는 쫓겨났다.

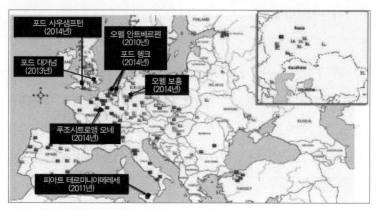

지도로 보는 유럽 자동차 공장 폐쇄 사례들.

플랑드르 지방의 안트베르펜에서, 그리고 헹크에서 매년 자동차 수십만 대가 만들어지고 있었다. 완성차 공장에만 7000여 명이, 근처 부품 업체까지 합하면 4~5만 명이 자동차를 만들면서 생계를 꾸려왔다. 그러나 모두 한순간에 일자리를 잃었다. 2008년 9월에 벌어진 리먼 브라더스 사태와 미국발 금융 위기, 그리고 유럽에서 벌어진 재정 위기. 아무런 책임이 없는 노동자들이 위기의 주범으로 내몰렸다. 돈 많은 사장님들이 모함한 탓이다. 그렇게 노동자들은 21세기에도 여전히, 네로와 파트라슈처럼 억울하게 쫓겨나고 있다. 이 비극이 언제까지 반복돼야 할까.

4장
쌍용차 '죽음의 행렬',
부검 한번 해보자

"사망의 종류는……명백한 타살입니다!" 미국 드라마 〈CSI〉에 나올 법한 대사다. 그렇지만 2010년, 2011년에는 쌍용자동차 현장 안팎에서 자주 들을 수 있었다. 2009년 노동자 3000여 명을 길거리로 내몬 정리해고 국면부터 지금까지 죽어간 노동자와 그 가족만 벌써 28명. 타살이 분명하다면 웬만한 연쇄 살인 사건을 넘어서는 규모. 사망 원인은 다양하다. 고층 아파트에서 떨어져 죽고, 목을 매 죽고, 연탄가스에 질식사하고, 심근 경색과 스트레스로 죽고, 아직 원인을 알 수는 없지만 자고 일어났더니 싸늘한 주검으로 변해 있고……. 그렇지만 분명한 사실은 이 사람들의 죽음이 쌍용차 정리해고 사태에 직접적이고 긴밀하게 연관돼 있다는 점이다.

'산 자'에서 시작된 죽음의 행렬

2009년 1월 상하이차가 '먹튀'를 저질러 법정 관리에 들어간 뒤 정규직만 무려 2646명을 구조 조정해야 한다는 '회생 계획안'에 따라 쌍용차는 정리해고 수순을 밟기 시작했다. 노동자들이 외친 '해고는 살인이다!'는 구호가 말해주듯이 정리해고가 시작되면서 현장은 이른바 '산 자'와 '죽은 자'로 나뉘었다. 그런데 역설적이게도 죽음의 행렬은 '산 자'들에서 시작됐다.

쌍용차 노동자들의 파업이 시작된 지 얼마 지나지 않은 2009년 5월 27일에 엄○○ 조합원이 뇌출혈로 세상을 떠났고, 6월 11일에는 부산에서 김○○ 조합원이 심근 경색으로 삶을 마감하는 사건이 벌어졌다. 두 사람은 정리해고 명단에서 빠진 '산 자'라는 점, 그리고 파업이 벌어지는 한복판에서 죽음을 맞이한 점에서 비슷하다. 동료들에 따르면 두 사람 모두 구조 조정으로 극심한 스트레스를 겪었고, 점거 파업을 벌이고 있는 동료들에게 엄청난 죄책감과 미안함을 느꼈다. 특히 김○○ 조합원은 회사가 동원한 점거 파업 반대 관제 데모(6월 10일)에 참가한 뒤 동료들을 만나 술을 한잔하고 집에 가다가 비극을 당했다. '죽은 자'들을 더욱 고립시키는 일에 동원된 '산 자'인 고인이 겪은 고통을 잘 보여준다.

눈여겨봐야 할 대목이 하나 있다. 적어도 파업이 벌어지고 있는 동안에는 파업에 함께한 노동자들이 스스로 목숨을 끊는 일은 벌어지지 않았다는 점이다. 안타깝게 돌아가신 '산 자'들하고 다르게 파업 노동자들은 함께 분임 토론을 벌이고 술잔을 기울이면서 가슴속에 맺힌 울분을 토하고 스트레스를 조금이나마 풀 수 있었다. 노동자들은 헬기에서 무차별로 쏟아지는 최루액, 경찰 특공대의 살인적 진압 작전이 펼쳐지던 77일의 파업 기간 내내 죽음이 아니라 한 가닥 희망을 품고 있었다. 파업이 진행되는 동안 파업 조합원이 투쟁을 포기하고 희망 퇴직을 선택하는 일이 더러 벌어지기는 했지만, 적어도 스스로 목숨을 끊으려는 사람은 없었다.

'죽은 자'가 죽을 차례 — 두 번 죽는 노동자들

파업이 끝난 뒤 상황이 바뀌었다. 정리해고와 무급 휴직, 희망 퇴직으로 정규직 노동자 2600여 명이 현장 밖으로 밀려났고, 비정규직 노동자도 많이 해고됐다. 파업이 진행될 때는 '정리해고 철회'라는 한 가닥 희망을 품고 있었지만, 파업이 끝난 뒤에는 모두 생활고라는 벽에 부딪혀야 했다. 몇몇은 이혼이라는 불편한 현실을 맞닥뜨려야 했다.

평생 공장에서 자동차 만드는 일밖에 모르던 노동자들이 선택할 수 있는 길이 무엇이었을까? 건설 현장 '노가다'부터 시작해 대리 운전, 택배 배달, 소규모 자영업 등 지금까지 한 번도 해보지 않은 일을 하며 생계를 유지해야 했다. 신용 불량과 파산은 늘 그림자처럼 쫓아다녔다.

다른 공장에 취업하려 해도 쌍용차에 다닌 사실 하나 때문에 번번이 퇴짜를 맞아야 했다. 죽음이라는 문제를 한 번쯤 생각해보지 않은 이가 과연 있을까? 가족을 부양해야 할 책임 때문에 죽지 못해 산다는 노동자들이 대부분이었다. 그렇지만 안타깝게도 몇몇은 사랑하는 가족을 뒤로 한 채 다시는 돌아오지 못할 길을 떠나고 말았다.

특히 2010년 11월부터 2011년 5월까지 7개월 동안 무려 6명이 세상을 등졌는데, 모두 희망 퇴직자(5명)와 무급 휴직자(1명) 등 이른바 '죽은 자'였다. 정리해고로 '죽은' 이들이 정말 생을 마감한 셈이다. 정리해고 사태가 마무리된 지 1년 조금 지나면서 생활고와 우울증을 끝내 이겨내지 못했다. 특히 6명 중 3명은 스스로 목숨을 끊는 길을 선택하고 말았다.

그중에는 의족을 차고 다니던 노동자가 있었다. 비 한 방울 내리지 않던 2009년 파업 때 의족을 벗겨내면 염증이 더욱 심해져 있었다. 경찰이 공장을 막아 약품 하나 들여올 수 없었다. 동료들이 나가서 치료를 받으라고 설득하고 또 설득해야 했다. 동지들을 배신할 수 없다며 절대로 못 나간다던 그 조합원은 결국 입술을 깨물며 등 떠밀려 파업 현장을 떠나게 된다. 그 일이 생명을 붙잡아주던 줄을 끊어버린 걸까? 나가자마자 희망 퇴직을 하더니 1년 뒤 스스로 목숨을 끊고 말았다.

또한 죽어간 6명 중 유일한 무급 휴직 조합원 이야기는 많은 이들의 눈시울을 붉혔다. 이 조합원의 아내가 1년 전인 2010년 4월에 생활고 등 스트레스를 견디다 못해 고층 아파드에서 투신자살했기 때문이다. 정리해고 사태로 부모를 모두 잃은 두 아이에게는 통장 잔고 4만 원과 카드 빚 150만 원만 남았다.

함께 살자고, 죽지 말자고

"번개탄을 시장에서 모두 퇴출시켜야 한다고!" 희생자 28명 중 5명이 자기가 타던 차에서 번개탄 연기하고 함께 세상을 등졌다. 목을 맨 희생자들도 5명이다. 그토록 애타게 죽으면 안 된다고 외쳤지만, 죽음의 행렬은 계속 이어졌다.

나를 해고한 이 도시에서 더 살 수 없어 가족을 데리고 평택을 떠난 노동자가 있었다. 먹고는 살아야 하니 다른 도시에서 일용직으로 일하면서 집을 오가는 생활을 반복했다. 어느 날 하필 휴대폰이 고장 났다. 연락 올 곳이 딱히 없으니 신경도 덜 썼고, 그래서 이틀 뒤에야 휴대폰을 고쳤다. 하늘도 무심해라, 왜 하필 그때 휴대폰이 고장 난 걸까?

그 이틀 동안 아이들은 울부짖으며 고장 난 아빠의 휴대폰에 미친듯이 전화를 걸고 있었다. 휴대폰이 고장 난 날 엄마는 깨어나지 않았다. 아이들은 숨을 거둔 엄마 곁에서 아빠만 찾고 있었다. 왜, 도대체 왜, 아빠 말고는 연락할 곳이 없느냐고 묻지 말자. 동료나 친지들하고 살갑게 지낼 수 있으면 왜 평택을 떠났겠는가. 이게 18번째 희생자 얘기다.

숫기 없고 조용한 노동자가 있었다. 77일 파업을 끝까지 버텼고, 노조 지침에 따라 희망 퇴직을 거부하고 함께 소송에도 나섰다. 간간이 동료들에게 연락도 해봤지만, 취업이 안 된다는 걱정스런 목소리만 전하는 게 너무 미안했다. 자동차 부품 회사에 다시 원서를 넣었지만 결과는 똑같았다. 그러다 정리해고 무효 소송 1심마저 지고 말았다. 두 달 뒤, 그 노동자는 임대 아파트 23층에서 몸을 던지고 말았다.

죽고 나서야 알았다. 부모님은 모두 일찍 돌아가시고 계속 혼자 지내고 있었다. 세상을 뜨기 얼마 전 다큐멘터리 〈당신과 나의 전쟁〉 디브이디가 출시된 사실을 알고 어느 동료에게 디브이디를 좀 보내달라 부탁했다. 무슨 생각을 했을까? 그래도 파업할 때는 한 가닥 희망을 품고 살았는데, 차라리 디브이디를 보내지 말걸……. 후회해도 이미 늦어버렸다. 22번째 희생자 얘기다.

"또 죽었답니다, 여러분. 제발 살려주세요. 살고 싶습니다." 22번째 희생자가 나오자 쌍용차 해고자들은 충격에 휩싸였다. 특히 죽음의 행렬을 막으려는 '희망 텐트' 운동을 전국적으로 열심히 꾸리던 한복판에서, 그것도 함께 끝까지 싸워온 해고 조합원이 스스로 목숨을 끊었기 때문이다.

쌍용차 해고자들은 2012년 4월부터 평택 공장에서 서울 대한문으로 거점을 옮긴다. 세상 떠난 노동자들을 위한 분향소 차리는 일 때문에 경찰

당국하고 엄청난 마찰을 겪어야 했지만, 잡혀가고 얻어맞아 가면서 끝까지 대한문 분향소를 지켜냈다. 그리고 전국에 흩어져 있을 쌍용차 희망 퇴직자와 정리해고자들을 향해 목이 터져라 외쳐대기 시작했다. 죽지 말자고, 살아서 싸우자고.

두 배로 늘어난 생산량, 산 자와 죽은 자의 공포

애초 쌍용차 노동자들이 점거 파업을 끝낼 때 회사 쪽하고 한 합의에 따르면 무급 휴직으로 처리하는 460여 명은 1년 뒤에 복직하기로 했다. 약속에 따르면 무급 휴직자는 2010년 8월에 현장에 복귀할 수 있었다. 회사는 약속을 지키지 않았고, 2010년 10월부터 '죽음의 행렬'은 가팔라진다.

정리해고자, 무급 휴직자, 희망 퇴직자들의 '희생' 위에서 '회생'한 쌍용차는 노동자들이 죽어가는 동안 생산량을 2배나 늘렸다. 쌍용차는 2013년 14만 5000대를 생산했는데, 이 수치는 2009년 생산량 3만 4000대의 4배, 2008년 생산량 8만 대의 2배에 가깝다. 인원이 3000명이나 더 많던 2004년 생산량보다 높은 수준이다.

무려 3000명에 이르는 노동자들이 쫓겨난 상태에서 생산량이 2배로 늘었으니 현장의 노동 강도는 얼마나 높아졌을까? 적어도 3~4배의 노동 강도가 더해지면서 현장의 '산 자'들은 엄청난 고통에 시달렸다. 아니나 다를까 2011년 상반기까지 해고자와 희망 퇴직자에 집중해서 나타나던 죽음이, 이제 산 자와 죽은 자를 넘어 무차별로 출몰한다.

2011년 하반기부터 2014년 전반기까지 유명을 달리한 노동자와 가족

11명 중 현장에서 일하던 사람만 3명이다. 게다가 이 3명 모두 스스로 목숨을 끊은 경우여서 더욱 마음을 아프게 한다. 현장 안에서 들려오던, 살아도 산 게 아니라는 얘기가 그저 한 번 해보는 한탄이 아니었다.

상황이 이런데도 죽음의 행렬을 방치하고 있는 쌍용차를 향해 해고자들은 울부짖었다. "보태지도 빼지도 않고, 이건 회사가 죽인 거다." 반백의 쌍용차 지부장이 무려 41일 동안 곡기를 끊다가 병원에 실려 가고, 3년 감옥살이를 마친 전 지부장이 출소한 지 세 달 만인 한겨울에 14만 볼트의 전류가 흐르는 송전탑에 오르기도 했다.

2013년 1월, 쌍용차 현장에서 또 한 명의 노동자가 목을 맨 소식이 들려왔다. 유서에는 해고자들이 벌이는 투쟁에 보내는 서운함도 배어 있었지만, 회사를 향한 분노가 핵심이었다. 한동안 뇌사 상태로 죽음과 사투를 벌이던 그 노동자는 끝내 장기를 기증하며 생을 마감했다. 24번째 죽음이었다. 그 노동자가 목을 맨 날에야 비로소 460명에 이르는 무급 휴직자 전원을 현장에 복귀시키는 노사 합의가 타결됐다. 그리고 2달 뒤인 2013년 3월, 공장에서 쫓겨난 지 무려 3년 7개월 만에 무급 휴직자들이 현장에 다시 발을 들여놓았다. 2년 뒤인 2015년에 노사 합의를 거쳐 해고자 복직이 시작되기는 했지만, 여전히 많은 해고자들이 공장으로 돌아가지 못하고 있다.

희생과 회생 사이

정리해고 명단에 이름이 오른 노동자라면 누구나 한 번쯤 생각해봤을 죽음. 그래서 먼저 간 동료들 앞에서 오열하는 이들에게 쌍용차와 정부는 여전히 묵묵부답이다. 쌍용차 해고자들이 죽음의 행렬을 '명백한 타살'로 규정하는 근거와 이유는 아주 충분하다.

22번째 죽음 뒤 대한문으로 거점을 옮겨 사투를 벌인 쌍용차 해고자들이 이 행렬을 완전히 멈추게 하지는 못했지만 기적처럼 죽음을 알리는 소식은 잦아들고 있다. 죽음을 막기 위해 책임을 져야 할 자들은 침묵한 반면, 쌍용차를 회생시키려고 희생된 노동자들이 죽음의 행렬을 막기 위해 헌신하고 있다. 그렇지만 아직 끝난 것이 아니다. 25명의 죽음이 모두 정리해고 사태를 둘러싼 자본의 탄압에 밀접히 연관돼 있고, 특히 정신적이고 심리적인 불안과 우울과 스트레스가 몰아치며 죽음을 맞이하게 된 공통점이 있다. 구조 조정과 정리해고로 죽은 자들만이 아니라 현장에서 일하고 있는 산 자들의 심장에도, 2009년 정리해고 사태가 남긴 멍이 지울 수 없는 디엔에이처럼 깊이 새겨져 있다.

2008년 리먼 브라더스 사태 뒤 미국과 유럽에서는 공장 폐쇄의 물결이 노동자들의 삶을 급습했다. 한국에서는 공장 폐쇄까지 간 사례는 없지만, 2009년 회생이냐 청산이냐를 가르는 기로에 선 쌍용차에서 정리해고 사태가 노동자들을 습격했다. 공장 폐쇄는 가까스로 막았지만 대가는 너무 비쌌고, 대부분 자본이 아니라 노동자들이 치러야 했다.

공장 폐쇄 직전까지 간 쌍용차가 이렇다면, 직접 공장 폐쇄를 겪은 미국과 유럽의 노동자들이 겪은 공포는 어느 정도일까. 상상조차 하기 두렵다. 더 심각하게 던져야 할 질문이 하나 있다. 노동자들은 회사를 회생시키려고 엄청난 희생을 치렀는데, 그렇다면 그렇게 회생한 회사는 노동자들의 희생에 어떤 보상을 했느냐는 물음.

2부

정비소는 뭘 고친 걸까
잠시 찾아온 회복의 끝은 어디로

"어이가 없지요. 아니, 신기술이 도입되고 공정이 개선되면 사람에게 이롭게 쓰여야 하는 게 상식 아닌가요? 작업자들 일이 좀 편해진다든지, 아니면 노동 시간을 줄여서 여가를 즐기게 해준다든지……. 그런데 이건 신기술 도입, 공정 개선을 핑계로 일자리를 줄이고 노동 강도를 높여요. 이러니 소비자들은 신차에 환호할지 몰라도, 우리 비정규직 노동자들은 신차 나올 때마다 이번에는 또 몇 명을 자르려 할까 걱정해야 하는 처지예요. 죽어라 차 만들어서 이윤은 회사가 다 가져가고, 작업자들, 특히 비정규직은 신차에 벌벌 떨어야 하죠."

1장
빅 3의 트랜스폼
패자의 역습이 시작되다

2009년 여름, 미국에서 엄청난 규모의 공장 폐쇄와 정리해고가 진행되는 사이에 자동차와 로봇이 대거 등장하는 블록버스터 영화가 개봉한다. 전편에 이어 마이클 베이 감독이 다시 메가폰을 잡은 〈트랜스포머〉의 2탄 〈패자의 역습〉.

이 영화에는 전편에 이어 지엠이 만든 자동차들이 많이 등장한다. 지엠의 자동차들이 득실대는 이유는, 의심할 것도 없이 지엠에서 간접 광고 Product Placement·PPL 형태로 협찬을 많이 했기 때문이다. 처음에 마이클 베이 감독은 주연급 변신 로봇인 범블비 역을 맡을 차로 지엠 모델을 쓰려 했는데, 지엠 쪽에서는 영화에 출연하는 모든 자동차를 자기 회사 차량으로 해달라는 조건을 달았다고 한다(물론 이 영화에 지엠 차만 나오지는 않는다. 오토봇 군단 지도자인 '옵티머스 프라임'의 변신 차량에는 고급 트레일러 제작 업체인 피터빌트의 모델 '379'가 쓰였고, 포드와 메르세데스-벤츠의 차도 1종씩 출연했다. 그렇지만 대부분 지엠 모델인 것은 분명한 사실이다).

1탄과 2탄 사이, 지엠도 트랜스폼!

〈트랜스포머〉 시리즈의 첫 영화가 나온 때가 2007년이다. 이때쯤 지엠을 비롯한 빅 3의 사업에 먹구름이 끼고 있었지만, 위기 수준을 그렇게 심각하게 느낀 이들은 거의 없었다. 그런데 〈트랜스포머〉 2탄이 나온 2009년 여름 무렵 지엠은 100년 역사에서 최대 치욕이라 할 파산 보호 신청에 더해 미국 연방 정부에게서 천문학적인 구제 금융을 받는 신세가 되고 말았다.

〈트랜스포머〉 1탄이 나온 때와 2탄이 개봉한 사이에, 지엠도 엄청난 '변신'을 하게 된 셈이다. 먼저 미국 곳곳에 흩어져 있던 생산 공장 47곳 중 14곳을 폐쇄하고 노동자 2만여 명을 정리해고했다. 사업 전체를 '좋은 지엠Good GM'과 '나쁜 지엠Bad GM'으로 나눠, 앞의 것을 중심으로 '새로운 지엠New GM'을 새롭게 출범시키고 뒤의 것은 대부분 청산하거나 매각했다. 한국에서도 지엠은 대우자동차 인수 뒤 처음으로 구조 조정을 밀어붙이고 있었다. 2009년 4월, 지엠대우 부평 공장에서만 1000명 정도 되는 비정규직 노동자가 한꺼번에 공장에서 쫓겨나는 사건도 있었다.

지금의 지엠을 보면 언제 그런 때가 있었을까 싶을 정도로 다시 활발히 장사를 하고 있다. 그렇지만 2009년은 지엠 역사상 최악의 날들이었다. 창사 이래 최대 위기를 겪으며 지엠은 지푸라기라도 잡아 바닥을 치고 다시 일어서는 전환점을 맞기를 간절히 바랐다. 지엠은 파산 보호를 신청하기 전부터 마이클 베이 감독이 〈트랜스포머〉 속편을 준비하고 있다는 사실을 알고 있었다. 생사의 갈림길에서 긴급 수혈을 받는 중환자 신세였지만, 지엠은 〈트랜스포머 2〉에 온 힘을 기울여 결국 자기들이 만든 차를 많이 선보이게 된다.

주주(2009년 7월)	지분율
미국 연방 정부	60.8퍼센트
캐나다 연방 정부와 온타리오 주 정부	11.7퍼센트
퇴직자 건강보험 기금(VEBA) 펀드	17.5퍼센트
기타 채권단	10.0퍼센트

구제 금융 뒤 지엠의 지분 구조가 바뀌었다. 미국과 캐나다 정부의 지분율 합계가 70퍼센트를 훌쩍 넘어, 지엠은 'Government Motors'라는 별명을 얻기도 했다.

영화 덕에 부활한 카마로

먼저 〈트랜스포머〉 마니아들의 사랑을 독차지한 범블비 역에는 전편에 이어 지엠의 스포츠카인 쉐보레 카마로Camaro가 선정됐다. 그런데 그때만 해도 카마로는 아직 영화에서만 볼 수 있는 차였다. 지엠의 대표 스포츠카로 20세기를 풍미했지만, 포드의 머스탱에 밀려 2002년을 마지막으로 생산을 멈췄기 때문이다(영화를 본 사람들은 주인공 윗위키와 범블비가 처음 만나는 장면을 기억할 것이다. 생애 첫 차를 사준다며 아버지가 윗위키를 데려간 곳은 중고차 판매점이었다. 윗위키는 여기서 카마로를 산다. 정확히 말하면 카마로로 변신한 범블비가 윗위키를 선택한 셈인데, 영화가 개봉될 때 카마로는 신차 대리점에서는 구경할 수 없었기 때문에 중고차 판매점이 배경이 됐다).

본디 영화 〈트랜스포머〉의 원작은 미국에서 방영된 같은 이름의 애니메이션 시리즈다. 원작 만화에서는 범블비 역을 폭스바겐의 귀엽고 깜찍한 자동차 '비틀'이 맡고 있었다. 그런데 마이클 베이 감독은 원작을 영화로

원작 애니메이션에서 범블비 역을 맡은 폭스바겐의 비틀(왼쪽)과 영화에 캐스팅된 쉐보레 카마로(오른쪽).

쌍둥이 오토봇 스키즈(아래 왼쪽)와 머드플랩(아래 오른쪽). 로봇이 자동차로 변신하면 스키즈는 쉐보레 스파크(위 왼쪽)로, 머드플랩은 트랙스(위 오른쪽)로 바뀐다.

만들면서 좀더 스포티한 이미지를 범블비에게 주고 싶었다. 그러던 중 지엠 연구소에 세워져 있던 카마로를 보고 한눈에 반해 캐스팅했다고 한다.

이 캐스팅 덕에 카마로의 운명이 바뀐다. 지엠 연구소에 세워져 있던 카마로는 양산 계획이 없는 콘셉트 카일 뿐이었다. 그런데 〈트랜스포머〉 1편의 주연급으로 발탁되고 영화가 크게 흥행하면서 양산이 결정됐다. 영화 한 편이 자동차 한 대를 부활시킨 셈이다. 그래서 〈패자의 역습〉에 등장한 카마로는 전편에 견줘 좀더 날렵해졌다. 1편에 나온 카마로는 콘셉트 카를 그대로 쓴 반면, 2편에는 2010년부터 다시 출시될 양산형 모델을 내보낸 때문이다. 현재 쉐보레 카마로는 캐나다 온타리오 주에 있는 지엠 오샤와 Oshawa 공장에서 생산돼 미국을 비롯한 세계 시장에 공급되고 있다.

신차, 대거 출동

영화 〈트랜스포머〉를 마케팅에 활용하기는 한국지엠(그때 이름은 지엠대우)도 마찬가지였다. 〈패자의 역습〉에 마티즈 후속으로 개발 중이던 마티즈 크리에이티브, 지금의 쉐보레 스파크가 출연한 때문이다. 스파크가 맡은 역은 좀 우스꽝스러운 캐릭터인 쌍둥이 오토봇의 하나인 스키즈 Skids다. 스키즈하고 짝을 맞춰 나오는 머드플랩Mud Flap 역에는, 그때만 해도 낯선 이름인 쉐보레 트랙스TRAX가 선택됐다. 스파크는 2010년, 트랙스는 2013년에 각각 출시된 탓에, 〈패자의 역습〉이 개봉하던 2009년 여름에는 아직 매장에 나오지 않았다.

그렇지만 2010년부터 신차가 출시되면서 '〈트랜스포머〉에 ○○○ 역할

로 출연한 차량'이라는 문구만 갖고도 만점 홍보 효과를 거뒀다. 그야말로
〈트랜스포머〉 특수를 누리며 영화에 출연한 신차 대부분이 돌풍을 일으킨
다. 소비자들 귀에 익숙하게 하려고 아예 이름이 비슷한 차량을 캐스팅하
기도 했다. 오토봇 군단의 '졸트' 역으로 지엠이 야심차게 준비한 전기차 쉐
보레 볼트^{Volt}가 출연한다. 영화에서 존재감은 그리 높지 않지만, 옵티머스
프라임을 위기에서 구하는 인상 깊은 장면을 연기했다.

터닝 포인트

지엠이 바닥을 치고 회복하기 시작한 때를 정확히 가늠할 수는 없다.
그렇지만 그런 징후가 2009년 말부터 보이기 시작한다는 점은 분명하다.
여전히 파산 보호 신청이라는 어두운 그림자가 짙게 드리우고 있어서 이때
부터 회복하기 시작했다고 보기는 어려울 테지만, 몇몇 징후를 정리해보는
일도 의미가 있다.

먼저 2009년 11월 3일, 지엠은 그동안 진행 중이던 유럽 법인 오펠의 매
각 협상을 전격 취소하고 전면 구조 조정에 들어간다고 밝혔다. 오펠은 캐
나다 부품 회사 마그나 인터내셔널과 러시아 국영 은행 스베르방크 컨소
시엄에 매각될 예정이었다. 다음으로 지엠은 지난날 자기들이 갖고 있다가
1999년 분사시킨 거대 부품 회사 델파이^{Delphi}도 다시 인수할 예정이라고
발표했다. 오펠 매각 취소를 선언한 바로 그날, 지엠은 델파이 인수에 정부
지원금 28억 달러를 써도 좋다는 승인을 받은 사실을 밝혔다. 마지막으로
2009년 11월 16일, 지엠 시이오인 프리츠 헨더슨은 미국 정부가 준 구제 금

융 500억 달러 중 채권 형식으로 받은 67억 달러를 조기 상환한다고 밝혔다. 다음 달을 시작으로 앞으로 분기마다 12억 달러(미국 정부에 10억 달러, 캐나다 정부에 2억 달러)씩 빚을 갚겠다는 것이었다.

바로 이 무렵 〈패자의 역습〉이 전세계에서 블록버스터 영화 흥행 기록을 갈아치우며 환호를 받고 있었다. 거짓말처럼 2010년부터 지엠이 내놓는 신차들도 대박을 친다. 쉐보레 크루즈, 아베오, 스파크 등 한국지엠이 주도해 개발한 소형차들이 지엠의 글로벌 판매량이 증가하는 데 가장 큰 공헌을 했다.

쉐보레 말리부를 비롯한 중형차도 덩달아 판매량이 늘었고, 판매량 자체는 많지 않았지만 범블비의 인기를 등에 업고 출시된 카마로도 값비싼 스포츠카 치고는 꽤 잘 팔리는 축에 들었다. 비교적 최근에 시장에 나와 유럽에서는 오펠 모카로 판매되고 미국과 중국에서는 뷰익 앙코르**Buick Encore**라는 이름으로 판매되는 트랙스는 소형 에스유브이 붐을 일으키며 승승장구하고 있다.

매력적인 스토리, 원작하고 다른 현실

본디 〈트랜스포머〉의 원작 만화에서는 오토봇과 디셉티콘 사이의 전쟁이 왜 벌어졌는지, 그리고 이 변신 로봇들의 뿌리가 어디에 있는지부터 자세히 설명하고 있다. 영화 마니아라면 이 로봇들이 모두 '사이버트론'이라는 머나먼 행성에서 온 사실을 잘 안다. 원작 만화에 따르면 사이버트론은 퀸테슨**Quintesson**이라는 외계 생명체의 산업 기지다. 하나의 개체에 얼굴과 인격이 5개라는 뜻을 지닌 이 퀸테슨들이 오토봇과 디셉티콘을 만든 창조자라고 할 수 있다. 오토봇은 노동자 로봇이고 디셉티콘은 군인 로봇이다.

퀸테슨들은 로봇을 만들면서 인격을 조금씩 불어넣었다고 한다. 그러나 인격이 생긴 로봇들은 점차 자기들이 혹사당하고 있다는 사실을 알게 된다. 로봇들은 힘을 합쳐 퀸테슨을 몰아내고 자기 자신을 해방시킨다. 그러나 이내 오토봇과 디셉티콘 진영으로 갈라져 전쟁이 벌어지는데, 영화는 이 두 진영이 전쟁을 벌이는 공간이 지구로 옮겨지면서 시작되는 얘기를 담고 있다. 여러 사람이 잘 알고 있듯이 영화는 오토봇이 많은 어려움을 겪으면서도 결국 디셉티콘을 무찌르는 장면으로 끝난다.

군인 출신인 디셉티콘에 견줘 당연히 전투력이 떨어지는 노동자 출신 오토봇이 무슨 능력을 발휘한 걸까? 하나는 노동자 출신답게 기계를 변형해 다양한 모습으로 '변신'하는 것, 곧 영화 제목이 말해주듯이 '트랜스포머'로 재탄생한 능력이다. 그리고 나머지 하나는 인간을 비롯한 다른 생명체하고 소통하려는 노력이다.

스토리만 보면 참 매력 있지 않은가? 노동자들이 서로 힘을 합쳐 독재를 꿈꾸는 군인들의 음모를 분쇄한다니 말이다. 이런 배경을 알고 나서 이 영화를 다시 볼 때는 나도 모르게 오토봇 군단을 응원하는 손에 힘이 들어갔다. 그렇지만 〈트랜스포머〉를 둘러싼 영화 밖 현실은 정반대다. 지엠은 이 영화로 수억 달러어치 신차 홍보를 공짜로 했고, 뒤이어 불어닥친 〈트랜스포머〉 특수로 톡톡히 재미를 봤다. 파산 위기까지 내몰리던 지엠은 다시 기운을 차린다.

회복기에 접어든 지엠은 노동자를 비롯해 땀 흘려 일한 이들에게 좋은 일을 좀 했을까? 그렇지 않다. 원기를 회복해 든든해진 체력과 자금력을 바탕으로 지엠은 유럽을 비롯한 다른 대륙의 사업장을 전면 구조 조정하기 시작한다. 〈트랜스포머〉 2탄에 달린 부제처럼 '패자의 역습'이 시작된 셈이다.

2010년에 벨기에의 안트베르펜 공장을 폐쇄했고 2014년에는 독일의 보훔 공장도 문을 닫았다. 오스트레일리아에서는 2016년까지 공장을 가동하고 폐쇄한다는 계획을 발표했다. 활력을 되찾은 지엠이 이제 칼을 다른 대륙으로 돌려 2008~2009년 사이에 미국에서 한 짓하고 똑같은 일을 벌이고 있다. 스파크, 아베오, 크루즈 등 소형차 삼총사로 글로벌 지엠을 위기에서 구한 일등공신 한국지엠도 사업 축소와 생산량 대폭 삭감이라는 공격을 받고 있다. 억울하고 환장할 노릇 아닌가. 노동자 로봇들이 힘을 합해 압제에서 스스로 벗어난다는 영화 덕에 힘을 얻은 자본이 그 힘으로 노동자들을 상대로 전면적 구조 조정을 시작한 셈이다.

사실 지엠만이 아니다. 2008년 경제 위기로 파산 직전까지 몰린 미국의 자동차 빅 3는 2010년에 접어들면서 수세 국면을 벗어나 일제히 공격 모드로 전환한다. 구제 금융을 수혈해야만 버틸 수 있던 중환자가 몸이 좀 회복되자 탐욕스러운 공격을 펼쳐 노동자의 피와 땀을 빼앗으려 시도한다. 2010년부터 구조 조정을 본격 시작한 유럽 자동차 산업이 회복기에 접어들었다고 말할 수는 없다. 회복은 미국의 빅 3에 국한된다. 미국 자동차 산업이 세계 자동차 시장을 주름잡아 온 만큼 빅 3가 회복하면서 전세계 자동차 판매량은 늘어나고, 세계 자동차 산업도 적어도 겉으로는 다시 성장하기 시작한 듯 보인다.

앞에서 우리는 판매량 곡선이 떨어질 때 노동자들에게 무슨 일이 벌어지는지를 똑똑히 봤다. 곡선이 올라갈 때는 반대되는 일이 벌어질까? 고용도 늘어나고 월급봉투도 두둑해지면서 노동자들의 삶이 좀 나아졌을까?

2장
미래의 수요를 오늘에 당겨 쓴다
조삼모사 폐차 보조금

2008년 리먼 브라더스 사태 뒤 이어진 경제 위기를 지나, 2009년 말부터 언론은 경제가 바닥을 치고 회복기에 접어들었다고 떠들기 시작했다. 자주 든 근거가 몇몇 주요 국가에서 자동차 판매량이 늘고 있다는 얘기였다. 판매량이 크게 늘지는 않았지만, 갑작스런 위기가 몰아닥친 2008년에 견줘 감소세가 주춤하기 시작한 점은 분명하다. 2009년 유럽의 자동차 수요는 경제 위기의 여파로 15퍼센트나 줄어든다고 예상됐는데, 유럽 최대 시장인 독일은 2009년에 자동차 판매량이 23.2퍼센트나 늘었다.

예상하고 다르게 독일을 비롯한 몇몇 국가에서 자동차 판매가 활기를 띤 이유는 뭘까? 미국에서 위기가 시작되자 2008년 말부터 서유럽을 중심으로 10여 개국이 도입한 '폐차 보조금Cash for Clunkers' 덕이다. 낡고 오래된 차를 버리고 새 차를 사는 소비자에게 정부가 보조금을 주는 제도다. 가격 할인하고 효과가 똑같다. 이명박 정부 때 '노후 차량 세제 지원' 제도가 시행된 적이 있는데, 이게 바로 한국판 폐차 보조금 제도다.

2008년 말 독일이 가장 먼저 도입한 뒤 2009년 들어 영국, 프랑스, 이탈리아, 스페인 등 서유럽 곳곳으로 퍼졌다. 현대-기아차도 소형차 아이10, 아이20, 아이30 등 이른바 '아이 시리즈'가 각광받으며 2009년에 유럽에서만 무려 30만 대 넘게 차를 팔아 치웠다. 유럽의 폐차 보조금 제도가 단순히 차만 바꾸면 지원금을 받는 식이 아니라 고연비 또는 저탄소 배출 신차를 살 때만 지원한다는 조건이 붙어 있어서, 현대-기아차처럼 소형차에 강점이 있는 업체들이 유리했다.

세계 자동차산업, 폐차 보조금으로 연명하다

유럽에서 가장 먼저 폐차 보조금 제도를 도입한 독일은 9년 넘은 차를 새 차로 바꾸면 2500유로(약 400만 원)를 지원했다. 시행 기간을 따로 정하지는 않았지만 보조금 총액을 50억 유로로 제한했다. 그런데 1년도 채되지 않은 2009년 9월 초에 보조금이 모두 소진돼 제도가 종료됐다.

독일에 이어 영국 정부는 10년 넘게 탄 차를 폐차하고 새 차를 사면 정부 1000파운드와 자동차 업체 1000파운드를 합쳐 모두 2000파운드(약 400만 원)를 깎아주는 제도를 시행했다. 현대차 아이10의 가격은 7000파운드 정도인데, 이 제도를 활용하면 4995파운드에 살 수 있었다. 영국 정부는 애초 폐차 보조금 정책을 2009년 연말에 끝낼 예정이었다. 그러나 제도가 중단되면 자동차 수요가 크게 줄까봐 2010년 3월까지 연장했다.

프랑스도 마찬가지다. 애초 2009년 연말까지 시행하려던 폐차 보조금을 2010년까지 연장했다. 자동차 수요를 유지하려고 말이다. 다만 2009년에 제도가 처음 시행될 때 1000유로이던 보조금 액수를 단계적으로 낮췄

다. 스페인, 이탈리아, 오스트리아, 슬로바키아 등에서도 2009년부터 적게
는 1000유로, 많게는 5000유로까지 보조금을 줬다.

미국도 10억 달러를 들여 폐차 현금 보상 제도를 한 달 동안 시행했다.
중고차를 폐차하고 연비가 좋은 새 차를 사면 승용차는 3500달러를, 트럭
은 4500달러를 바우처 형태로 보상해주는 형식이었다. 일주일 만인 2009
년 7월 24일에 10억 달러가 모두 소진될 정도로 선풍적인 인기를 끌자, 미
국 정부는 20억 달러를 더 마련해 한 달 뒤인 8월 24일까지 연장 실시했다.
한국도 '노후 차량 세제 지원' 형식으로 2000년 이전에 등록된 차를 폐차
하고 새 차를 살 때 최대 250만 원까지 세금을 줄여주는 제도를 2009년에
시행했다. 애초 개별소비세 인하하고 함께 2009년 6월 말에 끝날 예정이었
지만, 자동차 수요를 유지하려고 2009년 연말까지 연장했다.

유럽 각국에서 시행된 폐차 보조금 정책의 최대 수혜자 중 하나는 엉뚱
하게도 한국의 현대-기아차였다. 앞서 잠깐 말한 대로 현대-기아차는 다른
제조사들에 견줘 상대적으로 소형차에 집중한 덕에 주머니 사정이 좋지 않
은 소비자들에게 인기를 얻을 수 있었다. 게다가 폐차 보조금 제도가 대부
분 연비 개선 또는 저탄소 차량 우대 정책을 포함하고 있어서 많은 유럽인
이 중대형차를 버리고 소형차를 샀다. 그러다 보니 오히려 유럽 현지 업체
들에 견줘 혜택을 더 받은 것처럼 보이기도 했다. 이를테면 폐차 보조금 제
도가 시행되던 2009년 1~8월 현대-기아차의 독일 시장 판매 증가율은 무
려 19.8퍼센트인 반면 베엠베 등 독일을 대표하는 제조사의 판매량은 20.3
퍼센트나 줄었다.

폐차 보조금 종료, 얼어붙는 시장

폐차 보조금 정책이 실시된 나라들에서는 거짓말처럼 자동차 수요와 판매가 빠르게 늘어났다. 그렇지만 여기에는 함정이 하나 있다. 이 정책이 끝나면 시장은 다시 얼어붙는다는 것이다. 실제로 폐차 보조금 정책이 끝난 나라들에서는 어김없이 그런 일이 벌어졌다.

폐차 보조금 정책에 따른 변화를 가장 잘 보여주는 곳은 독일이다. 2009년 이 제도에 힘입어 판매량이 무려 23.2퍼센트나 늘어난 독일은 2010년에는 무려 23.4퍼센트나 판매 수치가 곤두박질쳤다. 프랑스와 슬로바키아도 독일하고 비슷한 모습을 보여줬다. 영국과 스페인은 폐차 보조금 제도가 2009년 말과 2010년 초에 걸쳐 시행돼 제도의 효과가 좀 늦게 나타난 편에 속한다. 내수 시장 자체가 워낙 나빠지던 상황에서 2009년에 폐차 보조금 제도를 시행한 이탈리아는 추락 속도를 어느 정도 늦추는 정도의 효과를 냈다.

미국에서도 오바마 정부가 시행한 폐차 현금 보상 정책이 2009년 8월에 끝나자 9월 자동차 판매량이 크게 요동쳤다. 8월 판매량 125만 8944대가 9월에는 거의 절반 수준인 74만 4566대로 뚝 떨어졌다. 10월 판매량이 9월에 견줘 조금 늘어난 원인은 도요타와 빅 3 등 전통의 강자들이 뒤늦게 소형차를 싼값에 내놓으며 반격에 나섰기 때문이다. 독일처럼 미국에서도 현대-기아차는 폐차 현금 보상 정책이 한창이던 8월에 점유율 8퍼센트로 최고치를 찍은 뒤, 9월부터 내리막길을 걸었다. 10월에는 6퍼센트대로 떨어져 비상이 걸렸다. 현대-기아차는 2008년 금융 위기로 미국의 실업률이 높아지자 판매량을 늘리려고 차를 산 지 1년 안에 실직하면 되사주는 어슈

폐차 보조금 제도가 실시된 유럽 7개국의 자동차 판매량 변화

국가	2008년	2009년	2010년
독일	3,090,040	3,807,175 (+23.2%)	2,916,260 (−23.4%)
영국	2,131,795	1,994,999 (−6.4%)	2,030,846 (+1.8%)
프랑스	2,050,282	2,268,671 (+10.7%)	2,251,669 (−0.8%)
스페인	1,161,176	952,772 (−17.9%)	982,015 (+3.1%)
이탈리아	2,161,682	2,158,010 (−0.2%)	1,960,282 (−9.2%)
오스트리아	293,697	319,403 (+8.8%)	328,563 (+2.9%)
슬로바키아	70,040	74,717 (+6.7%)	64,033 (−14.3%)

출처: 유럽자동차공업협회(ACEA).

미국 자동차 시장 추이

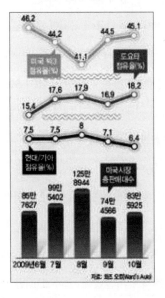

어런스^{Assurance} 프로그램까지 실시했다. 그런데 이런 프로그램과 폐차 보조금 정책을 활용한 미국 시장 판매 전략이 더는 먹히지 않게 됐다.

언젠가 끝날 수밖에 없는 폐차 보조금

물론 자동차업계 사장님들이 열심히 뒷구멍으로 로비를 했기 때문에, 몇몇 정부는 보조금 정책 연장을 결정하거나 검토했다. 그렇지만 언제까지 이 제도가 지속될 수는 없었다. 아니, 지속된다 해도 두 가지 원인 때문에 점차 효과가 줄어들 수밖에 없었다.

첫째, 그 많은 돈은 다 어디에서 나오는 걸까? 정부 예산, 곧 노동자의 세금에서 나온다. 이렇게 보조금을 쏟아부으면 정부는 어마어마한 빚더미, 곧 재정 적자를 감수해야 하고, 결국에는 노동자들이 뒷감당할 게 뻔하다. 그렇지만 노동자들 호주머니에 돈이 있어야 뭘 감당할 게 아닌가? 눈덩이처럼 불어나는 재정 적자라는 거품이 터지면 모라토리엄밖에 남지 않는다.

둘째, 폐차 보조금에 기댄 자동차 판매 증가는 '미래의 수요를 오늘에 당겨쓰기'일 뿐이다. 내년에 차를 사려던 사람이 보조금을 준다니까 서둘러 산 셈이다. 그렇다면 미래의 소비자 대부분이 올해 차를 바꿨으니, 아무리 보조금을 얹어준다 한들 올해 또다시 1년도 안 된 차를 폐차하고 새 차를 뽑을 수는 없는 노릇 아닌가?

결국 이 두 가지 이유는 더 큰 모순을 낳으며 확대됐다. 2009년에 유럽의 폐차 보조금 제도는 꽤나 효과를 봤다. 그렇지만 미국발 금융 위기 때문에 경제 안정에 많은 재정을 투입해야 하던 유럽 국가들은 점점 감당하기 어려운 수준의 재정 위기로 치달았다. 결국 2010년 5월, 그리스가 구제 금융을 받게 되면서 재정 위기는 남유럽 전역으로 퍼져 나가게 된다.

다음으로 미래 수요를 오늘에 앞당긴 것일 뿐이어서 제도가 끝나면 곧바로 판매량이 떨어지는 악순환이 거듭된다. 완성차 업체들이 한 할인도 아니라서 판매량을 늘리려고 추가 투자한 돈도 없다. 자본가들은 오히려 보조금 덕에 판매량이 늘어 큰돈을 벌었다. 차 값이 할인된 만큼 소비자도 손해는 없어 보인다.

가장 큰 비용을 치르고 손해를 보는 쪽은 정부다. 그런데 정부 재정이라는 게 다 뭔가? 국민이 치르고 노동자가 낸 세금이다. 정부 재정 위기가 터지면 공공 부문 노동자가 해고 1순위다. 그 뒤를 민간 부문이 따르면서 결국 노동자만 길거리로 쫓겨난다. 그러면 당연히 세금도 덜 걷히고, 악순환이 계속된다.

세금으로 돈방석 앉은 사장님들의 신종 폐차 보조금

유럽, 미국, 중국 등에서 시행한 폐차 보조금 덕에 한국의 현대-기아차 그룹은 매분기 순이익 최고 기록을 경신할 정도로 돈벼락을 맞았다. 현대차와 기아차의 영업 이익을 연도별로 살펴보자(36쪽 표 참조. 수치는 각 회사의 감사를 맡은 회계 법인이 제출한 감사 보고서의 연결손익계산서 자료를 참고했고, 회계 방식이 달라진 때는 최신 방식으로 계산된 수치를 썼다).

2008년 미국발 금융 위기로 미국의 빅 3가 파산 위기로 치닫는 등 전 세계 완성차 업체들이 죽을 쒔는데, 현대차와 기아차는 오히려 2008년과 2009년 영업 이익 규모를 훨씬 늘릴 수 있었다. 오히려 다른 업체들의 위기를 틈타, 그리고 폐차 보조금에 힘입어 성장할 계기를 마련한 셈이다. 정몽구 현대자동차그룹 회장의 재산도 크게 늘었다. 2009년 초 정몽구 회장이 보유한 주식 가치는 1조 7659억 원이었는데, 2014년 3월에는 7조 695억

현대차와 기아차의 영업 이익

	현대차	기아차	합계
2007년	2조 8480억 원	-579억 원	2조 7901억 원
2008년	3조 720억 원	6억 원	3조 726억 원
2009년	5조 6202억 원	1조 1952억 원	6조 8154억 원
2010년	5조 9185억 원	2조 4900억 원	8조 4085억 원
2011년	8조 288억 원	3조 4990억 원	11조 5278억 원
2012년	8조 4406억 원	3조 5222억 원	11조 9728억 원
2013년	8조 3155억 원	3조 1771억 원	11조 4926억 원

원으로 껑충 뛰었다. 주식 재산만 무려 4배가 늘어났다.

노동자들 세금으로 만든 폐차 보조금 덕에 돈벼락 맞은 기업들과 사장님들, 보조금이 중단되면 자기 재산이라도 좀 내놓을까? 천만의 말씀이다. 아무리 돈을 벌고 자본이 늘어나도 그런 데 쓸 돈은 전혀 없는 분들 아니던가. 이제 기업들과 사장님들은 전혀 색다른 폐차 보조금 제도를 새로 만들어내고 있다. 2009년에 쌍용자동차에서 실험한 '희망 퇴직'이라는 이름의 구조 조정이 대표 사례다. 한국지엠이나 르노삼성은 해마다 희망 퇴직으로 노동자들을 쫓아내고 있다. 오래되고 낡은 차를 버리고 새 차를 사면 보조금을 얹어주듯이, 20~30년 일한 노동자를 젊고 값싼 비정규직으로 대체하면서 위로금 몇 푼을 주는 제도. 신종 플루보다 더 잔인한 '신종 폐차 보조금'이다.

폐차 보조금 제도가 차량 가격 할인을 뜻한다면, 신종 폐차 보조금은 노동자들의 인생과 생존권을 할인해달라는 요구다. 그렇지만 그게 어디 깎아달라고 깎을 수 있는 돈인가? 노동자들이 가진 건 몸뚱이뿐인데.

3장
신차에 환호하는 이들,
신차에 벌벌 떠는 이들

'신차 효과로 주가 급등', '사전 계약 1만 대 돌파'……. 2008년 9월 미국발 금융 위기 이후 꽁꽁 얼어버린 자동차 생산과 판매가 2009년 중반부터 다시 살아나는 듯했다. 이런 흐름의 밑바탕에는 폐차 보조금 제도를 비롯한 각종 인센티브 제도에 더해 '신차 효과'가 자리하고 있다. 거꾸로 말하면 폐차 보조금과 신차 효과가 없었으면 미국발 금융 위기 이후 자동차 생산과 판매는 계속 얼어붙었을 것이다.

신차 효과로 짭짤한 재미 보는 자동차 메이커들

2009년 5월부터 2010년 7월까지 현대자동차 국내 공장에서 만든 차량들의 판매량 변화 추이를 살펴보자. 내수 판매량과 수출 판매량을, 이 둘을 합산한 총판매량 데이터는 현대자동차 홈페이지에 공개된 기업 설명**IR** 자료에 나온 수치를 썼다.

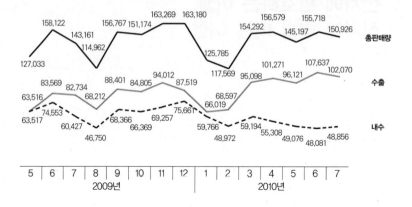

현대자동차 총판매량(2009년 5월~2010년 7월)

총판매량
158,122   156,767 151,174   163,269 163,180   156,579 155,718
143,161   154,292 145,197 150,926
114,962   125,785
127,033   117,569

수출
83,569 82,734   88,401 84,805 94,012   101,271 107,637
63,516   68,212   87,519   95,098 96,121 102,070
                                 68,597
                                 66,019

내수
63,517 74,553   68,366 69,257 75,661   59,194
        60,427   66,369   55,308 49,076   48,856
              46,750   59,766 48,972   48,081

| 5 | 6 | 7 | 8 | 9 | 10 | 11 | 12 | 1 | 2 | 3 | 4 | 5 | 6 | 7 |

2009년 ┃ 2010년

총판매량은 2009년 6월과 9월, 2010년 3월에 눈에 띄게 올라간다. 또한 2009년 7월과 2010년 1월에는 가파르게 떨어진다. 도대체 무슨 일들이 벌어진 걸까?

먼저 경제 위기가 찾아온 뒤 이명박 정부는 2009년에 자동차 소비를 늘린다며 개별 소비세를 인하하고 노후 차량 세제 지원(한국판 폐차 보조금 제도) 같은 인센티브를 도입했다. 노후 차량 세제 지원은 그해 연말까지 이어졌지만 개별 소비세 인하 정책은 2009년 6월 말에 끝났다. 개별 소비세가 다시 오르기 전에 새 차를 사려는 심리가 생겨 그해 6월에 자동차 판매가 급증했다. 반대로 이 정책이 끝난 뒤 7월에는 판매량이 급감했다. 그러다 판매량이 9월에 다시 가파르게 상승한다. 현대차가 와이에프YF 쏘나타, 투싼 아이엑스ix 등 판매량을 끌어올릴 신차를 한꺼번에 내놨기 때문이다. 미국이나 유럽은 선호도가 소형차로 옮겨가는 현상이 뚜렷이 나타났지만, 한국은 내수 시장의 80퍼센트를 장악하고 있는 현대-기아차가 본디 소형차를 많이 만든 탓에 신차 효과가 소형차에만 국한되지는 않았다. 와이에프 쏘나타나 투싼 아이엑스처럼 중형급 신차도 만만치 않은 저력을 보여줬다.

'신차 효과'는 겉으로 보면 12월까지 이어지지만, 여기에는 다른 효과가 하나 더 들어간다. 개별 소비세 인하 정책은 6월로 끝났지만, 이명박 정부의 인센티브 제도 중 하나인 노후 차량 세제 지원 정책이 12월까지 계속됐기 때문이다. 아나나 다를까 이 정책이 끝나자 2010년 1월에는 판매량이 크게 떨어진다. 마지막으로 2010년 3월부터 다시 판매량이 늘어나는데, 2010년 2월부터 와이에프 쏘나타와 투싼 아이엑스가 미국 시장에 출시됐기 때문이다.

보통 현대차의 신차 정책은 한국에 먼저 출시한 뒤 몇 달 정도 시차를 두고 해외 시장에 내놓는 방식이다. 2010년 3월부터 판매량 증가를 이끄는 요소는 내수 판매가 아니라 수출이라는 사실을 알 수 있다. 아이30와 베르나 수출 물량도 빠르게 늘어나면서 수출이 증가하는데, 반대로 신차 효과가 이미 끝나버린 내수 판매는 2010년 상반기 내내 얼어붙어 있었다.

와이에프 쏘나타와 투싼 아이엑스의 신차 효과는 4~5개월 정도가 지나자 가라앉았다. 이런 상황에서 현대차는 다시 한 번 2010년 8월에 신형 아반떼 엠디MD를 출시했고, 2011년 1월에는 그랜저 티지TG 후속으로 신형 그랜저 에이치지HG를 내놓았다. 여기에 3도어의 독특한 비대칭 설계인 '벨로스터'를 '코드네임 아르비RB'라는 이름으로 개발해 2011년 3월에 베르나 후속 차량으로 내놨다. 정부의 인센티브 제도가 끝났기 때문에, 한국 시장을 주름잡던 현대차 처지에서 자동차 판매량은 신차 효과에 기대어 유지됐다고 해도 지나치지 않다.

신차만 출시되면 벌벌 떨어야 하는 이들

2009~2011년 사이 현대-기아차는 신차 10여 종을 출시하는 괴력을 발휘하며 세계적 경제 위기 국면에서 극적으로 판매량과 세계 시장 점유율을 높이는 데 성공한다. 이러니 자본의 처지에서는 신차 노래를 부르며 환호하지 않을 수 없다. 모델을 조금만 바꿔 내놓거나 새로운 연식 모델을 발표할 때도 신차처럼 포장을 하려 했다.

정작 그 신차를 만드는 노동자들, 그중에서도 특히 비정규직 노동자들은 신차가 개발될 때마다 몸서리치는 고용 불안에 떨어야 한다. 현대차가 신차 출시로 이미 짭짤한 재미를 봤거나 조만간 출시될 신차 효과로 기대감에 부풀게 하던 차종들이 어떻게 비정규직 노동자들을 벌벌 떨게 만들었을까?

투싼 아이엑스가 출시되면서 2010년 7월에 구형 투싼을 생산하지 않게 되자 울산 2공장에서 비정규직 노동자 66명이 해고 통보를 받았다. 2010년 8월에 출시된 신형 아반떼 엠디를 생산하는 울산 3공장은 2010년 연말까지 구형 아반떼 에이치디[HD] 생산이 이어지기 때문에 당장은 문제가 없지만 생산이 끝나는 2011년부터 전망이 불투명한 상태에 놓이게 됐다. 현대차는 아반떼 엠디 생산 관련 인원 협상에서 여유 인력이 수백 명 발생한다며 공포심을 자극하고 있었다. 말 그대로 되면 2011년에 3공장에서도 엄청난 비정규직 고용 불안이 빚어질 수 있다는 뜻이었다.

2011년에 출시될 신형 그랜저 에이치지 생산 관련 인원 협상이 벌어지고 있던 현대차 아산 공장에서는 회사 쪽이 초반부터 헤드라이닝 공정의 외주화와 지원반 축소 등으로 여유 인력이 생긴다는 견해를 내놨다. 또한 베르나 후속으로 출시될 신차 벨로스터 생산 문제 때문에 진행되고 있던 울산 1공장 노사 간 인원 협상에서 회사는 의장부(조립 부서)에서만 여유 인력이 336명이나 생긴다고 엄포를 놨다. 다행히 2공장을 빼면 1공장과 3 공장과 아산 공장의 신차 생산 관련 인원 협상 과정에서 회사 쪽의 비정규 직 구조 조정 계획에 현장 노동자들이 강하게 저항한 결과 대규모 해고는 막을 수 있었다. 신차가 나올 때마다 겪어야 하는 공포는, 비정규직 노동자 들에게 천형처럼 붙어다닌다.

외주화와 모듈화로 줄어드는 일자리

신차가 출시되고 판매량도 늘면 일자리가 늘어나는 게 정상이다. 가동 률이 낮은 공장에서는 노동자들이 신차를 요구하기도 한다. 일감이 늘어 나고 가동률이 높아져야 구조 조정의 위험을 벗어날 수 있기 때문이다.

신차는 대개 이미 생산되던 어떤 차량의 후속 모델 개념으로 개발된다. 생산 중인 라인업에 완전히 새로운 차종을 얹기도 하지만, 이런 경우는 거 의 없다. 현대차 사례를 보면 베르나 후속으로 벨로스터가, 아반떼 에이치 디 후속으로 아반떼 엠디가, 그랜저 티지 후속으로 그랜저 에이치지가, 엔 에프NF 쏘나타 후속으로 와이에프 쏘나타가 개발돼 출시됐다.

신차가 출시된다는 말은 동시에 어떤 구형 모델이 단종(생산 중단)된 다는 뜻이다. 그렇지만 아무리 구 차종을 잇는 후속 모델 개념이라 하더라 도 설계가 많이 바뀌기 때문에 조립 공정에 변화가 생길 수밖에 없다.

신차 나올 때마다 작업자들이 겁을 냅니다. 공수(공정별로 작업량을 할당하는 일)에서 이겨본 적이 없으니까. 공수 문제에서 회사에 농락을 당합니다. 현장은 신규 채용이 없어져서 계속 고령화되고 있는데, 공수 문제에서는 신차 나올 때마다 두드려 맞고 있어요. 같은 8밀리 볼트라고 해도 용도에 따라 여러 가지인데 공수를 똑같이 매기는 거예요. 차량 바디에 들어가는 볼트나 그렇지 않은 볼트 모두 말이죠. 여기에다 외주화나 모듈화, 이런 것들을 많이 추진하면서 공수 가지고 인원을 많이 줄이려고 해요. 작업자들 처지에서는 공수 문제를 전문적으로 따지는 능력이 부족하니까 맨날 당하는 겁니다.

이른바 한국 최고의 '강성 노조'로 일컬어지는 현대차와 기아차 조립 부서의 대의원을 비롯한 노조 간부들이 입을 모아 하는 얘기다. 신차가 나오면 판매량도 늘어날 테고, 그럼 자연스럽게 생산량이 늘어나 고용도 안정되고 신규 채용도 늘어야 정상이다. 그런데 정규직 노동자들이 신차에 겁을 낸다니?

사실이다. 신차가 나올 때마다 자본가들은 완성차 공장의 조립 공정을 줄이려 혈안이 된다. 겉으로는 신차 개발 과정에서 공정이 개선되거나 자동화 등 신기술이 도입되기 때문이라고 핑계를 댄다. 물론 그런 요소가 전혀 없지는 않지만 핵심은 아니다. 신차 개발을 핑계로 외주화니 모듈화니 하면서 그동안 완성차 공장 안에서 조립하던 공정을 바깥으로 많이 빼돌리기 때문이다.

그러다 보니까 어떻게 하겠어요? 작업자들 일자리를 유지하려면 울며 겨자 먹기로 라인 속도를 올려주게 됩니다. 노동 강도를 높여주는 대신 고용을 지키

는 거죠. 신차 나오면 다들 그렇게 주고받습니다. 비정규직 노동자들요? 그쪽
은 잘 모르겠네요. 솔직히 정규직 작업자들 일자리 지키는 것만도 만만찮은
일이다 보니……. 그런데 우리가 이런 수준이면 비정규직 노동자들의 경우 일
부는 쫓겨 나갔을 가능성이 높겠지요.

신차가 도입될 때마다 자본은 갖가지 논리를 들이대며 노동 강도를 강
화하려 한다. 업무량을 늘려 네 명이 하던 작업을 두세 명이 하게 밀어붙이
면 그만큼 일자리가 줄어든다. 편성률, 맨아워M/H 협상(인원 협상), 시간당
생산 대수, 사이클 타임(부품 1개 조립 완성에 걸리는 시간) 등 여러 종류의
노동 강도 지표를 높이려는 시도가 모두 여기에 관련된다.

외주화나 모듈화, 노동 강도 강화 문제만 제기되지 않는다면 일자리
수는 거의 변동이 없다고 봐도 된다. 오히려 하이브리드 차량 같은 신기술
은 엔진(내연 기관)만 아니라 배터리 구동을 병행하는 차량인 만큼 엔진 조
립 공정에다 배터리 조립 공정이 더해져 일자리가 늘어나야 정상이다. 그러
나 하이브리드 차량이 투입될 때마다 자본 쪽은 일자리를 늘리지 않으려
안간힘을 쓴다. 그렇게 되면 당연히 노동 강도만 강화되기 마련이다.

게다가 공정을 줄이면서 '여유 인력' 얘기만 나오면 거의 무조건 비정규
직이 학살 대상이 되고 만다. 정규직 노동자는 전환 배치를 거쳐 일자리를
보장하는 반면, 일자리 보호의 사각지대에 놓여 있는 비정규직 노동자는
신차가 투입될 때마다 수십 명에서 수백 명씩 해고 위기에 몰린다.

어이가 없지요. 아니, 신기술이 도입되고 공정이 개선되면 사람에게 이롭게 쓰
여야 하는 게 상식 아닌가요? 작업자들 일이 좀 편해진다든지, 아니면 노동 시

간을 줄여서 여가를 즐기게 해준다든지……. 그런데 이건 신기술 도입, 공정 개선을 핑계로 일자리를 줄이고 노동 강도를 높여요. 이러니 소비자들은 신차에 환호할지 몰라도, 우리 비정규직 노동자들은 신차 나올 때마다 이번에는 또 몇 명을 자르려 할까 걱정해야 하는 처지예요. 죽어라 차 만들어서 이윤은 회사가 다 가져가고, 작업자들, 특히 비정규직은 신차에 벌벌 떨어야 하죠.

악순환을 끊어낼 비정규직 노동자 투쟁

2010년 7월 22일 현대차 사내 하청은 불법 파견이라는 대법원 판결이 나왔다. 자그마치 5년 동안이나 이어진 소송의 결과였다. 현대차 울산 공장, 아산 공장, 전주 공장 비정규직 노동자들이 보낸 반응은 뜨거웠다. 노동조합 가입 열풍이 불었고, 3개 공장 비정규직 지회 조합원은 두 달 만에 2000명을 훌쩍 넘어섰다.

비정규직 노동자들이 이런 뜨거운 반응을 보인 이유는 단순히 정규직화의 길이 열렸기 때문만은 아니다. 신차가 투입되고 신기술이 도입될 때마다, 일시적으로 생산 물량이 줄 때마다 고용 불안에 떨던 비정규직 노동자들의 설움과 분노가 대법원 판결을 계기로 힘찬 노조 가입 물결로 나타났다. 10년 넘는 동안 현대차에서 계속됐고 지금도 이어지고 있는 불법 파견에 맞선 노동자들의 투쟁은 한국에서 가장 잘나가는 대기업의 불법 행위를 단죄하는 의미를 담고 있다. 그렇지만 그게 전부는 아니다. 그동안 비정규직 노동자들이 당해온 고용 불안의 설움과 고통을 고발하는 의미도 함께 들어 있다.

대기업 사내 하청만의 문제도 아니다. 완성차 업체가 신차를 개발하면 부품 종류나 공정이 달라져서 부품 업체도 늘 고용 불안에 시달렸다. 완성차 공장들처럼 부품 업체도 비정규직 노동자를 가장 먼저 해고했고, 몇몇 사업장에서는 정규직 노동자마저 정리해고 대상이 되는 아픔을 겪었다.

이제 불법 파견을 끝내자는 요구는 이 악순환을 끊는 방향으로 나아가고 있다. 불법 파견된 사내 하청 노동자 전체를 정규직으로 전환하고, 외주화를 중단하며, 노동 강도를 강화하려는 시도를 그만두라는 요구가 해결된다면 자동으로 중요한 사회 문제를 하나 해결할 실마리를 풀게 된다. 일자리를 늘려 실업자를 고용할 수 있는 길이 열리기 때문이다. 그동안 비정규직 노동자들은 노동 강도에서도 차별을 받아왔다. 정규직 노동자 3명이 하는 작업을 비정규직 노동자 2명에게 맡기는 사례가 많았다. 비정규직 노동자의 노동 강도를 정규직 수준으로 완화하면 오히려 완성차 업체의 일자리가 더욱 늘어날 수도 있다.

거대 자본은 불법 파견 방식으로 비정규직을 착취해 해마다 수조 원의 이윤을 뽑아온 만큼 불법 파견 노동자의 정규직화는 그동안 피해를 본 노동자들을 위한 원상회복이라는 의미를 지닌다. 여기에 더해 노동 강도를 낮춰 일자리를 늘려서 사회 전체가 책임을 지게 하자는 요구가 그토록 무리한 걸까?

이제 신차가 나오면 '사전계약 ○○○대 돌파', '차량 인도까지 ○개월 걸려', '위기 극복의 견인차가 될 신차 출시' 같은 얘기 말고, '이번 신차 투입으로 또 비정규직 몇 명을 자르려 할까'나 '이번 신차로 회사는 또 몇 백억, 몇 천 억의 이윤을 벌어들일까' 같은 주제를 토론해야 한다. 신차 효과로 자본가들이 엄청난 이윤을 뽑아온 이면에는 많은 비정규직 노동자의 피눈물이 배어 있기 때문이다. 신차 개발과 출시로 자동차 판매량을 잠깐 회복하는 데 성공했을지 모르지만, 차 만드는 노동자들의 삶은 전혀 회복 되지 않고 있기 때문이다.

4장
빅 3는 부활,
디트로이트는 파산?

미국 자동차 산업의 '빅 3'로 불리는 지엠, 포드, 크라이슬러. 이 세 기업의 본사는 모두 미시건 주 디트로이트 주변에 있다. 그래서 미국 언론은 '빅 3' 대신 '디트로이트 3'라는 애칭을 쓰기도 한다. 미국 사람이 아니어도 '디트로이트' 하면 자동차 산업을 떠올리는 이유가 바로 여기에 있다.

빠르게 되살아나는 빅 3

2009년 6월, 지엠과 크라이슬러는 법원에 파산 보호를 신청한다. 부도 위기를 맞은 상황에서 법정 관리를 신청하는 한국하고 비슷한 제도다. 100년 넘게 세계 자동차 산업을 주름잡은 미국 자동차 산업이 자존심을 구기는 사건이었다. 빅 3 중 포드만 가까스로 파산 보호 신청을 면했다. 그렇지만 1년 만에 빅 3는 언제 그랬냐는 듯 살아나기 시작했다. 지엠과 크라이슬러는 미국과 캐나다 정부가 준 구제 금융을 조기 상환한다고 발표했고, 지

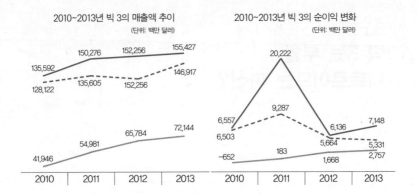

2010~2013년 빅 3의 매출액 추이 (단위: 백만 달러)

135,592 150,276 152,256 155,427
128,122 135,605 152,256 146,917
41,946 54,981 65,784 72,144

| 2010 | 2011 | 2012 | 2013 |

2010~2013년 빅 3의 순이익 변화 (단위: 백만 달러)

20,222
6,557 9,287 6,136 7,148
6,503 5,664 5,331
−652 183 1,668 2,757

| 2010 | 2011 | 2012 | 2013 |

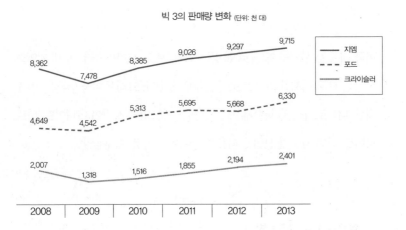

빅 3의 판매량 변화 (단위: 천 대)

8,362 7,478 8,385 9,026 9,297 9,715
4,649 4,542 5,313 5,695 5,668 6,330
2,007 1,318 1,516 1,855 2,194 2,401

지엠
포드
크라이슬러

| 2008 | 2009 | 2010 | 2011 | 2012 | 2013 |

엠과 포드는 천문학적 적자를 벗어나 2010년부터 순이익을 냈다.

2008~2009년에 빅 3는 모두 큰 적자를 기록했다. 사실 2008년 리먼 브라더스 사태 이전에도 빅 3의 재무 상태는 적자를 면치 못하는 수준이었다. 그런데 2010년부터 매출액이 무서운 속도로 늘기 시작했고, 순이익도 글로벌 경제 위기 전보다 오히려 개선됐다.

자동차 판매량 변화는 더욱 극적이다. 2009년에 크게 떨어진 빅 3의 자동차 판매량은 약속이라도 한 듯 2010년부터 회복하기 시작해 2013년에는 2008년보다 훨씬 올라갔다. 2009년 하락 때는 지엠과 크라이슬러가 포드에 견줘 훨씬 가파르게 주저앉았고, 그 덕에 포드는 빅 3 중 홀로 파산 보호 신청을 피할 수 있었다. 지엠과 크라이슬러의의 줄어든 판매량은 대부분 미국 시장에서 발생했다. 2008년과 2009년, 지엠과 크라이슬러는 미국에서 공장 폐쇄와 정리해고 등 대규모 구조 조정에 들어갔다.

불 꺼지는 공장들

정부의 천문학적인 구제 금융을 받고 2009년에 파산 보호 신청에 들어간 지엠은 미국에서만 47개 공장 중 14개(조립 공장 4개, 프레스 공장 4개, 파워 트레인 6개)와 물류 창고 3개를 폐쇄했다. 정리해고만 2만 1000명에 이르렀다. 폐쇄된 공장은 북동부, 특히 미시건 주에 몰려 있었다. 바로 이곳이 지엠 본사가 자리한 디트로이트를 중심으로 하는 지역으로, 미국을 대표하는 전통적 산업 지대이며 노동조합 조직률도 가장 높다.

크라이슬러도 미국에서만 조립 공장 네 곳을 폐쇄하며 2만 7000명을 정리해고했다. 캘리포니아 주 프리몬트에서 지엠하고 합작해 소형차와 트럭을 만들던 도요타 누미 공장도 2010년 4월에 문을 닫았다. 4700명의 일자리가 한순간에 사라졌다(지금 이 공장은 테슬라가 인수해 전기차 생산에 활용하고 있다).

빅 3 중 혼자만 파산 보호 신청을 피한 포드는 2005년부터 공장 폐쇄와 정리해고를 진행한 덕에 위기를 벗어날 수 있었다. 포드는 2005~2008

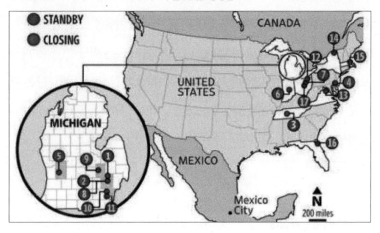

년 사이에 북미에서만 17개 공장을 폐쇄하고 4만 명을 감원했다. 지엠과 크라이슬러에 견줘 소형차에 강점이 있다는 점도 작용했지만, 노동자를 더욱 가혹하게 다룬 포드의 행동이 자본가들 사이에서는 미덕이 됐다.

미국은 노동조합의 역량이 매우 약한 곳이다. 노동자들의 저항도 약할 수밖에 없다. 완성차 업체에서만 5만 명이 넘게 해고됐으니, 부품 업체까지 합하면 줄잡아 20만 명 안팎이 제대로 된 저항 한 번 해보지 못하고 실업의 나락으로 떨어지고 말았다.

자동차의 메카에서 슬럼으로

지엠, 포드, 크라이슬러가 파산 위기를 벗어나 승승장구하고 있다는 뉴스가 날마다 헤드라인을 장식하던 2013년 7월 18일, 빅 3의 본사가 자리한 도시 디트로이트가 미시건 주 연방 법원에 파산을 신청했다. 1950년대만 해도 디트로이트는 미국 3대 도시의 하나로 꼽혔다. 180만 명에 이르는 인구에 도시 전체가 활력이 넘쳤지만, 2013년에는 70만 명으로 줄었다.

범죄를 신고하면 경찰이 출동하는 시간이 평균 58분으로 미국 최악 수준이었다. 범죄율이 미국 1위를 달려 한때 불이 꺼지지 않던 이 도시에서 이제 밤길을 혼자 걷는 짓은 자살 행위나 다름없었다. 8만 채에 이르는 주택이 버려져 있는 도시는 마치 거대한 슬럼을 닮은 듯했다. 그나마 형편이 괜찮은 백인들은 모조리 교외로 주거지를 옮겼다. 인구 구성도 확 달라져 주민의 83퍼센트가 흑인이고 3분의 1이 극빈층이었다.

무슨 일이 벌어진 걸까? 도요타, 닛산, 혼다 등 일본 제조사들이 미국에 공장을 짓던 1960년대로 거슬러 올라가자. 2차 대전 뒤 경제가 호황인 시절이라 빅 3도 일본 업체들이 크게 거슬리지는 않았다. 어쨌든 미국 땅에서 차를 만들고 고용을 늘리니 미국 정부도 마찬가지였다. 다만 일본 업체의 공장에는 노동조합이 없어서 임금은 형편없는 수준이었다. 전미자동차노조도 미국 정부나 빅 3 자본가들처럼 이 점을 크게 문제삼지는 않았다.

한국에 비유하면 대규모 완성차 공장들 근처에 동희오토 같은 100퍼센트 비정규직 무노조 공장이 들어서기 시작한 셈이다. 사실 미국 정부나 빅 3 자본은 이런 상황을 오히려 반겼다. 노조가 없고 저임금 노동자만 가득한 일본 업체들을 상대로 경쟁해야 하니 더 양보하라고 전미자동차노조에 말할 수 있기 때문이었다.

그러다 1970년대 두 차례의 오일 쇼크가 휩쓸고 지나가면서 전후 30년 가까이 이어진 경제 호황이 끝났다. 1980년대부터 빅 3는 단순히 '양보'를 얘기하는 데 그치지 않고 지엠과 포드를 중심으로 해외 생산 기지를 늘리기 시작한다. 처음에는 해외에서 파는 차를 현지에서 조립하고 생산하는 게 목적이라고 설명했지만, 이내 양상이 달라졌다. 특히 미국에 가까운 멕시코에 공장을 짓는 일은 도무지 이해할 수 없었다. 그렇게 만든 자동차가 미국으로 많이 역수입됐기 때문이다. 미국에서 생산해야 할 물량까지 해외로 빼돌리고 있었던 셈이다.

1990년대부터 지엠은 미국 안에 있는 공장들을 대상으로 가장 많이 양보하는 쪽에 생산 물량을 배정한다는 교섭 전략을 구사한다. 끝까지 양보히지 않는 공장은 곧바로 폐쇄하고, 멕시코나 라틴아메리카로 생산 물량을 옮기는 일도 서슴지 않았다. 그렇지 않아도 노사협조주의에 찌든 전미자동차노조는 점점 힘을 잃기 시작했다. '미국 자동차 산업의 메카'인 디트로이트 근처에 있던 많은 공장이 문을 닫고 생산은 해외로 이전됐다. 많은 해고자가 생겼고 지방 정부는 엄청난 실업 수당을 지급해야 했다. 공장이 줄어드는 만큼 빅 3가 디트로이트 시나 미시건 주에 내는 세금도 줄었다. 세금 수입이 줄고 지출이 늘자 디트로이트 시가 가장 먼저 한 일은 뭘까? 공무원 해고다. 경찰 수가 줄어드니 범죄율이 높아졌다. 백인들이 주거지를 교외로 옮기면서 '엑소더스' 현상이 벌어졌다.

2008년 리먼 브라더스 사태까지 벌어지자 이런 흐름이 4년 동안 압축적으로 재현되기 시작했다. 그나마 디트로이트 근처에 남아 있던 공장들 몇 개가 다시 문을 닫았고, 실업률은 올라갔으며, 자본은 세금을 내는 게 아니라 오히려 구제 금융을 받아 돈을 챙겼다. 결국 디트로이트 시는 185억 달러에 이르는 부채를 해결하지 못한 채 파산을 선언하고 말았다.

나라 경제가 절단 나도

빅 3 자본은 2008년과 2009년에 힘든 시기를 보내고 2010년부터 회복했다. 이 과정에서 든든한 자양분이 여럿 있었다. 먼저 미국 정부와 캐나다 정부가 수백 억 달러에 이르는 구제 금융을 쏟아부었다. 정부가 투입한 구제 금융이 도대체 뭘까? 모두 노동자가 낸 세금이다.

연방 정부와 지방 정부는 앞을 다퉈 세금까지 깎아줬다. 법인세 세율 인하는 기본이고, 신차를 개발하면 연구 개발비를 대주거나 세금을 줄여줬다. 문 닫은 공장을 다시 가동하면 거의 무한대로 자금을 빌려주거나 지방세를 면제했다. 이것만이 아니다. 또다시 노동자가 낸 세금으로 마련한 재정을 쏟아부어 폐차 보조금 제도를 운영해 빅 3가 판매량을 회복하는 데 도움을 줬다. 결국 정부 재정이 바닥나기 시작하지만, 미국 정부는 금융 위기에 이어 재정 위기까지 겪으면서도 빅 3에 계속 돈을 퍼줬다.

공장에서 해고된 노동자들에게는 잠깐 나오는 실업 수당이 전부였다. 문 닫은 공장이 다시 돌아가는 일은 거의 없었고, 해고 노동자들은 대부분 다시는 일자리를 얻을 수 없는 처지에 빠졌다. 노숙자나 부랑인이 되는 사람이 잇달았고, 은퇴한 부모에게 기대는 이들도 많았다.

노동자들이 낸 세금으로, 노동자들이 감당한 해고의 고통을 발판으로 빅 3는 위기를 극복하고 다시 엄청난 이윤을 내기 시작했다. 그렇지만 노동자들이 겪는 고통은 아직도 끝나지 않았다. 디트로이트 사례처럼 빅 3가 활기를 되찾을수록 노동자들은 범죄와 가난에 시달려야 했다.

어디 미국과 빅 3만의 일일까? 한국도 마찬가지다. 선거 때나 돼야 '견실한 중소기업을 육성하자'는 말이 정치인들 입에서 나올 뿐, 세금 감면 혜택은 언제나 삼성전자와 현대-기아차 같은 대기업이 독차지했다. 값싼 전기 요금과 이런저런 공과금 감면 혜택도 마찬가지다.

삼성전자와 현대-기아차가 망하면 한국 경제는 절단 난다. 그렇지만 한국 경제가 절단 나면? 삼성전자와 현대-기아차는 건재한다. 이미 현대-기아차는 생산량의 60퍼센트를 해외에서 만들고 있고, 삼성전자는 베트남에서만 1년에 휴대폰 1억 대를 찍어낸다. 한국 경제가 절단 나도 정부는 대기업에 노동자 세금으로 만든 보조금을 지급할 테고, 대기업은 대부분의 사업을 해외에서 벌이니 위기의 영향권에서 벗어난다. 노동자와 국가는 자본에 무한 착취당한다. 지금 우리는 이런 디스토피아에 살고 있다.

5장
단언컨대,
대세는 크로스오버

"트랙스에 디젤 엔진 장착한 모델은 끝내 안 나오려나?" 자동차 마니아들이 심심찮게 하는 얘기다. 한국 시장에 출시된 쉐보레 트랙스는 배기량 1.4리터 가솔린 터보 엔진을 단다. 본디 트랙스에는 1.7리터 디젤 엔진 모델이 따로 있는데, 한국에는 가솔린 모델만 나왔다. 그래도 에스유브이 하면 디젤 엔진인데, 지엠이 한국 소비자를 무시하는 게 아니냐는 불만이 생길 만도 하다.

비세그먼트 에스유브이

쉐보레 트랙스가 한국 시장에 선보인다는 소식이 들리자 적지 않은 이들이 마음 졸이며 기다렸다. 쉐보레 트랙스는 이런 차종 중에서 사실상 한국에 처음 선보이는 모델이기 때문이었다. 이름하여 비세그먼트**B-segment** 에스유브이!

세그먼트는 좀 편하게 말하면 '차급'을 뜻한다. 이를테면 기아차의 모닝이나 지엠의 쉐보레 스파크 같은 경차는 에이세그먼트[A-segment]고, 뒤로 갈수록 차급이 커진다. 비세그먼트는 흔히 '소형차'로 불리는데, 엑센트(현대), 프라이드(기아), 아베오(지엠) 등이 있다. 시세그먼트[C-segment]는 흔히 '준중형차'로 불리는 차급으로, 아반떼(현대), 포르테(기아), 크루즈(지엠) 등이 있다. 마찬가지로 디세그먼트[D-segment]는 중대형, 이세그먼트[E-segment]는 대형차로 이해하면 된다.

지금까지 한국에서 볼 수 있는 에스유브이는 시세그먼트 이상의 차급을 기반으로 설계됐다. 현대-기아차의 잘나가는 에스유브이인 투싼 아이엑스와 스포티지 아르[R]가 적어도 배기량 2.0리터 엔진이 탑재되는 중형 에스유브이, 그러니까 시세그먼트에 들어간다. 딱 하나 예외가 기아차의 쏘울인데, 배기량이 비세그먼트에 맞는 1.6리터지만 생김새가 꽤나 이국적이라 그런지 전형적인 에스유브이로 받아들여지지 않는다. 기아차와 한국자동차산업협회는 에스유브이로 분류하지만, 많은 사람들이 해치백 소형차로 생각한다.

이제 비세그먼트 에스유브이가 나왔다. 엑센트나 프라이드, 아베오하고 같은 차급의 에스유브이라니? 트랙스의 엔진 배기량을 한번 떠올려보자. 1.4리터다. 이 정도 배기량으로 에스유브이를 구동한다고 해서 이런 차들을 '소형 에스유브이'로 부르기도 한다.

경제 위기를 거친 뒤 자동차 산업의 큰 흐름은 다운사이징이다. 차량 크기와 엔진 배기량을 줄이는데, 특히 엔진 다운사이징이 흐름을 이끌고 있다. 배기량을 줄이면 탄소 배출량이 줄어 친환경에 맞고 연비 효율성을 높일 수 있는데, 그러면서도 엔진의 힘과 출력은 키우는 기술이 핵심이다.

또한 차량 크기와 무게를 줄이는 작업이 함께 진행되면 연비와 출력 개선 · 이라는 두 마리 토끼를 모두 잡을 수 있다.

늘어나는 에스유브이 수요

세계 경제가 위기라서 소형차가 주목받는다더니 에스유브이 수요가 늘어난다고? 놀랍지만 사실이다. 한국 자동차 내수 시장을 봐도 명확히 드러나는 특징이다. 상용차와 수입 차를 빼고 현대차, 기아차, 한국지엠, 르노삼성, 쌍용차 등 5개 완성차 업체의 2011~2013년 승용차 판매량을 차급과 차종별로 살펴보자.

승용차 판매량 합계가 가장 먼저 눈에 띈다. 한국의 승용차 내수 시장은 2011년부터 해마다 3~4퍼센트씩 떨어졌다(수입 차 판매량은 해마다 10퍼센트 안팎으로 올라가고 있다. 그렇지만 수입 차를 합해도 내수 판매량은 1~2퍼센트씩 떨어져왔다). 소형차, 중형차, 대형차가 모두 해마다 떨어지고 있으며, 경차는 2012년에 잠깐 오른 뒤 2013년에 다시 떨어졌다. 그런데 에스유브이와 다용도 차량(시디브이^{CDV})은 해마다 판매량이 늘고 있다. 2011년에는 소형차가 가장 많이 팔렸지만, 2013년에는 에스유브이가 그 자리를 차지한다.

한국만 이런 게 아니다. 전세계의 흐름이 바뀌고 있다. 2008년 경제 위기 직후에는 값싼 소형차와 경차가 각광받았다면, 이제 점점 에스유브이나 크로스오버 쪽으로 관심이 쏠리고 있다. 유럽 내수 시장은 아직 반등하지 못하고 있지만, 신기하게도 미국 내수 시장이 살아나고 중국 내수 시장도

한국 5개 완성차 업체의 2011~2013년 승용차 판매량

차종	2011년	2012년	2013년
경차	184,899	202,844	182,021
소형차	260,232	240,971	225,514
중형차	270,162	259,545	214,728
대형차	211,683	163,037	155,253
SUV	233,699	256,923	293,506
CDV	50,609	52,571	66,005
합계	1,211,284	1,175,891	1,137,027

꾸준히 성장하는 중이다. 2012년까지는 러시아, 인도, 브라질을 비롯한 신흥 시장의 자동차 판매량도 늘어났다. 이런 흐름을 이끈 주역도 한국처럼 에스유브이였다.

대세는 크로스오버

소형 에스유브이는 2011년에만 전세계에서 30만 대가 팔렸고, 앞으로도 해마다 30퍼센트씩 성장할 듯하다. 중대형 에스유브이를 부담스러워하는 정서는 여전해서, 완성차 업체들이 너도나도 앞다퉈 소형 에스유브이 개발에 나서고 있다. 그래서 지엠이 쉐보레 트랙스를 내놓는다는 얘기가 나올 때, 많은 이들이 가슴 졸이며 기다렸다.

소형 에스유브이는 시유브이^{Crossover Utility Vehicle·CUV}, 곧 '크로스오버'로 많이 불린다. '넘나든다'는 뜻인데, 에스유브이의 특징뿐 아니라 승용차의

특성도 함께 갖고 있어 붙은 별명이다. 게다가 많은 완성차 업체들이 소형차 플랫폼 위에서 소형 에스유브이를 설계하고 있다. 이를테면 쉐보레 트랙스는 소형차 아베오하고 플랫폼을 공유하며, 르노의 캡처는 닛산의 소형차 큐브하고 플랫폼을 공유한다.

전통적인 에스유브이는 설계 때 차량 하부에 튼튼한 프레임을 깔고 그 위에 바디를 얹는 '프레임 타입'을 썼지만, 이제는 소형차처럼 차체와 바디를 일체형으로 만드는 '모노코크 타입' 기법을 적용한다(이런 이유 때문에 기아차의 쏘울을 쉽게 크로스오버로 분류하지 못하는 듯하다. 쏘울은 기아차의 어느 소형차하고도 짝이 되지 않는다). 소형차 플랫폼에서 함께 설계되고 제작되는 소형 에스유브이는 소형차의 특성도 함께 갖는다.

크기와 무게가 다른 에스유브이에 견줘 덜해서 연비 효율성도 크게 높아진다. 소형차에 견줘 차량 높이가 높아 시야가 넓고 해치백 차량처럼 적재 공간도 커 실용적인 에스유브이의 특징도 함께 갖추고 있다. 중대형에 견줘 디자인이 작고 깜찍해 에스유브이를 낯설어하는 여성층과 청년층이 많이 호응하는 편이다. 운전면허를 처음 딴 사람이 에스유브이를 모는 경우는 흔치 않은데, 소형 에스유브이는 초보 운전자들도 선호도가 높다. 이러니 글로벌 강자를 꿈꾸는 완성차 업체들이 너도나도 달려들지 않겠는가.

한국 시장에서 불붙는 경쟁

2013년 12월 6일, 르노삼성이 한국 시장에 비세그먼트 에스유브이를 내놨다. 배기량 1.5리터 디젤 엔진을 단 '큐엠3QM3'를 1000대만 먼저 공급

SUV	2011년	2012년	2013년
소형	16,727	6,661	11,998
중형	184,151	219,515	246,988
대형	32,821	30,747	34,520

했다. 첫 물량 1000대가 7분 만에 동났다. 거의 열광 수준이었다.

본디 이 치의 이름은 캡처지만, 한국 소비자들에게 익숙하게 들리게 큐엠3라는 이름을 붙였다. 르노삼성이 가진 승용차 라인업이 작은 순서부터 에스엠3, 에스엠5, 에스엠7 식으로 나가듯이 에스유브이 라인업 큐엠5보다 작은 차라는 뜻에서 붙은 이름이다.

큐엠3와 에스엠3는 별다른 인연이 없다. 서로 다른 플랫폼을 쓰고 세그먼트도 다르다. 큐엠3가 비세그먼트인 반면 에스엠3는 시세그먼트다. 르노 캡처는 지금 스페인 바야돌리드 공장에서 생산되고 있다. 한국 시장에 나온 첫 물량 1000대가 모두 스페인에서 수입한 차다. 르노 쪽은 애초에 한국 시장의 수요를 봐가며 부산 공장에서 생산할지 결정한다는 생각이었다. 폭발적 반응을 확인한 뒤 한국에서 생산하는 방안도 검토 중이라고 했지만 검토에 그쳤다.

세계적으로 소형 에스유브이 판매량이 급증하고 있지만, 한국은 아직 소형 에스유브이가 익숙하지 않은 편이다. 절대 강자인 현대-기아차가 이 부문에 경쟁력이 없기 때문이다. 2011년부터 2013년 사이에 한국에서 팔린 에스유브이를 소형, 중형, 대형으로 나눠 살펴보자.

소형 에스유브이 시장이 아직 충분히 개척되지 않은 사실을 알 수 있다. 2011년과 2012년에 팔린 소형 에스유브이는 기아차 쏘울뿐이다. 그런데 2013년 초에 한국지엠이 트랙스를 내놓고 12월에 르노삼성이 큐엠3를 1000대나 팔아 치우는 등 다른 업체들이 이 부문으로 진출하자 2013년 쏘울의 판매량은 2700여 대로 뚝 떨어졌다. 트랙스의 2013년 판매량은 8000여 대로, 쏘울을 제치고 단숨에 소형 에스유브이 판매량 1위를 차지했다. 수입 차 판매가 급증하고 있는 한국 시장은 글로벌 자동차 산업에는 무주공산이나 다름없다.

소형 엔진 단 소형 에스유브이

현대-기아차는 발등에 불이 떨어졌다. 다른 업체들이 모두 크로스오버를 전략 차종으로 내놓았기 때문이다. 현대-기아차도 배기량 1.6리터 엔진을 단 소형 에스유브이 '아이엑스ix25'를 해외 전략 차종으로 개발해 중국에서 팔고 있다. 당장 안방을 빼앗길 상황이라 내수 시장 출시도 고려하고 있다고 한다.

글로벌 업계 순위 5위를 달리는 현대-기아차의 행보 치고는 좀 늦다. 아무리 글로벌 제조사라고 해도 소형 에스유브이 개발이 생각보다 만만한 일은 아니다. 소형 에스유브이에 맞는 소형 엔진이 필요하기 때문이다. 환경 규제가 강화되면서 배기량은 줄이고 연비와 마력은 개선하는 기술이 경쟁력을 좌우하게 됐다. 에스유브이 하면 보통 디젤 엔진을 떠올리기 때문에 배기량 1.2~1.7리터 사이의 디젤 엔진 개발 기술이 핵심이다. 또한 글로벌 업체라면 미국, 유럽, 중국 등 3개 주요 시장에 모두 진출해야 하는데,

특히 유럽 시장은 유로 5나 유로 6 등 엄격한 배기가스 기준을 맞출 수 있는 기술력이 필수다.

여기서 인도 마힌드라 그룹에 팔린 에스유브이 전통의 강자 쌍용차를 주목해야 한다. 마힌드라 그룹은 본디 농기계 전문 업체로 출발해 자동차로 영역을 넓혔다. 에스유브이 집중 전략을 택했지만 자체 기술력으로는 글로벌 경쟁력을 갖춘 소형 에스유브이를 개발하기가 쉽지 않았다. 그때 법정 관리에 들어간 쌍용차가 매물로 나왔다.

미힌드라 그룹은 쌍용차를 인수하자마자 소형 에스유브이 개발에 관련된 공동 프로젝트를 꾸준히 추진했다. 쌍용차는 연간 20만 대를 넘게 생산한 적이 없어 해외 생산 기지로 마땅하지는 않았다. 에스유브이 개발과 제조 기술이 장점이다. 쌍용차는 입을 닫고 있었지만, 마힌드라는 인도 언론에 두 회사가 배기량 1.2리터, 1.5리터, 1.6리터 소형 엔진을 공동으로 개발 중이라고 밝혔다.

사실 말이 '공동 개발'이나 '합작 개발'이지 유럽이나 미국 시장에서 에스유브이를 팔아본 적이 없는 마힌드라가 내놓을 소형 엔진은 쌍용차의 기술력에 기대어 개발할 수밖에 없었다. 그나마 1.6리터 엔진은 나중에 티볼리라는 이름을 달고 시장에 나온 '엑스×100'에 탑재될 예정이라 쌍용차에도 필요했지만, 1.2리터와 1.5리터 엔진은 아예 쓰지도 않을 엔진이었다(1.5리터 엔진은 2016년에 마힌드라가 인도에서 출시한 '누보 스포츠'에 탑재됐다).

상하이차의 먹튀와 부도를 이미 한 번 겪은 쌍용차에서 '기술 유출'을 둘러싼 의혹이 다시 벌어지는 상황은 치명상이나 다름없었다. 그런데 자기들이 만들 차에는 달지도 않을 엔진, 그렇지만 모기업인 마힌드라에는 절실히 필요한 엔진을 개발하는 데 쌍용차의 축적된 기술력이 이용된다는 의혹이 다시 일었다.

모기업과 자기업이 기술을 공유할 수는 있지만 기술 이전료나 라이선스 비용을 내는 게 원칙이다. 이런 문제가 제기되면 마힌드라나 쌍용차 모두 기술 유출은 절대 없다며 펄쩍 뛰지만, 기술 공유나 이전에 관한 합의문이나 비용 지급에 관련된 내용은 전혀 밝히지 않고 있다.

다시 과잉 투자 출혈 경쟁?

세계 자동차 산업은 2010년부터 소형 에스유브이 부문에서 거의 전쟁이나 다름없는 경쟁을 펼치고 있다. 경제 위기가 닥치자 소형차 개발 기술이 생사를 갈랐듯이 여기서 뒤처지는 기업은 업계 순위에서 밀리는 정도가 아니라 퇴출 위기에 몰리게 되기 때문이다.

소형차에서 소형 에스유브이로 트렌드가 바뀌는 데 겨우 이삼 년이 걸렸다. 지금 대세인 크로스오버가 언제 어떻게 다른 흐름으로 바뀔지 아무도 알 수 없다. 경제 위기가 회복기에 접어들었다는 진단도 여전히 논쟁이 되고 있지만, 적어도 하나는 분명하다. 위기가 시작되면서 트렌드의 변화 속도와 주기가 빨라졌다는 사실 말이다.

결국 대세는 소형 에스유브이에서 다른 쪽으로 옮겨간다. 또다시 모두 그쪽으로 몰려들어 너도나도 신차 개발한다고 중복 투자에 출혈 투자를 하게 된다. 이미 소형 에스유브이에서 벌어지고 있는 모습처럼 말이다. 크로스오버가 많이 쏟아져 나오면 소비자는 선택폭이 넓어지겠지만, 중복 투자와 출혈 경쟁을 하느라 몰래 원가를 낮추면서 자동차에 무슨 짓을 할지는 기업의 양심에 맡겨놓는 수밖에 없다.

기업의 양심? 도대체 그런 게 있기나 할까.

3부

날아다니는 공장
전세계적 물량 경쟁과 공장 재배치의 그늘

"모든 공장에서 모든 노조가 자기 조합원만 대변했죠. …… 연대라고는 눈 씻고 봐도 찾을 수 없었어요. 협상 마지막 날이 되면, 결국 우리가 교섭 결과를 고통스럽게 받아들이거나 다른 이들이 그 신세에 몰려야 했죠. 당연히 나는 나를 뽑은 이들, 내가 대표하는 조합원들의 이해를 대변할 수밖에 없었고요."

1장
비행기보다 더 빠른 것은
자동차

"프랑스에 본사를 두고 있는 르노 자동차가 2014년부터 스페인 현지 공장에서 1300명을 추가로 채용하고 생산량을 40퍼센트 늘려 연간 28만 대의 자동차를 만들기로 했다." 2012년 11월 21일, 《로이터 통신》과 《월스트리트 저널》이 내보낸 뉴스다. 내 눈을 의심해야 했다. 아니, 르노가 미쳤나. 유럽 자동차 시장이 쪼그라들어 곳곳에서 감원이니 공장 폐쇄니 하는데, 생산량과 노동자를 늘리다니? 게다가 재정 위기라는 폭탄을 맞은 스페인에서 말이다.

유럽발 자본의 새로운 공세

세계 자동차 산업의 판도가 바뀌고 있다. 글로벌 경제 위기 뒤 널뛰는 환율도 제조업의 판도를 바꾸는 중요 변수 중 하나지만, 세계 경제는 단일 변수에 따라 움직이지 않는다. 정치 정세, 경제 상황, 노동자 조직력 같은 요소가 모두 어우러져 돌아가는 살아 있는 생물이다. 스페인에서 르노 자동차가 고용과 생산을 늘리려는 이유는 뭘까? 안타깝게도 노동조합이 너무 큰 양보를 했다. 먼저 휴일에도 공장을 돌릴 수 있게 노동 시간 연장에 합의했다. 나아가 물가 상승률보다 낮은 임금 인상, 곧 실질 임금 하락에도 동의했다.

더 결정적인 게 있다. 비정규직 투입을 받아들였다. 스페인은 비정규직 사용을 엄격히 제한하고 특별한 사유가 있을 때만 비정규직을 쓸 수 있는 '사용 사유 제한제'를 시행한다. 노조는 18개월 범위 안에서 비정규직을 쓸 수 있게 했고, 신규 채용한 비정규직 노동자의 임금을 정규직 임금의 73퍼센트까지 낮출 수 있는 길을 터주고 말았다. 르노가 직접 고용한다는 점만 빼면, 한국의 사내 하청을 빼다박았다.

노사 합의가 발표되던 날 스페인 총리 마리아노 라호이가 갑자기 르노 공장에 들른다. 실업률이 25퍼센트로 치솟고 재정 위기와 경기 침체로 인기가 떨어진 총리는 미리 약속이나 한 듯 노사 합의를 찬양했다. 라호이 총리가 한 연설은 텔레비전 생중계로 유럽 곳곳에 퍼져 나갔다. 한 나라의 총리가 자동차 공장에 가 한 연설을 왜 전 유럽에 생중계했을까? 이 소식이 국경을 넘어 르노 본사가 있는 프랑스에 전해지기를 바란 때문이었다.

노사 합의 소식이 알려지자마자 르노 자본은 프랑스 노동자를 상대로 스페인 노조처럼 양보안을 받아들이라고 으르렁대기 시작했다. 노조가 단체 교섭을 요구하는 게 보통인데, 프랑스에서는 르노 자본이 단체 교섭을 하자고 노조에 먼저 요구하는 낯선 상황이 벌어졌다. 협박은 매우 구체적이었다. "2013년 1월까지 단체 교섭을 마무리하자. 그때까지는 어떤 공장에서 무슨 차를 생산할지 발표하지 않겠다." 노조가 양보하는 수준을 본 뒤 신차를 투입하거나 생산 물량을 얼마나 줄일지 결정한다는 말이었다. 낯익은 협박이다.

스페인에서 한국으로 수입되는 크로스오버

"지금 스페인 공장 노동자들은 부산 공장 노동자들보다 임금을 적게 받는다. 부산 공장의 경쟁력을 전반적으로 높여야 한다." 2014년 3월 제네바에서 열린 국제 모터쇼에서 르노-닛산 그룹의 제롬 스톨 부회장이 기자들을 모아놓고 한 말이다. 기자들, 특히 한국 기자들은 자기 귀를 의심해야 했다. 스페인 노동자가 받는 임금이 한국 노동자가 받는 임금보다 낮고, 게다가 한국 완성차 5개사 중 임금 수준이 가장 낮은 르노 부산 공장 노동자들보다 낮다니? 믿을 수 없는 주장이지만, 지금 이런 전제 위에서만 이해할 수 있는 일이 벌어지는 중이다. 보통은 한국에서 만든 차를 유럽에 수출했는데, 반대로 스페인에서 만든 차가 한국에 들어와 팔리고 있다.

2012년 11월, 르노 자동차는 노사 합의에 따라 스페인 바야돌리드 공장에 신차 하나를 배정한다. 2000년대 초반만 해도 연간 30만 대 가까운 생산량을 기록한 이 공장은, 경영진이 잘못 판단해 2005년에 투입한 신차가 흥행에 완전히 실패하면서 운명이 곤두박질치기 시작했다. 2008년 미국발 금융 위기가 겹치면서 생산량이 10만 대 아래로 떨어지자 2교대에서 1교대로 노동 시간을 줄여 근근이 유지됐다. 노동자 3000여 명이 계약 연장을 거부당했다.

그러다 노조가 크게 양보하면서 신규 인력 650명을 계약직으로 뽑아

다시 2교대로 공장을 돌리기 시작했다. 2013년에 바야돌리드 공장에서 생산한 물량은 12만 5000대에 이르렀다. 바야돌리드 공장을 다시 팽팽 돌아가게 만든 신차가 도대체 뭘까? 세계 자동차 산업에서 대세로 떠오른 소형 크로스오버 캡처다. 바야돌리드 공장에서 이 차를 2014년에 20만 대 만들었고, 그중 3만 대 정도가 한국에 수입돼 큐엠3라는 이름을 달고 팔렸다.

유럽에서 한국으로 수입되는 차는 보통 가격 경쟁력이 떨어진다. 그렇지만 큐엠3의 한국 판매량은 예상을 완전히 뒤엎는 수준이었다. 2015년에도 2만 5000대가량이 팔렸다. 스페인에서 수입되는 차가 벌써 '없어서 못 파는 차'가 됐다. 르노삼성이 한국에서 판매하는 자동차 중 수입 차 큐엠3의 판매량이 15~20퍼센트에 이를 정도다.

르노그룹의 일원이었기 때문에 (스페인에서 생산되는) 큐엠3를 경쟁력 있는 가격으로 한국에 들여오고, 향후 미쓰비시가 개발하는 중형 세단을 (르노삼성 부산 공장에서) 생산하기로 한 것 …… 르노삼성이 (기술 개발 등에서) 자율성을 갖는 것보다 르노-닛산 연합의 일원이기 때문에 받는 혜택이 더 크다.

르노삼성에 독립된 신차 개발 권한을 주고 생산량도 늘려야 하지 않느냐는 기자단의 질문을 받고 제롬 스톨 부회장이 한 대답이다. 한마디로 르노삼성은 르노-닛산 그룹의 글로벌 네트워크를 구성하는 한 점일 뿐이니 거기서 만족하고 더 욕심내지 말라는 얘기다.

생산 물량 놓고 경쟁하는 노조

상식을 뛰어넘는 일들이 글로벌 자동차 산업에서 지금 벌어지고 있다. 유럽과 한국을 넘나드는 자동차 생산 물량의 변화를 둘러싼 역학은 사례가 여럿 있다. 생산 물량을 확보하는 일에 노조가 손수 나서기도 한다. 한국지엠과 지엠 유럽 법인 오펠 사이에서 벌어진 사태를 한번 살펴보자.

2012년 1월, 《로이터 통신》과 《오토모티브 뉴스》가 지엠이 쉐보레 크루즈를 한국에서 유럽으로 옮겨 생산한다는 추측 보도를 내보냈다. 취재원은 '익명의 독일 금속노조IG Metall 관계자'였다. 쉐보레 크루즈를 한국에서 폴란드의 글리비체 공장으로 옮겨 생산한다는 보도가 나오자마자 한국지엠은 발칵 뒤집혔다. 한국지엠 노조도 곧바로 항의했다.

전국금속노동조합 한국지엠지부가 2012년 1월 17일에 낸 소식지를 보면, 노조는 재빨리 유럽의 노조, 정확히 말해 오펠 유럽노동자포럼EEF 볼프강 샤퍼-클룩 대표에게 편지를 보내 사실 관계를 확인했다. 곧바로 보도 내용을 강하게 부인하는 답장이 왔다.

《로이터 통신》에 실린 기사에 관련해 독일 금속노조나 오펠 유럽노동자포럼은 지엠이나 오펠의 경영진을 상대로 해서 임금 양보를 조건으로 한국에서 생산 물량을 이전하는 협상을 결코 한 적이 없다는 점을 알려드립니다. 기사에는 독일 금속노조하고 친분이 있는 인사가 그런 말을 했다고 나와 있습니다만, 사실이 아닙니다. 독일 금속노조에 누가 될 그런 말을 하고 다니는 자가 누구인지도 모르겠습니다.

2012년 1월 17일자 전국금속노동조합 한국지엠지부 소식지.

이 기사가 나온 지 10개월 뒤인 2012년 11월, 한국지엠은 차세대 크루즈 생산에서 한국이 배제된 결정 내용을 노조에 통보한다. 맨 처음 나온 외신 보도가 꽤나 믿을 만했다고 할 수 있다. 상황이 만만하지 않다는 사실은 노동조합이 공개하지 않은 편지 뒷부분에서 읽을 수 있다.

그렇지만 한말씀 더 드리자면, 생산 물량 배치에 관련된 지엠의 원칙은 '판매하는 곳에서 생산한다'로 알고 있고, 이 원칙은 한국에도 중요하겠죠. 그렇지만 오펠 노동자들과 공장들은 지엠과 오펠 경영진이 한국과 유럽 이외의 지역에서 오펠 차량 생산을 늘리기로 한 결정에 깊은 상처를 받았습니다. 한국에서 지금 생산되는 소형 에스유브이는 원래 유럽 안트베르펜 공장에서 생산할 물량이었는데, 지엠과 오펠은 안트베르펜 노동조합과 오펠 유럽노동자포럼하고 맺은 협약을 어겼습니다.

그리고 안트베르펜 공장이 폐쇄되고 난 뒤에도 스페인의 사라고사 오펠 공장에서도 감마 플랫폼(오펠 코르사 변종) 기반 차량은 그곳으로 배치한다는 협약을 맺었습니다. 그렇기 때문에 실제로는 지엠/오펠이 감마 에스유브이를 한국에서 생산하기로 한 결정은 두 협약을 어긴 셈입니다.

그래서 유럽 노동자들은 잃어버린 소형 에스유브이 물량을 벌충하려면 유럽에서 팔리는 쉐보레의 생산 물량 일부를 유럽 생산 시설로 가져와야 한다고 생각합니다. 이런 이유 때문에 한국 금속노조 ○○○ 국장에게 여러 번 메일을 보내 이 문제를 논의할 필요가 있다고 했습니다.

벨기에에서 한국으로, 다시 한국에서 스페인으로

볼프강 대표가 말한 소형 에스유브이가 바로 '오펠 모카'다. 감마 플랫폼을 기반으로 해 설계된 에스유브이 차량이라는 의미에서 감마 에스유브이Gamma SUV라고 불리는데, 사실 같은 차지만 각 대륙의 조건과 소비자 입맛에 맞게 조금씩 모델을 바꿨다. 유럽에서 팔리는 감마 에스유브이는 '오펠 모카'로 불리고 북아메리카에서 팔릴 때는 '뷰익 앙코르'라 불리며, '쉐보레 트랙스'는 유럽과 북아메리카를 뺀 다른 시장에서 팔리는 이름이다.

이 3종의 차량을 합해 감마 에스유브이라 부르는데, 조금씩 생김새가 다르지만 같은 차나 다름없다.

편지 내용을 좀 익살스럽게 바꾸면 이렇다. "우리는 쉐보레 크루즈 달라고 한 적 없는데? 그런 보도를 우리한테 연결시키지 마. 그렇지만 한국에서 만드는 오펠 모카 생산 물량을 달라고 한 적은 있지. 그거 원래 우리 거야." 이 말대로 애초 감마 에스유브이를 생산하기로 한 곳은 벨기에 안트베르펜 공장이었다. 그런데 이 공장이 2010년에 폐쇄되면서 그 생산 물량이 부평 공장으로 왔다. 그러자 유럽 오펠 노동조합 쪽이 발끈한다. 벨기에가 아니면 스페인에서 생산할 물량이었다는 말이다.

정말 시나리오대로 되는 걸까? 2012년 11월 쉐보레 크루즈 생산에서 배제된다는 발표에 이어, 2013년 7월에는 한국에서 생산하던 감마 에스유브이 중 오펠 모카 생산 물량을 스페인 사라고사 공장으로 옮긴다는 내용이 일방적으로 통보된다. 일단 한국지엠에서 반조립 제품**Complete Knock-Down·CKD** 형태로 수입해 현지 조립하는 방식으로 시작하지만, 곧 부품도 유럽 현지에서 생산한다고 한다. 2010년 벨기에에서 만들 예정이던 오펠 모카를 2012년 부평 공장에서 처음 만들기 시작하더니, 2014년 하반기부터는 스페인에서 만든다. 말 그대로 '날아다니는 생산 물량'이 대륙과 대양을 넘나들고 있다.

2장
미국에서 팔 차는
미국에서 만들어라

톰 클랜시의 소설 《적과 동지》는 이렇게 시작된다. 일본산 자동차에 브레이크 결함이 생겨 미국인 일가족이 죽는 사건이 일어나자 미국 정부가 이 일을 빌미삼아 대일 무역을 일시적으로 중단하는 법안을 통과시킨다. 두 나라의 무역 불균형 문제가 최대 정치 현안으로 떠오르고 일본산 자동차를 상대로 하는 마녀사냥이 이어지자, 일본에서 은밀하게 핵 무장을 준비하던 세력과 자동차 산업 자본가들이 결탁해 미국과 일본 사이에 2차 태평양 전쟁이 터지는 내용이 이야기의 뼈대다. 톰 클랜시는 해리슨 포드가 잭 라이언이라는 이름의 중앙정보국 요원으로 나온 영화 〈긴급 명령〉과 〈패트리어트 게임〉의 원작자다. 영화 〈적과 동지〉도 '잭 라이언 시리즈'의 후속 편으로 만들어져 한국에서 상영됐다. 이 소설에서 한 예언이 15년 뒤에 적중한 걸까?

2010년에 벌어진 도요타의 대규모 리콜은 이 소설의 도입부하고 정말 비슷하다. 캘리포니아 고속도로 순찰대 소속 마크 세일러가 캘리포니아 주 샌디에이고 근처 고속도로에서 부인, 딸, 처남하고 함께 2009년형 렉서스를 시속 80킬로미터로 몰고 가다가 갑자기 속력이 시속 190킬로미터로 치솟으며 사고가 나 일가족이 모두 목숨을 잃었다. 도요타는 1000만 대에 이르는 대규모 리콜 사태를 겪어야 했다.

다른 점은 일본 자동차에 결함이 생긴 원인이다. 소설은 일본에서 만든 자동차가 배에 실려 미국으로 수출되는 과정에서 태평양 바닷물 속에 든 염분이 부품을 부식시키는 바람에 벌어진 일로 그린다. 현실에서 도요타 자동차는 제동 장치와 가속 장치에 결함이 있었다. 그렇지만 자동차 결함으로 일가족이 사망한 사건을 대서특필하며 일본에 통상 압력을 넣는 모습은 소설하고 거의 똑같다. 2009년 8월, 미국 방송 《에이비시**ABC**》가 사고를 당한 일가족이 911 응급 전화에 남긴 다급한 목소리를 공개하면서 큰 문제가 되기 시작했다. 몇몇 분석가들은 버락 오바마 행정부가 미국 자동차 산업을 살리려고 일부러 '도요타 때리기'를 한다는 음모론을 제기했다. 그러나 사고는 음모가 아니라 눈앞에 벌어진 현실이다. 그 사고의 배경에는 세계 경제가 걷잡을 수 없는 공황으로 몰려가면서 잉태된, 자본가들 사이의 피를 부르는 경쟁이 놓여 있다.

음모라면, 죽음도 리콜 되나

도요타 차량에 결함이 없다고 말하려는 게 아니다. 제동 장치와 가속 페달의 결함은 숨길 수 없다. 도요타가 자랑하는 하이브리드 차량 프리우스는 내연 기관 자동차에서 전기차로 가는 중간 단계기 때문에 필연적으로 결함을 안고 있을 수밖에 없었다.

동력원이 전기와 화석 연료 두 가지인 만큼 동력 전달 과정도 두 가지여야 한다. 운전자가 수동으로 바꾸는 방식은 불편하기 때문에 두 가지 동력 전달 장치가 전자 기기를 거쳐 자동으로 '통신'을 하게 설계한다. 하이브리드 차량은 제동 장치로 브레이크와 전력 회수 브레이크^{regenerative braking}를 함께 쓴다. 브레이크를 밟아 속도를 줄일 때 일시적으로 생기는 과잉 에너지를 전력 회수 브레이크를 거쳐 축전지에 모아 전기 에너지로 재활용하기 때문이다. 그런데 전력 회수 브레이크가 작동한 뒤 유압 브레이크로 전환될 때 미세한 시간 차이가 생기면 당연히 제동 장치에 이상이 발생한다. 1초 차이가 나면 급브레이크를 밟을 때 다른 차에 견줘 5~10미터를 더 움직인 뒤 멈춘다. 아무리 잘 만든 컴퓨터도 가끔씩 문제를 일으키는데, 통신 과정에서 이따금 맛이 간다면? 끔찍한 대형 참사가 일어날 수 있다.

미국 정부는 이 결함을 알고 있었다. 도요타가 가속 페달 문제에 따른 리콜에 이어 2010년 2월 초 프리우스 리콜을 결정할 무렵,《워싱턴 포스트》는 관련 당국이 도요타 차량 급발진에 관련해 2007년에 확실한 증거를 이미 확보했다고 보도했다. 미국 고속도로 교통안전국은 급발진 불만이 접수되자 2007년 8월에 전면적인 공식 조사를 실시했는데, 그 결과 오하이오 주에서 '렉서스 이에스^{ES} 350' 모델 100대 중 적어도 3대에서 급발진 사례가 보고되지만 당국은 물론 도요타도 이 문제가 얼마나 위험한 일인지 깨닫지는 못했다. 여하튼 도요타나 관련 당국이 이미 3년 전부터 차량 결함을 알고 있으면서도 내버려뒀다는 얘기다. 차량 결함 탓에 일어난 사고가 이번이 처음인지도 의문이다.

도요타 대량 리콜 사태에 미국 정부가 공공연한 압력을 넣은 사실도 드러났다. 레이 러후드 미국 교통부 장관은 도요타의 도요타 아키오 사장에게 직접 전화를 걸어 압력을 넣었다고 밝혔다. 흔한 부품 결함 정도로 대응하던 도요타 쪽도 이 전화 통화를 한 뒤 전면 리콜로 급선회한 사실을 밝혔다. 3년 전에는 가만히 있다가 이제야 문제를 발견한 양 야단법석을 떤 이유는 뭘까? 3년 사이에 뭐가 달라졌을까? 2008년 9월 리먼 브라더스 파산으로 시작된 세계 대공황에 답이 있다.

여전히 늪을 헤매는 세계 경제

2008년 리먼 브라더스 사태 뒤 시작된 미국 금융 위기는 이상하게도 달러화 가치를 높이기 시작했다. 어느 나라에 경제 위기가 닥치면 그 나라 화폐 가치는 떨어지는 게 정상이다. 그렇지만 미국 달러는 다른 나라 화폐하고 다르다. 실물 거래와 금융 거래에서 지불 수단으로 인정받는 '기축 통화'다. 미국 경제가 어떻게 되든 간에 '안전 자산'으로 받아들여진다. 미국발 금융 위기 직후 주식 시장이나 환율 시장 등에 있던 투기 자본이 한꺼번에 달러화로 몰려들었다.

달러 가치가 갑자기 치솟는 이른바 '달러 거품'이 형성되기 시작했지만, 미국 정부가 경제 위기를 벗어나려고 '양적 완화'를 실시하면서, 곧 달러화를 엄청나게 찍어내면서 거품은 꺼진다. 달러화 가치가 떨어지자 유로화와 엔화 가치가 고공 행진을 시작했다. 세계 시장을 둘러싼 경쟁에서 미국 자본가들은 유리해지고 일본과 서유럽 자본가들은 불리해졌다. 달러 가치 하락이 다른 나라 자본가들의 가격 경쟁력을 빠르게 악화시켰다.

이런 변화를 재빨리 감지한 몇몇 자본가들은 앞다퉈 미국에 공장을 짓기 시작했다. 미국에서 파는 상품을 미국에서 생산하면 환율 변동에 따른 위험 요인을 피할 수 있기 때문이다. 특히 환율 변동의 피해를 가장 크게 입은 일본과 서유럽 자본가들이 생산지를 미국으로 옮기면서 많은 노동자들을 대량 해고의 위협에 몰아넣었다.

대량 실업에 맞부딪힌 일본과 서유럽 노동자들의 호주머니가 비어갈수록 민간 소비도 위축돼 경제는 더욱 위기로 치닫게 된다. 폐차 보조금 등 국가 재정을 털어 넣어 소비 진작을 꾀하고, 여러 구제 금융으로 부실기업 자본가들에게 돈을 쏟아붓고, 경기 부양책을 써 부동산 시장과 주식 시장에 거품을 만들어 버렸지만, 유럽 여러 나라와 일본의 재정 적자는 눈덩이처럼 불어났다. 자본가들은 노동자들의 세금으로 만든 국가 재정을 지원받아 해외 생산을 늘리며 이윤을 유지했다.

제조업 공장들이 옮겨간 미국의 사정은 어떨까? 2009년 사사분기에 미국 국내 총생산GDP은 5.7퍼센트 성장하며 오히려 금융 위기 전보다 높아졌다. 성장의 원동력은 늘어난 생산량이다. 일본과 유럽 자본가들이 미국 현지 생산을 늘린 사실을 여기서도 분명히 확인할 수 있다. 2010년 초에는 두 자릿수이던 실업률도 한 자릿수로 내려앉았다. 겉으로 드러난 성장세 속에서도 회복되지 않는 지표가 하나 있었다. 바로 미국 경제 성장의 가장 큰 동력이 돼온 민간 소비다. 늘어난 일자리가 대부분 비정규직 저임금인데다, 불확실한 경제 전망 때문에 소비를 줄이려는 심리가 강해진 탓이었다.

제조업 생산이 늘어났지만 일자리가 늘어나는 속도는 더뎠다. 공황 뒤 자본가들은 노동 절약형 기술을 도입했고, 생산이 공황 이전 수준을 회복해도 일자리 수는 회복되지 않았다. 미국 정부의 골칫거리였다.

바이 아메리카! 빌드 인 아메리카!

도요타 리콜 사태에 미국 정부가 깊숙이 관련된 사실은 깊어가는 공황기에 미국 정부가 적극적 행위자로 나서는 현실을 보여준다. 미국 정부는 어떤 목표를 갖고 움직인 걸까? 빅 3를 비롯한 자국 자동차 산업의 회생? 어느 정도는 사실이다. 도요타에 빼앗긴 자동차 판매량과 세계 시장 점유율 1위 자리를 되찾으려는 속셈이다. 이름하여 '바이 아메리카!**Buy America!**'

그런데 이게 전부가 아니다. 공황 때문에 빅 3 중 지엠과 크라이슬러가 파산 보호 신청에 들어갔다. 지엠은 미국 정부가 구제 금융으로 되살렸지만, 크라이슬러는 이탈리아 피아트에 팔렸다. 크라이슬러 차를 사도 '바이 아메리카'라고 할 수 있을까? 지엠도 전세계에 30여 개 해외 공장이 있는데, 거기에서 만든 차를 사면? 여기에 한 가지가 덧붙는다. '미국에서 상품을 팔려거든, 미국에서 생산하라**Build in America!**'

미국에서 생산된 상품을 살 뿐 아니라 직접 미국에 제조업 공장을 지어 노동자를 추가 고용하라는 요구다. 미국에서 차를 팔려면 실업률을 낮추는 데 기여하라는 말이다. 도요타 리콜 사태 때 프리우스라는 하이브리드 차량이 도마 위에 오른 이유도 마찬가지다. 도요타와 혼다는 점유율 90퍼센트로 전세계 하이브리드 시장을 사실상 독점하는데, 대부분 미국이 아니라 일본에서 생산하기 때문이다.

미국 연방 정부가 이렇게 적극적 행위자로 나선 사례가 처음은 아니다. 연방 정부는 지엠의 주식을 대부분 소유해 사실상 국유화나 다름없는 정책을 펴기도 했다. 지엠 유럽 법인인 오펠-복스홀 매각을 취소하고 전면 구조 조정을 실시하기로 한 결정도 미국 정부의 입김 없이는 불가능하다. 전면 구조 조정의 길을 선택한 지엠은 2010년에 벨기에 안트베르펜 공장을 폐쇄했다. 또한 한국지엠에서 만들던 인기 소형차 쉐보레 크루즈와 아베오를 미국 현지에서도 생산하기 시작했다. 그동안 이런 소형차를 미국에서 생산하는 일은 상상할 수 없었다. 이렇게 해서 지엠은 유럽과 한국을 비롯한 전세계 해외 공장 생산량이 줄고 미국 현지 생산량이 늘게 된다. 금융위기 뒤 폐쇄된 지엠의 미국 공장 14개 중 2개가 재가동됐고, 그중 한 곳이 바로 아베오를 '소닉'이라는 이름으로 만드는 오리온타운십 공장이었다.

크라이슬러를 인수한 이탈리아 피아트도 2011년에 5개 공장 중 시칠리아에 있는 테르미니 이메레세 공장을 폐쇄한다. 극우인 실비오 베를루스코니 정부조차 이 결정을 비난했고, 교황 베네딕토 16세까지 나서서 걱정하는 말을 보냈는데도 말이다. 피아트 시이오 겸 크라이슬러 시이오인 세르지오 마르치오네는 공장 폐쇄가 '돌이킬 수 없는 일'이라고 선언했다. 이탈리아 국내 공장을 폐쇄할 수도 있다는 사실을 미국에 보여주고 싶었던 모양이다. 마르치오네는 이탈리아 피아트의 시이오가 아니라 미국 크라이슬러의 시이오로 행동하기 시작했다.

충분히 있을 법한 사건들

앞에서 톰 클랜시의 소설을 들먹인 이유는 작가의 놀라운 예지력 때문이 아니다. 미래를 족집게처럼 알아맞히는 일은 점성술이지 과학의 영역이 아니다. 이토록 놀라울 정도로 똑같은 사건이 일어나는 현실은 그만큼 요즘 벌어지는 일들이 '충분히 있을 법한 사건'이라는 사실을 보여줄 따름이다. '충분히 있을 법한' 또 다른 사건들은 무엇이 있을까?

미국 정부가 저럴 수 있다면 유럽과 일본, 그리고 새로운 맹주로 떠오르는 중국도 얼마든지 똑같이 행동할 수 있다. 그런 일이 이미 브라질과 러시아 등 신흥 시장에서 벌어지고 있다. 현지에서 생산한 자동차에만 세금 혜택을 주는 방식으로 '보호 무역'이 성행하는 중이다. 또한 자본가들 사이의 무한 경쟁 속에서 자국 산업을 보호하려고 각국 정부가 천문학적 규모의 재정을 투입하는 바람에 엄청난 재정 적자가 쌓이고 있다. 2010년에 유럽에서 이미 확인됐듯이 이 '재정 적자 거품'도 언젠가는 터질 수밖에 없다. 재정 적자 거품이 터지지 않게 하려고 각국 정부는 또 다른 거품을 만든다. 부동산 거품, 주식 시장 거품……

모든 거품은 언젠가 터진다. 방식은 두 가지다. 하나는 흔히 알고 있듯 부동산이나 주식 시장이 폭삭 주저앉는 방식이다. 다른 하나는 거품이 만들어진 부문이 주저앉지 않고 나머지 모든 상품이 거품을 향해 치솟아 오르는 현상, 곧 전반적 물가 인상에 따른 인플레이션이다. 몇몇 나라에서 재정 적자 거품이 안 터지게 하느라 인플레이션 잡기를 포기하는 모습을 어렵지 않게 볼 수 있다.

소설은 어떻게 끝날까? '총성 없는' 무역 전쟁은 결국 2차 태평양 전쟁으로 치닫는다. 자본가들 사이의 무한 경쟁, 각국 정부의 보호 무역이 극단에 다다르면 전쟁은 피할 수 없는 결말이 되고 만다. '충분히 있을 법한 사건' 목록에 전쟁까지 끼워 넣는다면 너무 비극적이지 않을까.

3장
현지 생산,
현지 판매

글로벌 자본을 중심으로 현지 생산과 현지 판매 흐름이 두드러지고 있다. 물류비를 줄이는 차원을 넘어, 변덕스러운 환율의 영향을 피하려는 방편이기도 하다. 공황은 경제의 예측 불가능성과 불투명성을 높여 환율 전쟁까지 불러오고 있다. 브라질과 러시아 등 브릭스를 비롯한 몇몇 국가가 공황에 대응하느라 수입 차에 높은 관세를 매기거나 부품 현지화 비율에 따라 세금에 차등을 두는 보호 무역 정책을 실시하면서 이런 흐름은 더욱 커지고 있다. 어느 한 지역에 수출 물량이 몰리면 노동자들의 단결력과 투쟁력이 높아지기 때문에 노동자를 통제하고 민주 노조를 파괴하려 '판매지 생산' 원칙에 따라 공장을 옮기기도 한다.

이 원칙이 다른 조건들을 압도하는 '철의 원칙'은 아니다. 비용 문제나 전략적 관점에 따라 이 원칙을 거스르는 사례도 찾을 수 있다. 자본에게는 '이윤만 보이면 파렴치한 범죄도 불사한다'가 다른 모든 원칙에 앞서는 철의 원칙이다. 그러나 2008년 세계 대공황이 시작된 뒤 판매지 생산 원칙이 더욱 강하게 관철되고 있는 점은 분명한 사실이다.

미국, 그나마 이런 일자리

미국에서 자동차 생산을 늘린다는 발상은 예전 같으면 미친 짓으로 여겨졌겠지만, 2008년 금융 위기는 이런 생각을 근본부터 뒤흔들었다. 달러화 가치가 갑자기 치솟다가 양적 완화 탓에 다시 떨어지고, 유럽 재정 위기로 다시 치솟다가 2차 양적 완화로 또다시 떨어지면서 엄청난 변동 폭을 보였기 때문이다.

글로벌 완성차 업체들은 환율에 따라 울고 웃느니 현지 생산이 이득이라고 생각했다. 미국은 생산비가 아시아나 아프리카보다 훨씬 비쌌지만, 여러 정책을 활용해 비용이 떨어져 생산량을 늘릴 수 있었다. 이중 임금제 **Two Tier Wage System**가 대표적인 비용 삭감 정책이라는 점은 두말하면 잔소리다. 엔고 탓에 도요타를 비롯한 일본 업체들은 자국 생산량을 줄이고 미국에서 팔 차는 미국에서 만들기 시작했다. 현대-기아차도 미국 현지 생산 비중을 계속 높이고 있다.

독일의 폭스바겐은 테네시 주 채터누가에 첫 미국 공장을 지었는데, 생산직 노동자를 거의 100퍼센트 폴란드 출신 이주 노동자로 채워 최저 임금 수준을 주며 공장을 가동하고 있다. 도요타나 현대-기아차는 미국 현지 공장 노동자들에게 경제 위기 때 이런 정도의 일자리가 어디냐는 말로 노조 결성을 막아왔는데, 폭스바겐도 마찬가지였다. 전미자동차노조가 집중 공세를 펴 채터누가 공장에 노조를 세우려 했지만 현장 노동자가 절반 넘게 반대해 무산되기도 했다.

완성차 업체들이 미국 현지 생산을 늘리기 시작하자 철강 업체와 자동차 부품 업체들도 뒤따랐다. 1980년대부터 공장이 빠져나가 산업 공동화가 일어난 미국에 대공황이 닥치자 공장이 되돌아오는 기현상이 벌어지고 있다. 규모는 다르지만 세계 주요 시장인 중국과 유럽에서도 나타나는 현상이다. 중국으로 생산 공장을 옮기는 중요한 이유가 지난날에는 비용 절감이었다면, 이제는 세계 최대 시장을 공략하는 필수 요건이 됐다.

브라질과 러시아, 보호 무역과 늘어나는 현지 공장

브릭스 국가 중 중국을 뺀 브라질, 러시아, 인도도 현지에 완성차 생산 공장이 늘어나고 있다. 현지 생산 원칙을 중시한 탓이지만, 더 큰 이유는 현지 생산 차량에 특혜를 주는 보호 무역 정책이다. 세 나라 모두 수입 차에 최대 40퍼센트의 높은 관세를 적용했다. 러시아는 '재활용세'라는 명목의 추가 세금을 적용했고, 브라질은 부품 현지화 비율이 65퍼센트를 넘지 않을 때는 수입 차에 맞먹는 세금을 매겨 부품 업체도 현지에 공장을 짓게 유도했다.

글로벌 업체들은 한편으로는 거대 시장을 공략하고 다른 한편으로는 세금을 줄이려고 울며 겨자 먹기 식으로 러시아와 브라질에 현지 생산 공장을 짓고 있다. 도요타, 폭스바겐, 푸조시트로앵, 다임러 벤츠, 현대-기아차를 비롯해 쌍용차도 러시아와 브라질에 반조립 제품 조립 공장을 세울 계획이다.

러시아와 브라질의 보호 무역 정책을 무너뜨리려는 완성차 자본의 공격도 진행되고 있다. 유럽연합은 이미 러시아와 브라질을 세계무역기구**WTO**에 제소했는데, 미국과 일본도 뜻을 같이하며 옵서버 또는 보조 참가에 나서고 있다. 러시아는 버티다 못해 자국 생산 차량에도 재활용세를 부과하기로 했다.

스페인, 양보를 강요하는 지렛대

미국발 금융 위기에다 남유럽 재정 위기로 거의 국가 부도 직전까지 간 스페인. 지나친 긴축 정책 탓에 총파업이 1년에 여러 번 벌어질 정도로 계급 대립이 첨예한 나라다. 얼마 전부터 글로벌 완성차 업체들이 스페인에 신차 생산 물량을 많이 배치하고 있다. 정부가 기업에 노골적으로 유리한 쪽으로 노동법을 개악했고, 노조 상층 관료들도 이중 임금제와 노동 시간 계좌제 등 유연화에 합의하는 양보 경쟁을 벌여 노동 조건을 크게 후퇴시켰기 때문이다.

유럽을 끝내고 한국에서 구조 조정을 진행 중인 지엠은 한국지엠 부평 공장에서 만들어 모두 수출하던 오펠 모카 생산 물량을 2014년 하반기부터 스페인 사라고사로 옮긴다고 발표했다. 유럽 판매 물량을 현지에서 생산한다는 명분을 내세웠지만, 그중에서도 스페인을 고른 이유는 노조의 양보다. 한국에서 2013년 연말에 7분 만에 1000여 대가 팔리며 큰 인기를 모은 르노의 캡처(한국명 큐엠3)는 전량 스페인 바야돌리드 공장에서 만들어 한국에 수입된다. 한국에도 공장이 있지만 스페인의 노동 비용이 부산보다 싸다고 드러내놓고 말했다.

유럽 최초로 도입한 이중 임금제에 따라, 르노 스페인 공장의 신규 채용 노동자들은 평균 임금의 72퍼센트까지 임금이 깎일 수 있다. 노조가 이렇게 크게 양보하자 르노 그룹은 신차 캡처를 바야돌리드 공장에서 모두 만들기로 했고, 인력을 충원해 1교대에서 2교대로 근무 형태까지 바꿨다. 신규 채용된 젊은 노동자가 받는 급여는 월 800유로까지 떨어졌다. 그때 환율로 110만 원 정도였다. 2014년 한국의 법정 최저 임금은 월 108만 원 (주 40시간 노동 기준) 정도였다. 스페인 노동자가 더 싸다고 호기를 부릴 만도 했다.

포드는 벨기에의 헹크 공장을 폐쇄한 뒤 스페인 발렌시아 공장으로 생산 물량을 옮기기로 했다. 닛산도 2014년 신형 모델을 스페인 공장에서 생산한다고 발표했는데, 노조가 임금 문제에서 유연한 자세를 보여야 한다는 조건이 달려 있었다.

> 모든 공장에서 모든 노조가 자기 조합원만 대변했죠. …… 연대라고는 눈 씻고 봐도 찾을 수 없었어요. 협상 마지막 날이 되면, 결국 우리가 교섭 결과를 고통스럽게 받아들이거나 다른 이들이 그 신세에 몰려야 했죠. 당연히 나는 나를 뽑은 이들, 내가 대표하는 조합원들의 이해를 대변할 수밖에 없었고요. (스페인 세아트 공장 노조 간부, 2012년 12월에 보도 전문 채널 《프랑스 24》 인터뷰)

르노, 푸조시트로앵, 세아트 등 유럽 완성차 업체들은 유럽 다른 나라에서는 생산량을 줄이면서도 스페인에서는 늘렸다. 스페인은 다른 나라 노조를 압박해 더 많이 양보하라고 강요하는 지렛대 구실을 했다.

오스트레일리아, 원칙보다 이윤

오스트레일리아는 앞서 든 사례들하고 정반대다. 오스트레일리아 달러가 초강세를 보이면서 수입 차가 득세하고 현지 생산 차량이 경쟁력을 잃는 상황이 이어지면서, 이미 내수 시장에서는 수입 차 점유율이 90퍼센트를 넘었다. 고환율 탓에 완성차 업체들이 손실을 보자 노동당 정부는 엄청난 보조금과 특혜를 줘 붙잡았다. 그러다 노동당 정부가 물러나고 보수적인 자유당 정부가 들어서 보조금을 깎자 자본가들은 너도나도 짐을 싸기 시작했다.

포드가 가장 먼저 철수 결정을 발표했다. 2016년까지 오스트레일리아에서 자동차를 생산한 뒤 철수한다고 발표했다. 곧이어 지엠도 2017년 말에 떠난다는 발표를 했고, 도요타도 2017년을 마지막 해로 결정하면서 오스트레일리아 자동차 산업은 완전히 붕괴될 처지가 됐다. 부품 업체까지 무더기로 도산하면 10만 개가 넘는 일자리가 3년 안에 사라진다.

공장을 폐쇄하고 생산을 멈추더라도 포드, 지엠, 도요타는 모두 수입차 업체가 돼 판매를 이어간다. 공장은 폐쇄하고 노동자를 모조리 정리해고해도, 차는 계속 수입해서 판다는 얘기다. '현지 생산 현지 판매' 원칙에 어긋나지만, '이윤만 보이면 파렴치한 범죄도 불사한다'는 자본의 원칙에는 잘 들어맞는다.

4장
달면 삼키고 쓰면 뱉는
글로벌 지엠

100년 기업 지엠과 소형차 삼총사

2008년 리먼 브라더스 사태가 불러온 미국발 금융 위기는 한순간에 실물 경제로 옮겨붙었다. 경제 상황에 빠르게 반응하는 자동차 산업에서는 미국의 자존심이라 할 '빅 3'를 집어삼켰다. 2009년 상반기에 지엠과 크라이슬러가 파산 보호를 신청했고, 포드만 가까스로 독자 생존할 수 있었다.

2008년 말에 대통령에 당선된 버락 오바마는 '사회주의자'라는 비난을 들어가며 지엠과 크라이슬러에 천문학적인 액수의 구제 금융을 줬다. 노동자들이 희생한 대가였다. 지엠은 미국에 있는 47개 생산 공장 중 14개를 폐쇄한 뒤 노동자 2만 1000명을 해고했고, 크라이슬러도 10여 개 조립 공장 중 4개를 폐쇄해 2만 7000명의 일자리를 빼앗았다.

이런 '학살'도 파산 직전의 빅 3와 미국 자본주의를 구원할 수는 없었다. 크라이슬러는 이탈리아 피아트 그룹에 떠넘겼지만, 100년 기업 지엠까지 팔아 치우려니 자존심이 허락하지 않았다. 위기를 이겨낼 차종이 필요했다. 여기에 딱 안성맞춤인 대안을 지엠대우가 갖고 있었다. 라세티, 마티즈, 젠트라. 실제로 이 '소형차 삼총사'는 지엠을 파산 위기에서 구원하는 특급 소방수 구실을 하게 된다. 다만 쉐보레 크루즈, 쉐보레 스파크, 쉐보레 아베오라는 새 이름을 붙여서. 이 차들이 2009년부터 이끌어낸 세계적 변화는 엄청나다. 지금부터 하나씩 살펴보자.

변화 1 — 미국 소비 시장

2008년 9월 전까지 지엠은 미국에서 소형차를 생산하고 판매하는 데 별 관심이 없었다. 부동산 거품이 유지되고 있을 때만 해도 미국인들은 에스유브이나 픽업트럭을 즐겨 찾았고, 승용차도 중대형을 선호했다. 경제 위기가 이런 흐름을 바꿔놓았다. 호주머니에 돈이 부족해진 소비자들이 소형차를 찾기 시작했다.

같은 플랫폼(델타)에서 만든 쉐보레 코발트와 크루즈를 비교해보면 된다. 두 차량 모두 미국에서는 로즈타운 공장에서 만들었는데, 크루즈가 출시되면서 코발트는 생산이 중단됐다. 크루즈가 코발트 자리를 대체했다. 코발트는 2004년에 출시돼 2010년까지 생산됐는데, 7년 동안 101만 대를 팔아 연평균 판매량은 14만 대 정도였다. 뒤를 이은 크루즈는 2011년 단숨에 23만 2000대의 판매량을 기록해 코발트의 2배 가깝게 팔렸다. 크루즈는 미국에서 지엠의 승용차 중 판매 순위 1위를 기록했다.

본디 '폰티악 지G3'로 팔리던 아베오도 그렇게 인기는 없었는데, 2011년 하반기에 출시된 뒤 2013년에는 한 해 동안 8만 1000대에 이르는 판매량을 기록했다(다만 북미 시장에서 아베오는 '소닉'이라는 이름으로 출시됐다). 동급 차종 중에서 가장 잘 팔리는 현대차 엑센트가 기록한 6만 1000대보다 2만 대를 앞선 실적이었다.

크루즈와 아베오에 이어 스파크도 2011년에 미국 시장에 첫선을 보였다. 미국에서 이런 경차를 구경하기는 쉽지 않다. 게다가 100년 역사의 지엠이 대표 브랜드인 쉐보레 마크를 달고 경차를 출시하다니! 그런데 스파크를 사는 미국 소비자의 60퍼센트 정도가 쉐보레 브랜드를 처음 접하는 이들이다. 스파크 구매자의 4분의 1이 35세가 안 되는 젊은층이다. 지엠이 경차 부문에서 생산도 판매도 등한시한 탓에 미국 소비자들은 지엠이 경차를 내놓은 사실 자체를 놀라워했다. 스파크 덕에 지엠은 쉐보레 브랜드를 단 다른 차들까지 젊은층의 관심 대상으로 만들 수 있었다. 내친김에 영화 〈트랜스포머〉에 깜찍한 캐릭터의 스파크를 등장시키기도 했다.

변화 2 — 미국 현지 생산

지엠이 미국에서 소형차를 판다는 사실도 놀랍지만, 미국에서 소형차를 생산한다는 사실은 더 놀라웠다. 소형차 삼총사 중에서 크루즈와 아베오(소닉)는 미국 현지에서 생산됐다. 미국에서 파는 스파크는 한국지엠이 만들어 수출했다. 크루즈는 오하이오 주 로즈타운 공장에서, 아베오(소닉)는 미시건 주 오리온타운십 공장에서 만들었다. 폐쇄 대상이던 두 공장은 크루즈와 아베오 생산 물량을 받으면서 극적으로 살아났다.

크루즈하고 똑같은 델타 플랫폼 차량인 쉐보레 코발트를 만든 적이 있기는 하지만, 지엠이 더 작은 감마 플랫폼 차량인 아베오(소닉)를 생산한다는 소식은 정말 새로웠다. 2008년 9월에 닥친 세계 경제 위기 뒤 자동차 시장이 소형차 중심으로 빠르게 재편된 탓이었다. 소형차를 수입하지 않고 직접 만드는 데는 다른 이유가 있었다. 막대한 구제 금융을 받으면서 미국에서 소형차를 생산한다고 약속했기 때문이다. 세금으로 받은 구제 금융 지원금을 해외에서 쓰면 여론이 들끓을 게 뻔했다.

여기서 지엠이 선택한 차가 바로 아베오(소닉)다. 폰티악을 만들던 오리온타운십 공장이 생산지로 정해졌다. 생산 공장과 치종을 선택하고도 한참을 머뭇거렸다. 지엠이 미국에서 소형차를 만들어 성공한 적이 없기 때문이었다. 그런데 아베오에 앞서 로즈타운 공장에 투입된 소형차 크루즈가 엄청난 판매량을 기록하기 시작했다. 폐쇄된 오리온타운십 공장에 정리해고자들이 '리콜(복직)'되기 시작했고, 2011년 하반기에 생산을 시작한 아베오(소닉)도 크루즈처럼 눈부신 판매량을 기록했다.

크루즈와 아베오가 성공했지만, 많은 전문가들은 여전히 미국 현지에서 경차를 생산하는 방식은 수지 타산이 맞지 않는다고 본다. 스파크를 한국에서 수입하는 쪽이 싸다는 말이다. 지금까지 일어난 변화도 놀랍지만, 앞으로 또 어떤 변화가 벌어질까? 아무도 알 수 없는 노릇이다.

변화 3 ― 지엠의 글로벌 생산 체제

'자동차 파는 곳에서 생산한다We make cars where we sell.' 흔히들 지엠의 글로벌 생산 전략을 '판매지 생산 원칙' 또는 '현지 생산, 현지 판매 원칙'이라고 말한다. 언뜻 보면 당연한 말 같다. 판매 지역에서 만들면 물류비를 줄일 수 있을 테니 말이다. 그런데 판매지 생산 원칙이 말처럼 간단하지가 않다. 스파크 같은 경차를 미국에서 생산하는 방식은 자본가들 사이에서도 논쟁거리다. 게다가 아무리 단순 조립 업무라지만 각 나라와 대륙별로 교육 수준과 기술 발전 정도에 따라 생산 차종의 품질에 많은 변화가 생긴다. 아주 작은 차이더라도 결국에는 노동자의 손끝에서 품질이 결정된다.

판매지 생산 원칙의 대표적 예외 사례가 바로 한국지엠이다. 2013년 한국지엠은 완성차 78만 대와 반조립 제품 128만 대를 합해 206만 대를 만들었다. 글로벌 지엠 전체가 판 929만 대의 20퍼센트가 넘는다. 지엠이 한국 시장에서 판 차량은 15만 대가 채 되지 않는다. 완성차 생산량만 놓고 봐도 20퍼센트가 내수용이고 80퍼센트를 수출한다. 반조립 제품 생산량을 더하면 93퍼센트 정도를 해외 시장용으로 생산하는 셈이다.

2008년 9월에 시작된 세계 경제 위기가 이런 일이 벌어진 원인이었다. 미국에서 지엠이 강점을 갖고 있던 차종들이 경쟁력을 잃은 반면 한국지엠이 만드는 소형차가 주목받기 시작하자 생산량을 극적으로 높였다. 완성차만 놓고 보면 2006년부터 80만 대 안팎을 만들었고, 2007년에는 94만 대를 기록하기도 했다. 더 극적인 변화는 반조립 제품에서 나타났다. 2005년에 50만 대 수준이던 반조립 제품 생산량이 2008년에 두 배로 껑충 뛰어 100만 대를 기록했고, 2011년 125만 대에 이어 2012년에는 128만 대까지 높아졌다. 크루즈, 아베오, 스파크 같은 소형차가 미국 시장을 넘어 지엠의 '글로벌 차량'이 돼 판매량을 끌어올렸기 때문이다. 지엠은 미국뿐 아니라 전세계에서 이 소형차 삼총사를 앞세웠다.

전세계 시장에서 팔리는 물량을 한국지엠이 모조리 생산할 수는 없는

지엠 소형차 삼총사의 글로벌 생산 거점

차종	국가
아베오(소닉)	미국, 러시아, 중국, 멕시코, 콜롬비아, 베트남, 태국, 인도
크루즈	미국, 러시아, 중국, 브라질, 베네수엘라, 베트남, 태국, 인도, 오스트레일리아
스파크	콜롬비아, 베트남, 인도, 우즈베키스탄, 남아프리카공화국

노릇이었다. 한국지엠이 감당할 수 있는 수준을 벗어난 만큼 각 대륙의 주요 거점을 활용할 수밖에 없었다. 2010년부터 천천히 다른 나라로 생산 지역이 확대돼 미국에서 크루즈와 아베오를 만들기 시작했고, 2014년부터 러시아에서 아베오를 만들기 시작했다.

이런 흐름 그대로 소형차 삼총사는 지엠의 글로벌 차량 구실을 하고 있다. 유럽을 뺀 모든 대륙에 현지 생산 시스템을 갖췄으니 말이다. 특히 베트남과 인도는 한국처럼 삼총사를 모두 만들고 있고, 미국, 중국, 러시아는 스파크를 뺀 크루즈와 아베오를 만들고 있다.

2008년 9월 리먼 브라더스가 파산한 뒤부터 지금까지 지엠의 글로벌 생산 체제는 한국지엠을 빼놓고는 설명할 수 없다. 미국 곳곳에 있는 12개 조립 공장 중 두 곳이 그때까지 전혀 만든 적 없는 소형차에 거의 전념하게 됐다. 2009년부터는 쉐보레 브랜드를 달고 전세계에서 팔리는 500만 대 중에서 40퍼센트가 한국지엠 노동자들의 손을 거치고 있다(지엠은 오펠, 복스홀, 홀덴, 뷰익, 지엠시GMC, 캐딜락 같은 다른 브랜드를 달아 400여 만 대를 팔았다).

한국지엠, 반조립 생산 기지

2001년부터 한국지엠의 완성차 생산량과 반조립 제품 생산량의 변화를 살펴보자(한국자동차산업협회, 《통계월보》 기준). 2005년까지는 완성차 생산량이 반조립 제품 생산량보다 많아 다른 완성차 업체하고 비슷했다. 2006년부터 완성차와 반조립 제품 생산량이 모두 치솟아 거의 비슷한 수준을 보였다. 2008년부터는 반조립 제품 생산이 완성차 생산을 완전히 압도하는 비정상 상태가 이어지고 있다. 반조립 제품 생산이란 완성차를 만드는 데 필요한 부품을 포장해 해외에 수출하는 방식이다. 포장된 부품 키트를 수입한 나라는 현지 공장에서 최종 조립해 완성차를 만들어 판다.

완성차를 만들지 않고 왜 이런 방식을 택한 걸까? 관세가 낮기 때문이다. 그럼 현지 생산이 낫지 않을까? 꼭 그렇지는 않다. 완성차에 들어갈 부품을 만들기가 쉽지 않기 때문이다. 그래서 완성차 제작 능력을 갖춘 나라에서 반조립 제품을 받아 현지에서 최종 조립하는 길을 선택한다. 완성차 업체의 '꽃'은 완성차 생산이다. 완성차 업체가 완성차보다 반조립 제품을 많이 만드는 사례는 거의 한국지엠뿐이다. 한국지엠의 완성차 생산량은 2007년에 최대치를 기록한 뒤 지금도 그때 수준을 회복하지 못하고 있다.

왜 이런 일이 벌어졌을까? 한국지엠의 소형차 삼총사가 파산 위기에 몰린 지엠의 소방수로 전격 투입되던 때 완성차 생산은 정체하는 반면 반조립 제품 생산은 꾸준히 늘어난다. 전세계 곳곳으로 물량을 나눈 소형차 삼총사 생산에 쓸 반조립 제품을 한국지엠이 도맡아 만들었기 때문이다. 미국은 반조립 제품에 들어가는 부품을 현지에서 만들 능력을 갖췄다지만, 베트남과 콜롬비아는 말할 필요도 없고 중국이나 러시아 같은 나라도

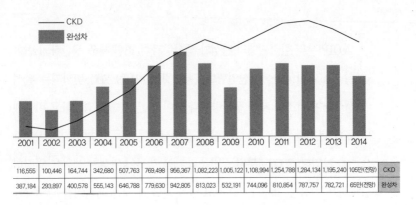

한국지엠, 반조립 생산 기지

| 116,555 | 100,446 | 164,744 | 342,680 | 507,763 | 769,498 | 956,367 | 1,082,223 | 1,005,122 | 1,108,994 | 1,254,788 | 1,284,134 | 1,195,240 | 105만(전망) | CKD |
| 387,184 | 293,897 | 400,578 | 555,143 | 646,788 | 779,630 | 942,805 | 813,023 | 532,191 | 744,096 | 810,854 | 787,757 | 782,721 | 65만(전망) | 완성차 |

부품 현지화는 어려운 과제였다. 한국지엠이 만든 반조립 제품을 들여와 조립하는 방식을 선택할 수밖에 없었다. 소형차 생산에 강점이 있는 한국지엠의 노동력을 최대한 활용한 결과다.

물에 빠진 지엠의 딴소리

2012년 지엠은 차세대 크루즈를 한국에서 만들지 않겠다고 발표했다. 임금 교섭 중이던 2013년 6월에는 차세대 아베오 생산 물량도 다른 곳으로 옮긴다는 말을 꺼내기도 했다. 한국에는 크루즈와 아베오 부분 변경 모델 정도 줄 테니 먹고 떨어지라는 말이다. 협상 끝 무렵에 차세대 아베오를 한국에서 생산한다는 얘기를 하기는 했지만, 그동안 보인 모습을 볼 때 지엠이 언제 또 말을 뒤집을지 알 수 없다. 소형차 삼총사 차세대 모델 중 한국에서 확실히 생산할 차종은 스파크뿐이다.

파산 위기의 지엠을 구해준 소형차들과 한국지엠 사이의 고리를 끊어버리겠다는 말이다. 차세대 크루즈와 아베오는 지엠 미국 본사가 개발 과정을 철저히 통제하고 있다고 한다. '이 차종은 본디 한국에서 개발했고, 한국지엠이 라이선스를 갖고 있다'는 주장을 펴지 못하게 하려는 의도다.

이 대목이 중요하다. 2010년 12월에 한국의 산업은행과 미국의 지엠 본사가 맺은 한국지엠의 장기 발전 전망 합의서 때문이다. 합의에 따르면 지엠 본사와 한국지엠(지엠대우)이 공동 개발한 기술은 지엠 본사가 한국에서 철수하더라도 한국지엠이 공짜로 쓸 수 있다. 그런데 한국이 차세대 차량 개발 과정에서 배제되면서 '공동 개발한 기술'이 뭔지가 희미해지기 시작했다. 쉐보레 크루즈에 관련된 라이선스는 유럽 오펠이 이미 갖고 있어 한국지엠이 주장할 수 있는 권리는 스파크 정도에 그칠 듯하다.

자본의 논리, 그때그때 달라요

《로이터 통신》이나 《오토모티브 뉴스》 등 해외 주요 언론은 '익명 지엠 관계자'를 내세워 지엠이 한국지엠의 생산 비중을 단계적으로 줄이는 방안을 검토하고 있다는 보도를 내놓았다. 익명 관계자가 대는 이유가 가관이다. "우리는 생산 기지로서 한국에 지나치게 많이 의존한다."

한국지엠의 비중을 높이는 결정은 글로벌 지엠이 스스로 내지 않았나! 누가 그러라고 떼를 쓰기라도 했다는 말인가? 파산 위기를 넘길 때는 '한국지엠 역할론'을 떠들어대더니, 이제 단물 다 빨아먹었으니 한국지엠의 미래는 알 바 아니라는 투다. 2008년 9월 세계 경제 위기가 시작되자 글로벌 지엠은 파산 위기에서 벗어나려고 한국지엠에 많이 의존하는 전략을 취했다. 그때는 판매지 생산 원칙을 한 번도 말한 적이 없다. 다시는 살아날 수 없는 지옥행이 예정돼 있었기 때문이다. 이제 위기를 벗어나자마자 한국지엠 의존도가 너무 높다며 구조 조정을 위협하기 시작했다.

판매지 생산 원칙은 한국지엠의 활용도를 낮추려 끌어낸 명분일 뿐이다. 글로벌 지엠의 원칙은 '최소 비용'을 들여 '고분고분한 노동자'를 고용해 '최대 판매량이 나오는 시장'에 차를 팔아 '이윤 극대화'를 달성하기다. 그렇게 서너 해 단물을 빨아먹다가 생산 전략이 바뀌었다며 또다시 다른 먹잇감을 찾아 떠나는 게 지엠 같은 글로벌 자본의 본성이다.

한국은 말할 것도 없고 전세계 지엠 노동자들이 명심해야 할 대목이다. 바로 여기에서 국경을 넘어 지엠 노동자들이 단결하고 연대할 수 있는 가능성이 열리기 때문이다. 지엠이 크루즈와 오펠 모카 생산 물량을 갖고 한국 노동자들과 유럽 노동자들을 경쟁시키려는 지금, 오펠 노동자들과 한국지엠 노동자들이 글로벌 지엠 노동자들에게 이런 이야기를 해야 한다. '단물 빼먹고 옮겨다니며 경쟁시키는' 구도에 맞서 싸울 수 있다는 사실을 보여줘야 한다. 이게 지엠만의 일일까? 글로벌 자본을 꿈꾸는 완성차 업체라면 모두 똑같다. 자동차 산업 노동자들이 먼저 나서야 한다.

4부

그린 카가 그린 미래
자동차 산업과 고용

"원고들이 수행하는 업무의 특성 등을 고려하면, 사내 협력 업체의 현장 관리인 등이 원고들에게 구체적인 지휘 명령권을 행사하였다 하더라도, 이는 도급인(현대자동차)이 결정한 사항을 전달한 것에 불과하거나, 그러한 지휘명령이 도급인 등에 의해 통제되어 있는 것에 불과하다."

1장
사내 하청
한국 자동차 산업 최대 수출품

"저……자동차 업종 사내 하청에 관해 문의하고 싶은 게 있는데 좀 만나 뵐 수 있을까요?" 8~9년 전쯤으로 기억한다. 영국의 어느 유명 대학교에서 고용 형태와 노사 관계 관련 박사 과정을 밟고 있는 분이 전화를 걸어왔다. 노동운동 경력도 없이 정부 출연 연구 기관에서 일하다 유학을 떠났다고 하니 호기심이 발동했다.

"어렵게 영국 유학을 간 분이 왜 다시 한국으로 와서 논문 자료를 수집하시나요?"

내 궁금증을 먼저 풀고 싶었다. 깜짝 놀랄 만한 답을 들었다.

"교수님께 사내 하청 관련 논문을 쓰겠다고 했더니, 그런 문제는 당신 모국인 한국에 가서 연구하는 게 좋을 거라고 하더군요. 유럽에서는 생산직에 사내 하청을 쓰는 사례를 거의 구경할 수 없어요. 한국에서나 볼 수 있는 독특한 고용 형태죠."

동북아 특산품, 사내 하청

도대체 무슨 말인가? 고생하며 유럽 유학을 갔는데, 사내 하청은 당신 네 나라가 전문이라며 다시 한국으로 거꾸로 유학을 왔다니. 그렇다면 김 영배 경총 상임부회장이 《문화일보》 2010년 9월 9일자에 쓴 칼럼 〈사내하 청은 글로벌 트렌드다〉는 새빨간 거짓말일까?

세계 유수의 기업들이 사내하청을 적극 활용하고 있으며, 미국과 유럽 등 선 진국에서도 이러한 생산 방식이 보편화한 지 오래다. 일본 조선업체의 경우 외 부 노동력 활용률이 65퍼센트에 이른다. …… 글로벌 생산 시스템으로 자리잡 고 있는 사내하청 생산 방식을 한국만 부정하는 결과를 초래하게 될 것이다.

그렇다. 새빨간 거짓말이다. 사내 하청이라는 고용 형태는 김 부회장이 하는 주장하고 다르게 전혀 보편적이지 않다. 한국과 중국과 일본에만 있 는 매우 특수한 고용 형태다. 김 부회장도 구체적 사례는 일본만 들고 있 다. 유럽과 미국은 계약직 형태로 비정규직을 쓰기도 하지만 사내 하청 형 태의 간접 고용 비정규직은 없다.

'외국에는 사내 하청을 규제하는 일이 없다'는 주장은 역설적이게도 사 실이다. 사내 하청이라는 제도 자체가 없으니 당연히 규제도 없다. 노조 관 련 국제 행사가 열리면 한국 활동가들은 외국에서 찾아온 활동가들에게 사내 하청이라는 개념을 설명하느라 쩔쩔매야 한다. 사내 하청이라는 고용 형태가 너무 독특하고 신기해서, 국제노동기구[ILO]도 얼마 전에야 '사내 하 청 노동자'의 영문 공식 표기로 'In-House Subcontracted Worker'라는 신조어를 만들어 쓰기 시작했다.

당혹해하는 게 당연하다. 사내 하청 비정규직은 제조업 생산 라인에서 정규직하고 똑같은 일을 하지만, 신분은 듣도 보도 못한 하청 업체 소속이다. 그나마 길게는 6개월, 짧게는 1개월 단위로 재계약을 해야 한다. 임금 수준은 똑같은 노동을 하는 정규직보다 훨씬 낮다. 이런 불합리하고 파렴치한 고용 형태를 어떻게 쉽게 이해시킬 수 있을까?

2010년 한진중공업이 정규직 노동자 400명을 정리해고 하려 하자 노조가 총파업을 하고, 전국민주노동조합총연맹민주노총 김진숙 지도위원이 85호 크레인 위에서 농성도 했다. 주요 쟁점 중 하나는 수주 물량 대부분을 한국이 아니라 필리핀 수빅 조선소로 돌리는 문제였다. 수빅 조선소는 사내 하청 1만여 명을 고용하고 있었다고 한다.

잘 알려지지 않은 사실이 있다. 필리핀 노조들이 제조업에 사내 하청을 투입하는 악질 한진 자본을 규탄한다며 한국 원정 투쟁을 몇 차례 온 사실 말이다. 필리핀 같은 나라에서도 노동자를 직접 고용하지 않고 하청 업체를 거쳐 사내 하청을 쓰는 일은 낯설었다. 이런 파렴치한 고용 형태를 한국 자본은 외국으로 '수출'했다.

사내 하청, 새빨간 거짓말

어디 김영배 경총 부회장만의 일이겠는가. 전세계에서 사내 하청을 보편적으로 사용한다는 새빨간 거짓말에는 학계와 언론계 인사들도 동참하고 있다.

세계 유수의 기업들도 사내하청을 적극 활용하고 있으며, 미국과 유럽 등 선진국에서도 이러한 생산 방식이 보편화한 지 오래다. 독일을 비롯한 유럽연합 회원국들은 파견근로 업종이나 기간제한은 완화·폐지하는 대신에 평등대우 원칙을 강화하는 방향으로 가고 있다. (이전오 성균관대 법학전문대학원 교수, 《문화일보》 2010년 12월 16일)

사내하도급 자체가 저희 나라만의 문제는 아닙니다. 아시다시피 모든 나라에서 있는 문제이고 흔히 예를 들면 나이키 같은 회사는 부가가치의 95퍼센트를 하청업체에서 얻는다고 하는데 …… 전세계 모든 회사들이 외부인력 활용 자체를 하고 있고요. (김영완 한국경영자총협회 법제1팀장, 《시비에스**CBS**》 라디오 〈시사자키 정관용입니다〉 2010년 12월 1일)

실제 폴크스바겐 도요타 등 선진 외국 자동차업계에선 일반화한 제도다. 국내에서도 300인 이상 제조업체의 41.2퍼센트가 사내하청을 활용하고 있고, 고용노동부도 실태 점검에서 대부분 문제가 없다는 판정을 내린 바 있다. (성항제, 《헤럴드경제》 2010년 12월 16일)

전세계에서 사내 하청을 보편적으로 사용하고 있다고 주장하지만 구체적인 근거가 거의 없는 점부터 의심스럽지 않은가? 김영완 팀장이 사례로 든 나이키는 '사내' 하청이 아니라 '사외' 하청인 듯하다. 생산 과정을 대부분 외주화한 탓에 거의 모든 부가 가치를 하청 업체에서 얻을 뿐이지, 직접 생산 공정에서 사내 하청을 사용한다는 말은 전혀 없다.

성항제 기자가 말한 도요타 사례는 사실이다. 사내 하청은 한국, 중국,

일본에서 어렵지 않게 찾아볼 수 있기 때문이다. 그렇지만 도대체 폴크스바겐은 어느 공장에서 사내 하청을 쓰고 있다는 걸까? 상하이폴크스바겐을 비롯한 중국 공장에만 그런 사례가 있을 뿐이다. 다시 한 번 강조하지만 사내 하청은 한국, 중국, 일본에만 있는 고용 형태다.

외국 한 번 나가본 적 없는 나는 8~9년 전에야 우연히 영국 유학생을 만나 이런 사실을 알게 됐지만, 외국에 자주 나가시는 분들이 이런 거짓말을 일삼는다면 곤란한 일이다. 정말 책임 있는 주장을 펼치려면, 미국과 유럽에서 제조업 직접 생산 공정에 사내 하청 같은 비정규직을 얼마나 쓰고 있는지 실증적인 근거를 제시해야 한다.

현대-기아차, 해외 공장에서도 사내 하청을

어떤 이들은 글로벌 트렌드인 사내 하청을 불법으로 만들면 기업들이 경쟁력을 높이려 해외로 빠져나간다고 주장한다. 새빨간 거짓말이다. 사내 하청이 정말 '글로벌 트렌드'라면, 현대-기아차도 해외에서 사내 하청을 사용해야 한다. 만일 그렇다면 현대-기아차가 해외 공장 사내 하청 활용 실태에 관한 보도 자료 한 번쯤은 낼 만하지 않은가?

현대-기아차의 해외 사업장에서도 사내 하청은 전혀 보편적이지 않다. 대부분의 해외 공장이 생산직 노동자를 '직접 고용'하지 한국처럼 사내 하청 비정규직을 활용하지는 않는다. 현대차 인도 공장은 정규직 1700여 명과 임시직 2000여 명에 더해 많은 기술 훈련생과 실습생이 일하는데, 사내 하청 형태의 간접 고용 비정규직을 사용한다는 얘기는 들어보지 못했다(인도는 훈련생이나 실습생을 노동력으로 활용하는 일이 많다. 그렇지만 '직접 고용'이 원칙이다).

기아자동차 미국 조지아 공장이 2011년 중반부터 3교대 생산 체제로 전환하느라 노동자 1000여 명을 추가 고용한 적이 있다. 600여 명은 한국 남양연구소에서 최종 교육 훈련까지 끝낸 상태라는 보도도 있었다. 이 노동자들은 사내 하청일까? 당연히 '직접 고용'이다.

사실이 이렇다면 사내 하청을 전혀 활용할 수 없는 미국과 유럽 자본이 한국으로 들어와야 마땅하다. 그렇지만 상황은 정반대다. 한국에서 자유롭게 사내 하청을 활용하는 현대-기아차가 오히려 사내 하청을 쓸 수 없는 미국, 유럽, 남아메리카 등에 해외 공장을 짓고 있으니 말이다.

한국, 비정규직 차별 선진국

〈한·중·일 자동차산업의 고용관계 비교〉(《노동정책연구》 2006년 여름)에서 조성재 한국노동연구원 연구위원은 3개국 자동차 산업에서 정규직과 비정규직의 임금 격차가 한국만 유난히 크다고 밝혔다. 한국의 현대차, 중국의 상하이폴크스바겐, 일본의 도요타를 대상으로 한 방문 조사와 설문 조사 결과를 보면, 현대차 사내 하청의 임금은 정규직 1년 차 임금의 80퍼센트(기본급 기준)였다. 평균 임금을 기준으로 하면 67퍼센트에 그쳤다. 일본과 중국은 비정규직 임금이 정규직 1년 차하고 거의 같고 복리 후생이나 사회 보험 혜택만 조금 낮을 뿐이었다. 사내 하청을 쓰는 3개국 사이에서도 차별은 한국이 선두를 달리고 있다. 도대체 무엇이 '글로벌 트렌드'고,

그 트렌드를 따르지 않는 곳이 어디인지 되물어야 할 대목이 아닐까?

한국은 이런 차별적 사내 하청 제도를 수출하고 있다. 앞서 말한 대로 필리핀에 진출한 한진중공업은 사내 하청이라는 듣도 보도 못한 비정규직 고용 형태를 사용하는 한편, 한국의 건설업에서나 볼 수 있는 다단계 하청을 활용해 고용 불안을 조장하고 노조 탄압을 일삼았다. 필리핀 노동자는 다단계 하청의 밑바닥에서 출발해 몇 달에서 1년까지 별 탈 없이 일하면 한 단계 위의 하청이 될 수 있었다. 필리핀 노동법은 다단계 하청을 허용하지 않는데도 말이다. 맨 꼭대기로 올라가도 대부분 정규직이 아니라 1차 하청이며, 잦은 산재의 위협을 잘 피해야만 '살아남은 자'가 된다. '사내 하청 종합 백화점'인 한국의 제조업이나 건설업에서도 보기 어려운 고약한 형태다.

정리해고에 맞서 85호 크레인에 오른 한진중공업 해고자 김진숙 지도위원은 2003년에 같은 크레인에서 목을 맨 김주익 전 지회장 장례식 추도사에서 이렇게 말했다. "100만 원 주던 노동자 잘라내면 70만 원만 줘도 하청으로 줄줄이 들어오는 게 얼마나 신통했겠습니까?" 안타깝지만 그 말이 꼭 들어맞고 말았다. '신통해한' 쪽은 한진중공업 자본만이 아니었다. 미국과 유럽의 자본가들도 한국의 사내 하청 제도를 전해 듣고는 훌륭한 제도로 생각하기 시작했다. "정규직하고 똑같은 일을 시키면서 임금은 절반에다, 마음대로 자를 수 있고, 복지 혜택은 안 줘도 된다니!"

공황하고 함께 확산되는 '반값 노동자'

2008년 리먼 브라더스 사태를 계기로 세계 경제 위기가 시작되자 자본가들, 특히 가장 먼저 위기를 맞은 미국 자본가들이 노조를 협박하기 시작한다. "비정규직 제도를 도입하지 않으면, 저 아시아 업체들에게 경쟁력에서 뒤처지게 된다. 그럼 또 파산 위기에 몰리게 되고 공장을 폐쇄해야 한다. 그런 사태를 막으려면 비정규직을 도입할 수밖에 없다."

결국 전미자동차노조는 자본의 협박에 항복 선언을 하고 만다. 이른바 이중 임금제에 합의한다. 이 제도는 기성 노동자들에게 보장되는 단체 협약과 임금은 그대로 유지하되 앞으로 신규 채용할 젊은 노동자들은 '반값'으로 할인해 쓸 수 있게 하는 내용이 핵심이다. 이를테면 이중 임금제에 합의할 때 지엠의 노동자들은 시간당 평균 28달러의 임금을 받았다. 그런데 그 뒤로 신규 채용된 젊은 노동자들은 시간당 평균 14달러를 받게 됐다. 복지 혜택도 절반 수준으로 뚝 떨어졌다. 같은 공장에서 똑같은 일을 하는데 임금은 반값이요 복지 혜택도 절반인 노동자, 곧 미국판 사내 하청 제도가 생겼다.

이 제도는 곧바로 이웃한 캐나다로 확산됐다. 캐나다도 이중 임금제를 받아들이는데, 다만 신규 채용된 젊은 노동자에게 노동자 평균 임금의 60퍼센트를 보장하게 한 점에서 차이가 있다. 반값이나 60퍼센트나, 노동자의 권리를 지킨다는 허울 아래 젊은 노동자들의 권리를 빼앗기는 마찬가지였다.

완성차 업체들은 이 제도를 활용해 상상도 하지 못하던 일들을 실행했다. 그동안 미국에서는 중형차 아래의 세그먼트, 곧 에이세그먼트와 비세그먼트 소형차는 직접 생산하지 않았다. 현대-기아차로 따지면 엑센트나 프라이드급 자동차는 현지 생산보다는 다른 나라에서 만들어 미국에 수입하는 쪽이 더 이익이기 때문이었다. 그런데 이제 노동자 임금 비용을 줄일 수 있는 이중 임금제라는 길이 열렸다.

지엠은 곧바로 노조를 압박했다. 파산 보호 신청 때 폐쇄한 오리온타운십 공장을 다시 돌릴 테니 그곳에서 더 많은 '반값 노동자'를 사용할 수 있게 해달라고 말이다. 전미자동차노조는 결국 압박에 굴복했다. 오리온타운십 공장에서 60퍼센트에 이르는 노동력을 반값으로 쓸 수 있게 승인했다. 지금 이곳에서 만드는 차가 바로 쉐보레 소닉, 곧 한국지엠에서 만들어 미국에 수출하던 아베오다. 반값 노동자 덕에 미국 현지에서 만들어도 수지를 맞출 수 있게 됐다.

이중 임금제는 끝내 유럽에도 상륙했다. 2012년 말, 르노가 스페인 공장에서 노조의 양보를 얻어냈다. 르노 자본은 스페인 생산량을 40퍼센트 늘리는 대신 신규 채용하는 젊은 노동자의 임금을 기성 노동자의 73퍼센트까지 낮출 수 있게 하자고 요구했다. 한국에서 '88만원 세대'라는 말이 유행할 때 유럽에서는 '800유로 세대'라는 말이 나돌았다. 르노 바야돌리드 공장에 신규 채용된 젊은 노동자들은 월 800유로(110만 원 정도)를 받았다. 스페인에서도 드디어 800유로 받는 노동자들이 완성차 조립 업무에 투입되기 시작한 셈이었다.

이 바야돌리드 공장에서 생산하는 차종이 바로 한국에 수입되는 크로스오버 큐엠3다. 놀랍지 않은가? 한국에서 한 해에 2~3만 대 팔리는 차량이 유럽에서 수입되고 있다니 말이다. 미국과 유럽 자본가들까지 반값 노동자를 활용하기 시작하면서, 이제 사내 하청이라는 초과 착취 제도를 활용하는 한국 자본가들을 상대로 한 경쟁이 불붙었다.

미국과 유럽의 자본가들도 한국의 사내 하청 제도를 완전히 베낄 수는 없었다. '간접 고용'이라는 고용 형태는 자기들이 보기에도 아주 나쁜 제도였다. '반값 노동자'나 '이중 임금제 노동자'들은 어찌 됐든 자본가들이 직접 고용한다. 사내 하청 업체라는 이상한 중간 착취자를 등장시키지 않는다는 말이다. 한국의 사내 하청 제도가 얼마나 파렴치한 토종 특산품인지 보여주는 대목이다.

2장
그린 카 타고 그린 필드로
사라지는 노조와 증발하는 일자리

요즘 전세계 주요 자동차 메이커들은 '친환경 차', 이른바 '그린 카Green Car'
를 만드느라 열을 올리고 있다. 한국도 자동차 관리법이 개정돼 2010년부
터는 최고 속도 시속 60킬로미터 이하 도로에서는 전기차를 운행할 수 있
게 됐다. 그러나 자본가들이 꿈꾸는 '그린'은 '친환경'만 뜻하는 말이 아니
다. '기업 프렌들리', 곧 무노조 비정규직 공장을 함께 가리킨다.

시급 14달러 대 시급 3000달러

자동차 전문 잡지 《오토모티브 뉴스》에 따르면 지엠이 새로 만든 배터
리팩 조립 공장 노동자들은 전미자동차노조로 조직돼 있지 않다. 브라운
스타운에 있는 쉐보레 볼트의 리튬이온 배터리 공장은 지엠이 100퍼센트
출자한 자회사로, 2010년 1월 7일에 문을 연 뒤 지금은 시급제 노동자 25
명이 일하고 있다. 시급은 14달러. 의료 보험 같은 여러 혜택도 못 받는 비

정규직 노동자들이다. 미국 정치인들과 지엠 자본가들이 자동차 산업의 '청정한Green' 미래라고 목놓아 외치는 일자리의 실상이다.

지난 세기 지엠은 전미자동차노조가 강력히 조직된 디트로이트를 비롯한 미국 북부에서 무노조 지대인 남부로 공장을 옮겼다. 그때부터 앨라배마 주를 중심으로 한 남부는 자본가들의 '그린 필드Green Field', 곧 무노조 지대로 칭송받았다. '그린'은 '무노조'였다.

2010년 2월 19일, 지엠은 프리츠 헨더슨 전 시이오가 연말까지 자문으로 회사에 복귀한다고 발표했다. 헨더슨이 받는 임금은 한 달 내근 20시간을 전제로 월 6만 달러, 다시 말해 시급 3000달러다. 헨더슨은 누구인가? 2009년까지 지엠의 시이오를 지낸, 지엠 파산의 원흉이다. 브라운스타운에 무노조 비정규직 공장을 만들어 쉐보레 볼트의 배터리를 생산하기로 결정한 헨더슨이 비정규직 노동자들보다 200배나 많은 시급을 받으며 화려하게 복귀했다.

자본가들이 말하는 '친환경'은 '무노조'다. 노조가 깨끗한 환경을 파괴하는 존재라고 부르짖는 이들이야말로 오물과 악취가 진동하는, 부조리와 부정으로 가득찬 폐기물들이 아닐까?

늘어나는 물량, 증발하는 일자리

세계적 수준의 물량 경쟁이 벌어지면서 물량은 노동조합이 가장 많이 양보한 곳, 판매량이 늘어나는 곳, 비용이 덜 드는 곳으로 이동한다. 물량을 빼앗기는 공장에서는 어김없이 정리해고가 실시되고, 인력이 감축되며,

심할 때는 공장 폐쇄로 이어진다. 물량을 유치하는 곳은 그만큼 일자리가 늘어날까?

물량을 옮기면서 자본가들은 가끔씩 새 공장을 짓기도 하고, 생산 능력을 키워 교대조를 추가하거나 신규 고용을 늘리기도 한다. 그러나 일자리는 늘어나거나 유지되지 않고 오히려 줄어든다. 물량이 옮겨다닌다고 해서 일자리도 같이 옮겨다니지는 않는다. 물량을 유치한 곳에서 장시간 노동을 해 일자리를 흡수하거나 노동 강도를 극단으로 늘려 일자리가 증발해버린다. 생산량이 줄어들 때 잘려 나간 노동력 규모는 생산량이 이전 수준을 회복하더라도 결코 되돌아오지 않는다. 자본가들은 더 적은 인원으로 더 많은 생산량을 뽑아내라고 요구할 뿐이다.

생산 공장을 그린 필드, 곧 무노조 지역으로 옮기는 자본의 전략도 똑같은 결과를 낳는다. 노조가 없는 저임금 지대로 옮긴 공장은 일자리가 훨씬 줄어든다. 2013년 3월, 지엠은 미국 플린트 엔진 공장에서 만들던 뷰익 앙코르 1.4리터 가솔린 엔진 생산 물량을 한국지엠으로 옮긴다면서 104명을 정리해고했다. 뷰익 앙코르를 한국에서 만들어 미국에 수출하고 있으니 엔진도 한국에서 만들어야 한다는 논리였다.

한국에서는 104명이 새로 고용됐을까? 한국지엠 엔진 공장은 단 한 명의 고용도 늘어나지 않았다. 그 정도 물량은 잔업과 특근 몇 번 더 시키면 된다. 한국의 장시간 노동 시스템 덕에 일자리 104개는 태평양을 넘어오는 사이 증발하고 말았다.

2010년 글로벌 지엠은 벨기에 안트베르펜 공장을 폐쇄했다. 이곳에서 만들 예정이던 차량은 한국지엠의 부평 1공장으로 옮겨 생산되고 있다. 바로 쉐보레 트랙스, 오펠 모카, 뷰익 앙코르 등 세 브랜드로 생산되는 감마 에스유브이 크로스오버다. 벨기에 공장이 폐쇄되면서 해고된 노동자는 2600명에 이른다. 부평 1공장으로 생산 물량이 옮겨오면 적어도 몇 백 명은 고용이 늘어나야 정상이다. 그렇지만 플린트 엔진 공장 사례처럼 단 한 명의 고용도 늘어나지 않았다.

부평 1공장은 잔업과 특근을 몰아쳐 가동률 100퍼센트를 넘겼고, 차세대 크루즈 생산에서 배제되면서 물량이 준 군산 공장의 인력을 조금 전환 배치해 생산 능력을 늘렸다. 부평 1공장만 보면 노동자 수가 늘었지만, 한국지엠 전체로 보면 단 한 명의 고용도 늘어나지 않았다. 유럽과 한국 사이에 생산 물량이 대륙을 넘나들며 이동했지만, 2600명의 고용만 공중으로 증발하고 말았다.

고용 없는 성장 — 쌍용차와 글로벌 지엠

쌍용차의 연도별 총생산량과 직원 수를 살펴보자(총생산량은 자동차 산업협회 《통계월보》를, 직원 수는 쌍용차가 공시한 각 연도별 사업보고서를 사용했다. 다만 2014년의 경우 생산량은 회사 목표치고 직원 수는 2013년 수치다). 2004년과 2013년을 비교하면 놀라운 사실을 알 수 있다. 인원이 3000여 명이나 줄었는데 더 많은 차량을 뽑아냈으니 말이다. 현장 노동자들이 골병들지 않을 수 없다. 몸에는 파스 냄새가 진동한다. 내 돈 내고 바깥 병원에서 진료 한 번 받아보지 않은 이가 있을까? 사내 병원과 한의원 물리치료실은 늘 대기자가 넘친다. 인원을 늘려야 한다는 목소리는 많지만, 쌍용차는 2009년 정리해고 얘기를 꺼내며 버티라는 말만 한다.

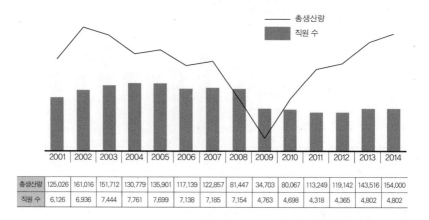

쌍용차의 연도별 총생산량과 직원 수

	2001	2002	2003	2004	2005	2006	2007	2008	2009	2010	2011	2012	2013	2014
총생산량	125,026	161,016	151,712	130,779	135,901	117,139	122,857	81,447	34,703	80,067	113,249	119,142	143,516	154,000
직원 수	6,126	6,936	7,444	7,761	7,699	7,138	7,185	7,154	4,763	4,698	4,318	4,365	4,802	4,802

연도별 지엠의 각 사업부별 노동력 변화 추이
(단위: 천 명)

총노동력
243
215
202 207 213 219

북미
116
103 96 98 101 109

IO&남미
70 62 63 67 71 69

유럽
55 50 40 39 37 35

| 2008 | 2009 | 2010 | 2011 | 2012 | 2013 |

2014년 생산 목표치는 전년보다 1만 2000대가 많은 15만 4000대였다
(실제 판매량은 반조립 제품 포함 14만 1000대다). 죽도록 일만 하라는 얘
기나 다를 게 없다. 노폐물과 병균처럼, 지나친 노동 강도와 피로는 증세가
단번에 나타나지 않고 천천히 몸을 갉아먹는다. 장시간 고강도 노동 덕에
생산 물량은 크게 늘었지만, 노동자 고용은 거의 늘지 않았다.

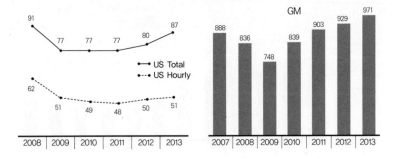

전세계 지엠 노동자 수

지엠이 해마다 발표하는 실적 자료에 나온 수치를 바탕으로 전세계 지엠 노동자의 수를 연도별로 살펴보자. 지엠의 총생산량과 판매량은 2011년에 이미 2007년 수준을 넘어섰는데, 노동자 수는 2008년 수준에 훨씬 못 미친다. 훨씬 적은 인원으로 더 많은 차량을 뽑아내고 있다. 북아메리카는 2008년 위기 때 2만 명이 한꺼번에 줄었다가 조금씩 회복되고 있지만, 유럽은 계속 줄어드는 중이다. 속도 차이만 있을 뿐 북아메리카와 유럽에서 노동자들이 겪는 고통의 크기는 거의 비슷하다.

지엠이 미국에서 고용하고 있는 노동자 수와 그중 생산직 노동자의 수의 변화를 살펴봐도 마찬가지다. 노동자 수는 2008년 수준을 거의 회복한 듯하지만 생산직 노동자 수는 거의 늘지 않았다. 다른 대륙에서 맡고 있던 업무를 글로벌 본사 쪽으로 끌어오면서 사무직 노동자 수만 늘어났다. 공장에서 자기 손으로 차를 만드는 사람들의 일자리는 '증발'하고 말았다.

3장
쓰레기통에서 핀 장미
비정규직 확산 전략에 건 브레이크

2010년 7월 22일에 대법원은 현대차 사내 하청이 '불법 파견'이라고 판정하고, 파견법에 따라 고용된 지 2년이 지난 시점부터 현대차가 직접 고용했다고 봐야 한다는 요지의 판결을 내렸다. 2004년 5월 27일에 비정규직 노동자들이 불법 파견을 집단 진정한 지 6년 만에 나온 결정이다.

쓰레기통 뒤져 찾아낸 증거들

2004년 초 금호타이어의 정규직과 비정규직이 공동 투쟁을 벌여 300명 가까운 비정규직 노동자가 정규직이 되자, 현대자동차 울산 공장과 아산 공장의 비정규직 노조들도 그동안 준비하던 불법 파견 집단 진정에 속도를 냈다.

법적 지원을 받기 어려운 조건에서 현대차 비정규직 노조들은 간부들 스스로 공부하고 현장에서 증거를 찾느라 발로 뛰어야 했다. 조합원이 자

2004년 현대차 비정규직 조합원들은 공장 쓰레기통
을 뒤지며 스스로 불법 파견의 근거를 찾아 나섰다.

기가 일하는 컨베이어 벨트 라인의 구조를 그려보는 일을 가장 먼저 시작
했다. 자동차 조립은 라인 양쪽에서 작업을 해야 한다. 그런 라인에 정규
직과 비정규직이 섞여 있는지, 공정 순서에 따라 정규직과 비정규직이 섞여
있는지를 조사했다.

울산 5공장 비정규직 조합원들부터 시작한 이 조사 사업은 폭발적인
관심을 불러일으켰다. 조합원들은 야간 노동을 마친 오전에 노조 사무실
로 모였다. 며칠 동안 조사해 수첩에 괴발개발 적어놓은 메모를 바탕으로
백지에 금을 그어가며 공정표를 그렸다.

"꼭 입시 수험생들이 드나드는 도서관 같네요."

비지땀을 흘리며 공정표 하나가 완성되면, 다른 라인에서 일하던 비정
규직 노동자들까지 모여들어 흥미진진한 토론이 이어진다.

"우리 라인에서는 정규직들도 같이 로테이션(공정 순환)을 도는데, 여기는 안 그런가 봐요?"

"우리는 공정 개선반인데요. 정규직들이 월차나 산재, 휴직 등으로 사고가 생기면 그 자리에 땜빵을 나가요. 출근해서 대기하고 있으면 원청 반장이 와서 너는 여기고 너는 저기 하는 식으로 작업을 배분하죠."

"제가 일하는 공정은 반대쪽 조에서는 정규직이 작업하고 있어요."

평범한 조합원들은 한발 더 나아가 현장에서 증거물을 찾기 시작했다.

"우리 라인 작업대에는 두루마리 휴지에도 '현대자동차'라고 찍혀 있는데, 이건 증거가 안 될까요?"

그러던 어느 날 한 조합원이 회사 쓰레기통에 있던 종이 뭉치를 들고 왔다.

"혹시 이 사양지들도 증거가 되지 않을까 해서……."

사양지란 작업하는 차량마다 엔진 부품은 뭘 끼워 넣고 헤드 라이닝은 뭘 달아야 하는지 등을 적은 문서다. 정규직이건 비정규직이건 각 차량마다 보닛 안쪽에 붙여놓고 보면서 작업하게 돼 있다. 그 사양지 맨 위쪽에는 '(주)현대자동차'라는 글씨가 선명하게 박혀 있었다. 그 쓰레기 종이 뭉치를 본 다른 조합원이 묻는다.

"그럼 서열지들도 가져와 볼까요?"

서열지란 하루에 작업하는 차량들에 차례대로 들어가야 할 부품들을 적어놓은 문서로, 각 공정별로 매일 나온다. 이를테면 미러를 다는 공정에서 일하는 노동자에게 '이번 차량은 내수용이고 다음 차량은 북미 수출용, 그다음 차량은 유럽 수출용이니, 각각 순서대로 이 부품과 저 부품을 장착하라'고 쓴 종이 쪼가리다. 마찬가지로 정규직이건 비정규직이건 모든 노동자는 서열지에 따라 이런저런 부품들을 차례대로 달게 되는데, 서열지 맨 위쪽에는 'HMC'(현대자동차 영어 줄임말)라는 글씨가 적혀 있었다.

어차피 노동부나 검찰이 불법 파견을 조사하면 현대자동차 사측 관리자는 모두 작업 지시를 한 적이 없다고 잡아뗄 게 분명했다. 비정규직 노동자들은 고된 노동을 하는 사이에도 그런 거짓을 밝혀줄 증거를 찾아냈다. 아무리 지우려 해도 지울 수 없는 근거들이기 때문이었다.

평조합원들은 그토록 열정적이고 확신에 차 있었다. 쓰레기통에서 무슨 기밀문서를 가져온 게 아니었다. 하루에도 몇 만장씩 찍혀 나오는, 그래서 아무도 주목하지 않았고, 당연히 매일 수만 장씩 쓰레기통에 처박히는 자료들을 들고 왔다. 그만큼 현대자동차 생산 현장은 어떻게 해도 숨길 수 없는 불법 파견의 온상이었다.

진정서의 모범, 투쟁의 전범

조합원들은 날마다 자기가 일하는 라인의 현장 흐름도를 그렸고, 현장에서 아주 자연스럽게 벌어지는 일들을 생생하게 전달했다. 평조합원들의 진술과 쓰레기통을 뒤져 찾아낸 증거들을 기반으로 쓴 〈현대자동차 불법 파견 진정서〉는 지금도 불법 파견을 투쟁을 벌이는 이들에게 진정서의 모범으로 쓰인다.

2010년 7월 22일에 대법원이 원심(지노위, 중노위, 행정법원, 고등법원) 판결을 뒤집고 현대자동차 사내 하청을 불법 파견이라고 본 근거의 핵심에는 평조합원들이 작성한 라인 흐름도를 비롯해 이런저런 사양지와 서열지가 있었다. 현대자동차라는 공룡 대기업이 저지른 엄청난 방해 공작과 탄압에 맞서 평범한 비정규직 노동자들이 거둔 위대한 승리다. 대법원이 판결의 근거로 든 핵심 요지 5가지 중 굵은 글씨로 표시한 부분이 바로 쓰레기통에서 찾아낸 조립 작업지시서, 부품식별지, 사양지를 뜻한다.

첫째, 현대자동차의 자동차 조립과 생산 작업은 대부분 컨베이어 벨트를 이용한 자동 흐름 방식으로 진행됐는데, 사내 하청 노동자들은 컨베이어 벨트를 이용한 의장 공정에 종사하고 있다.

둘째, 사내 하청 노동자들은 컨베이어 벨트 좌우에 정규직 노동자들과 혼재 작업을 하고 있고, 현대차 소유의 생산 관련 시설, 부품, 소모품 등을 사용해 작업을 하며, **현대차가 미리 작성해 교부한, 부품의 식별 방법과 작업 방식 등을 지시하는 각종 작업지시서 등에 따라 단순하고 반복적인 업무를 수행했다.** 사내 협력 업체의 고유 기술이나 자본 등이 업무에 투입되지는 않았다.

셋째, 현대차는 사내 하청 노동자들에 관한 일반적인 작업 배치권과 변경 결정권을 갖고 있고, 사내 하청 노동자들이 수행할 작업량과 작업 방법, 작업 순서 등을 결정했다.

넷째, 현대차는 정규직과 비정규직을 포함한 모든 노동자들을 대상으로 시업과 종업 시간의 결정, 휴게 시간의 부여, 연장 근로와 야간 근로 결정, 교대제 운영 여부, 작업 속도 등을 결정했다. 또 현대차는 정규직에게 산재나 휴직 등의 사유로 결원이 발생하는 경우 사내 하청 노동자가 그 결원을 대체하게 했다.

다섯째, 현대차는 사내 협력 업체를 거쳐 사내 하청 노동자들의 근태 상황과 인원 현황 등을 파악하고 관리했다.

2004년 12월 평범한 조합원들이 노동부를 상대로 1만여 명에 이르는 현대자동차 사내 하청 노동자 전원에 해당하는 불법 파견 판정을 끌어냈다. 그렇지만 그 뒤 그 조합원들의 삶은 전혀 평범하지 않았다.

불법 파견 판정 뒤 불법을 고치고 정당한 교섭 요구에 응하라는 요구를 내걸며 현대자동차 원청을 상대로 투쟁했지만, 죽지 않을 정도의 몽둥이찜질, 구속, 수배, 해고, 고소, 고발, 손배 가압류, 각종 가처분만 돌아왔을 뿐이다.

불법적인 파견 노동인 만큼 더는 불법 노동을 제공할 수 없다며 2005년 1월 18일에 울산 5공장 비정규직 노동자들이 파업과 농성에 들어가면서 울산 공장 전체에서 '불법 파견 정규직화'의 바람이 불기 시작했다. 불법을 시정하라는 요구를 내건 비정규직 노동자 100여 명이 2월 초에 해고됐고, 설 휴가를 앞둔 때 투쟁을 진두지휘하던 현대차 비정규직노동조합 안기호 초대 위원장이 현대차 원청 관리자들에게 두들겨 맞고 납치돼 경찰에 구속되는 사건도 벌어졌다.

2005~2006년에만 불법 파견 투쟁으로 비정규직 노동자 10여 명이 구속됐고, 현대자동차 원청은 비정규직 노동자들을 상대로 수백 억 원대의 손해 배상 소송을 제기했다. 비정규직 노조 조합비 가압류도 원청이 직접 수행했고, 여러 형사 고소나 고발은 물론 출입 금지 가처분, 퇴거 단행 가처분, 집회 금지 가처분, 업무 방해 금지 가처분 등 이런저런 가처분 소송도 모두 현대자동차(주)가 제기했다. 하청 업체는 오직 해고통지서를 보낼 뿐 자기 손으로 탄압도 하지 못하는 '바지사장'이었다.

현대차 노동자들은 원하청공동투쟁위원회를 꾸려 불법 파견
철폐를 요구했다(사진: 현대차지부).

2005년 9월 4일, 현대자동차 울산 2공장에서 비정규직노조
조합원으로 활동하던 류기혁 씨가 노조 사무실 옥상에서 목
을 매 자결했다(사진: 현대차 비정규직지회).

돌아오는 것은 구타와 해고뿐

급기야 2005년 9월 4일, 현대자동차 울산 2공장에서 비정규직 노조 조
합원으로 활동하다가 업체 관리자들의 횡포와 왕따에 시달리던 류기혁
열사가 비정규직노조 사무실 옥상에서 목을 매 자결하는 사건이 벌어졌
다. 이 사건은 불법 파견 투쟁을 벌이던 비정규직 조합원들의 가슴에 지울
수 없는 멍자국을 남겼다. "우리는 단지 불법을 시정하라고 싸웠을 뿐인
데……."

2006년에도 불법 파견 투쟁은 이어졌지만, 원청 현대차가 휘두르는 엄청난 탄압에 시달려야 했다. 새로 조직된 전주 공장 비정규직 노동자들이 파업을 벌이자 원청 관리자들이 대체 인력으로 투입되기도 했다. "자기네(원청)들은 우리랑 아무 관계가 없다더니……." 누려야 할 권리는 모조리 누리면서 져야 할 책임은 하나도 지지 않아도 되는 원청 자본, 바로 그런 어처구니없는 상황이 한국 대표 대기업인 현대차의 사내 하청 제도, 아니 이 땅 모든 하청 노동자의 삶이었다.

현대차의 명명백백한 불법 파견 행위에 검찰은 면죄부를 주고 말았다. 2004년 12월 노동부가 1만여 명에 이르는 현대자동차 사내 하청 전체를 불법 파견으로 판정하고 검찰에 고발했지만, 검찰은 불법 파견 판정이 난 지 2년이나 지난 2007년 1월 3일에 '혐의 없음'이라는 결정을 내렸다. 주무 부서인 노동부가 '불법'이라고 판정했는데도 2년(직접 고용이 간주되는 바로 그 기간 2년!) 넘게 질질 끌다가 '혐의 없음'이라는 청천벽력 같은 결정을 내리고 말았다.

마약 굴에서 마약 하면 합법?

울산지방검찰청 공안부가 불기소 처분을 내린 핵심 근거 중에는 이런 말이 있었다. "현대자동차(주)에서는 작업 표준서나 조립 작업 지시표를 준수하도록 각 사내 협력 업체 소속 근로자들에게 요구하고 있으나, 이는 컨베이어 시스템에 의한 자동차 조립 업무의 특성에 의하여 계약의 구체적인 이행 사항 등을 기재한 것일 뿐이다."

'12·12 쿠데타 불기소 처분'에 견줄 만한 일이었다. 검찰이 제시한 논리에 따르면 사양지, 서열지, 작업지시서 등을 현대차가 만들어 사내 하청 노동자들에게 준 행위는 컨베이어 시스템에 따른 자동차 조립 업무의 특성 탓에 어쩔 수 없는 일이다. 그렇다. 옳은 말이다. 컨베이어 시스템에 사내 하청을 투입하면 어쩔 수 없이 원청이 직접 업무를 지시하고 관리할 수밖에 없다. 바로 그렇기 때문에 불법 파견이라는데, 결론은 그 특성 덕에 불법 파견이 아니라니?

검찰의 논리는 마약 굴에서 살게 되면 어쩔 수 없이 마약을 하게 되니 불법은 아니라는 말하고 똑같다. 컨베이어 시스템이 어떻게 해도 불법 파견을 피할 수 없게 설계된 만큼 여기에 사내 하청을 투입한 행위는 불법이 아니라는 논리다. 누가 봐도 '혐의 없음'이라는 결론을 정해놓고 궁색한 논리를 끌어들인 결정이었다. '삼성 장학생', '현대차 장학생', '스폰서 검찰'이라는 비난이 괜히 나오지 않았다. 이런 얼토당토않은 결정을 내린 이들이 바로 촛불 시위를 때려잡고 노동자 투쟁을 분쇄하는 데 앞장선 '대한민국 검찰 공안부'였다.

대법원 판결은 다시 한 번 평범한 노동자들의 상식을 확인해줬다. "원고들이 수행하는 업무의 특성 등을 고려하면, 사내 협력 업체의 현장 관리인 등이 원고들에게 구체적인 지휘 명령권을 행사하였다 하더라도, 이는 도급인(현대자동차)이 결정한 사항을 전달한 것에 불과하거나, 그러한 지휘명령이 도급인 등에 의해 통제되어 있는 것에 불과하다."

검찰이 내건 논리하고 정반대로 '업무 특성'을 고려할 때 현대차 컨베이어 시스템에서 불법 파견을 피해갈 방법이 전혀 없다고 못박았다. 아울러 2010년 대법원 판결에 따르면 사내 하청 업체 사장이나 관리자는 사실상

원청인 현대차의 지침을 전달하는 구실만 하고 있다. 사내 하청 업체들은 뚜렷한 실체가 없거나 현대차의 한 부서가 돼 손발 같은 노릇을 한다. 따라서 현대차 사내 하청은 '불법 파견'보다는 '위장 도급'이며, '고용 기간 2년 이상'이라는 기준에 관계없이 처음 입사할 때부터 현대차에 직접 고용됐다고 봐야 한다. 2010년 7월 22일 대법원 판결은 이런 점에서 아쉽다.

어느 계급의 법과 원칙

2004년 5월 27일, 현대차 울산 공장과 아산 공장 비정규직 노동자들이 노동부에 불법 파견 집단 진정을 제기한 지 6년이 넘어서야 대법원 판결이 나왔다. 그사이 수백 명 아니 수천 명의 비정규직 노동자가 잘려 나갔고, 구속, 수배, 손배 가압류로 고통받았다. 2명은 목을 매 스스로 목숨을 끊어야 했다. 2명은 제발 그만 때리고 그만 탄압하라며 자기 몸에 불을 댕겨야 했다. 노동자들에게 '법'은 너무 가혹하다.

자본가들이 어떤 노동자를 부당 해고하면 해고의 효력은 무조건 그 시점부터 발생한다. 노동자는 대법원에서 확정 판결이 나기 전에는 결코 복직되지 않고 임금 한푼 받지 못한다. 노동부와 검찰이 '불법 파업'이라는 낙인을 찍으면 곧바로 공권력이 투입되고 지도부가 구속되며 파업은 분쇄된다. 그 파업이 '합법'이라는 사실을 대법원에서 인정받기 전에는 노조가 하는 모든 행위가 불법으로 여겨지고 보상도 받지 못한다. 노동부의 '불법 파견' 판정에도 현대차는 지난 10년 동안 아무 제재 없이 사업을 해왔다. 파견법에 따르면 노동부 장관은 '불법 파견' 판정 업체에 폐쇄를 명할 권한이 있지만, 그런 일은 한 번도 벌어진 적이 없다. 제재는커녕 1만 명에 이르는 불법 파견 사내 하청의 노동을 계속 착취했다.

대법원 판결이 난 뒤에도 검찰이 현대차의 불법 행위를 수사한다는 소식은 들리지 않는다. 노동자에게 '법'은 정말 잔인하다. 자본가의 불법 파견을 대법원 판결이 날 때까지 내버려두려면, 노동자 해고도 대법원 판결이 날 때까지 효력을 멈춰야 마땅하다. 노조 파업도 대법원이 '불법'이라고 확정 판결할 때까지는 탄압하지 말아야 마땅하다.

끝날 때까지는 끝난 게 아니다

10년 넘게 싸워왔지만, 그 과정에 이런저런 합의가 있었는데도 온전한 정규직 전환을 얻어내지는 못했지만, 지난 10여 년을 돌아보면 자본의 처지에서도 결코 이긴 싸움이 아니다. 사내 하청이 생기게 된 배경을 돌아보면 더욱 그렇다. 아이엠에프 외환 위기 직후 도입된 정리해고제, 그 첫 전투는 현대자동차에서 치러졌다. 정리해고, 무급 휴직, 권고 사직, 희망 퇴직으로 1만 명이 넘는 노동자가 길거리로 내몰리고 말았다. 정리해고 사태가 있은 지 1년도 채 되지 않아 현대자동차 생산 물량은 빠르게 늘어난다. 회사가 어려워서 인원을 줄여야 한다고 말할 때는 언제고!

애초 예정보다 빨리 무급 휴직자들이 현장에 복귀했지만, 늘어난 생산 물량을 소화하려면 훨씬 많은 인원이 필요했다. 신규 채용은 현대차 처지에서는 결코 쓰면 안 될 수였다. 정리해고 뒤 겨우 일이 년 만에 신규 채용을 하면 정리해고 자체의 부당성을 인정하는 꼴이었다. 회사는 노조를 구슬리기 시작했다. 정리해고자들까지 복직시키면서 명분을 쌓았다. 주식도 나눠주고 온갖 사탕발림으로 구워삶았다. 2000년 임금 협약과 단체 협약에서 마침내 회사는 노조의 양보를 끌어낸다. 이름하여 '완전 고용 합의서.'

합의서의 제목과 내용은 딴판이었다. '완전 고용'은 정규직 노동자에게만 적용됐다. 정규직 노동자의 고용은 보장하되 정규직 규모의 16.9퍼센트까지 사내 하청 비정규직을 써도 좋다는 합의를 노동조합이 해줬다. 고용 안전판으로 사내 하청을 활용하자는 합의였다. 정말 거짓말처럼 한 해에 수천 명씩 사내 하청 노동자가 늘어나기 시작해, 2003년에 이르면 사내 하청 규모가 1만 명을 넘어선다. 1998년 정리해고와 권고 사직 등으로 쫓아낸 1만 명하고 일치한다. 정규직을 쫓아낸 자리에 저임금과 고용 불안에 시달리는 사내 하청 비정규직을 투입한 셈이다. 현대차 자본은 속으로 쾌재를 불렀다. 정규직 노동자들은 비정규직을 안전판으로 생각해서 더 고분고분해질 테고, 판매량에 따라 비정규직 규모를 늘리거나 줄이면 생산 유연성도 확보할 수 있으니 말이다.

자본은 복병을 만났다. 6개월마다 계약을 갱신하게 하면 사내 하청 노동자들이 저항하지 못한다고 생각했는데, 그런 믿음이 깨지고 말았다. 그 믿음이 깨지게 한 쪽은 자본가들 자신이었다. 2003년 3월, 현대차 아산 공장에서 사내 하청 노동자가 월차 하나 쓰려다가 관리자에게 식칼로 아킬레스건을 난자당하는 천인공노할 테러가 벌어졌다. 이 사건을 계기로 현대차 아산 공장에 사내 하청 노조가 만들어지고, 몇 달 지나서 현대차의 심장부라 할 수 있는 울산 공장에 비정규직 노조가 건설됐다. 노조는 그 뒤 1년도 채 되지 않아 '불법 파견 집단 진정'이라는 방식으로 현대차 자본을 직접 상대하고 나섰다.

비정규직 수출, 비정규직 투쟁 수출

10여 년에 걸친 싸움의 결과로 몇몇 사내 하청 노동자들이 신규 채용 형식으로 정규직이 되기도 했지만, 전체적으로 보면 아직 사내 하청 노동자들이 의미 있는 승전보를 전하고 있지는 못하다. 그사이 비정규직 제도는 전세계로 수출되고 있다. 이른바 이중 임금제라는 이름 아래 미국으로, 캐나다로, 스페인으로 반값 노동자가 확산되고 있다. 정규직 노조 지도부는 비정규직 확산을 합의하면서 조합원의 권리만 지키려 했을 뿐 노동 계급 전체가 단결해야 한다는 원칙은 배신했다.

이렇게 끝인 걸까? 그렇지 않다. 2000년에 현대자동차 노동조합이 16.9퍼센트의 사내 하청 투입에 합의했을 때도 많은 이들이 노동운동이 너무 타락했다고 진단했다. 그렇지만 겨우 3년 만에 비정규직 노동자들 스스로 조직화하고 투쟁에 나서며 반격이 시작됐다. 미국으로, 캐나다로, 스페인을 비롯한 유럽으로 비정규직이 확산되고 있지만, 그곳 자본가들도 똑같은 복병을 만나게 된다. 비정규직을 확산시킨다는 말은 그만큼 노동자 규모를 늘린다는 뜻이다. 노동자들은 모여 있으면 자신감을 갖게 되고, 아무리 나쁜 환경이더라도 연대해서 권리를 주장하려 일어선다.

2010년 7월 22일 대법원 판결은 자본이 비정규직 노동자들의 자주적 운동을 짓밟으려 해도 노동자들은 결코 쓰러지지 않는다는 사실을 보여줬다. 신규 채용 방식을 합의한 뒤에도 신규 채용이나 정규직화에서 배제된 2차, 3차 하청 노동자들이 대거 비정규직 노조에 합류하며 2차전, 3차전을 벌이고 있다. 아직까지 눈에 띄는 성과를 남기거나 승리를 거두지 못했지만, 자본가들도 사내 하청을 활용해 얻으려던 성과를 챙기지 못했다. 대신 비정규직 노동자들이 뭉쳐서 싸울 수 있다는 값진 경험과 역사는 남았다. 비정규직을 활용하고 착취하는 방식에서 세계 최첨단을 달려온 한국 자본주의는 전세계로 이런 고용 형태를 수출까지 하는 상황이지만, 비정규직 노동자 자신의 조직화와 투쟁도 함께 낳았다. 이런 값진 경험과 역사도 전세계로 수출해야 한다.

5부

깨어진 신화
안전한 자동차는 없다

자동차 한 대를 조립하는 일에는 세계적 수준의 노동이 결합돼야 한다. 먼저 오스트레일리아나 남아메리카나 아프리카의 광산 노동자가 철광석 원료를 캔다. 드넓은 바다를 넘나드는 운송 노동자들이 철광석 원료를 배에 실어 보낸다. 한국 제철소의 고로에서 녹인 철광석을 철강 노동자들이 차량용 철판으로 가공한다. 세계 각국의 연구소에서 디자인과 엔지니어링을 맡는 노동자들이 차량을 설계하고, 태국과 인도 등의 전자 산업 노동자들이 대시보드 계기판, 오디오와 음향 설비, 내비게이션 등 전자 제품을 만든다. 마지막으로 완성차 조립 공장에서 집단 노동을 거쳐 조립된 자동차에 두바이산 원유를 가공한 연료를 넣는다.

1장

600원, 사람 잡다
이윤 내는 지름길만 찾는 자동차 산업

차 키를 고정하는 힘이 부족해서

57센트. 여러 생명을 대가로 차 1대당 아낀 돈이 57센트다. 지엠은 한국 돈으로 600원을 아끼려고 차량 결함을 쉬쉬해왔다. 문제는 점화 스위치에 있었다. 스위치에 키를 꽂아 차에 시동을 걸 때 키를 고정하는 힘이 부족했다. 요즘이야 스마트 키를 쓰는 차도 많고 스위치 하나로 시동을 거는 시스템도 흔하지만, 2000년대 초반만 해도 대부분 열쇠하고 닮은꼴인 키를 썼다.

자동차 키에는 으레 열쇠고리를 달아 다른 열쇠들을 주렁주렁 달고 다닌다. 그런데 스위치가 키를 고정시키는 힘이 부족하다 보니 운전자가 따로 조작하지 않았는데도 열쇠 무게를 이기지 못하고 시동 상태에서 액세서리 모드나 시동 꺼짐 모드로 바뀔 가능성이 있었다. 그렇게 되면 운전 중에 엔진이 꺼지거나 에어백을 비롯한 전기 장치들이 작동하지 않을 수 있다. 결국 이런 결함이 원인으로 의심되는 사고가 일어나 사망자가 13명이나 생

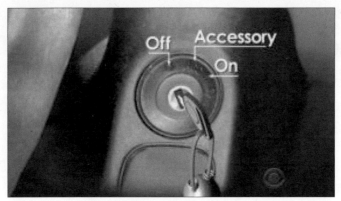
유튜브에 올라온 《시비에스》 뉴스 동영상 중 한 컷.

졌고, 이런저런 충돌 사고로 부상을 입은 이들도 많다.

지엠의 경영진이 2001년, 곧 문제가 된 차량들이 출시되기 전 개발 단계부터 점화 장치 결함과 불량 사실을 알고도 은폐한 사실은 더욱 괘씸하다. 점화 장치 결함 탓에 2014년 2~3월에 리콜된 차량만 260만 대에 이르니, 수백만 명의 생명이 고장 난 점화 스위치에 내맡겨져 있던 셈이다. 미국 상원과 하원 청문회에 불려 나간 지엠의 시이오 매리 바라가 낸 자료에 따르면 결함 있는 점화 장치들을 문제 없는 부품으로 교체하는 데 드는 비용은 고작 57센트였다.

아예 안 만들거나 대충 만든 소형차

미국 자동차 메이커 빅 3의 2000년대 초반 상황을 보면 이번 사태의 이면을 다른 각도에서 읽을 수 있다. 지엠이 미국 시장에 출시한 승용차들을

지엠이 미국 시장에 출시한 승용차

	2001	2002	2003	2004	2005	2006	2007	2008	2009	2010	2011	2012	2013	2014
소형 스포츠카							새턴 스카이			2010년 새턴 브랜드 소멸				
						폰티악 솔스티스				2010년 폰티악 브랜드 소멸				
소형차 &경차									폰티악 G3	2010년 폰티악 브랜드 소멸				
	지오 메트로												쉐보레 스파크	
				쉐보레 아베오								쉐보레 소닉		
													캐딜락 ATS	
														캐딜락 ELR
	쉐보레 프리즘										쉐보레 볼트			
						쉐보레 HHR								
컴팩트카	쉐보레 카발리에				쉐보레 코발트						쉐보레 크루즈			
												뷰익 베라노		
	새턴 S 시리즈		새턴 이온					새턴 아스트라		2010년 새턴 브랜드 소멸				
	폰티악 선파이어						폰티악 G5			2010년 폰티악 브랜드 소멸				
			폰티악 바이브											
	폰티악 그랜앰				폰티악 G6									

미국 현지에서 생산돼 미국 시장에 판매된 차량
미국 현지에서 생산 차량 중 최근 점화 장치 불량 리콜 차종
외국에서 수입해 미국 시장에 판매된 차량
2009년 파산 보호 신청 뒤 소멸된 브랜드

연도별로 살펴보면 중요한 특징이 드러난다.

2000년대에 지엠은 쉐보레, 캐딜락, 뷰익, 새턴, 폰티악 등 승용차 관련 브랜드를 5개 갖고 있었다. 이 중 새턴과 폰티악은 2008년 금융 위기와 2009년 파산 보호 신청 사태를 거치며 2010년에 브랜드 자체가 사라졌다. 이미 살펴본 대로 2003~2009년 사이 미국에서는 소형차와 경차를 거의 생산하지 않았으며, 한국의 준중형에 해당하지만 미국에서는 소형차로 분류하는 콤팩트 카도 중형차나 대형차에 견줘 생산 차종이 훨씬 적었다.

소형차만 따로 뽑아서 보자. 소형차, 경차, 콤팩트 카에다 스포츠카 중

에서 소형차를 추가하면 된다. 스포츠카 중에서는 중대형에 들어가는 캐딜락과 쉐보레 카마로와 콜벳을 빼면 된다.

여기서 더 놀라운 사실을 확인할 수 있다. 소형차 중 미국에서 그나마 소형 스포츠카와 콤팩트 카를 몇 종 생산했는데, 점화 장치 결함으로 리콜된 6개가 모두 여기에 포함된다(2005~2010년식 쉐보레 코발트, 2006~2011년식 쉐보레 에이치에이치아르**HHR**, 2006~2010년식 폰티악 솔스티스, 2005~2010년식 폰티악 지**G**5, 2007~2010년식 새턴 스카이, 2003~2007년식 새턴 이온). 중형차나 대형차에서는 아직까지 이런 결함이 보고된 적이 없다. 지엠은 미국에서 소형차를 아예 만들지 않으려 했고, 그나마 나온 소형차도 대충대충 밀어냈다. 지엠이 미국에 내놓은 소형차 중 결함이 발견되지 않은 경우는 쉐보레 아베오, 쉐보레 소닉, 새턴 아스트라처럼 대부분 한국지엠과 벨기에 공장에서 수입한 차량들이다.

이런 문제는 빅 3가 모두 안고 있었다. 특히 2000년대 초반은 미국에서 부동산 거품이 형성되던 때다. 미국인들의 씀씀이도 커졌다. 어차피 집집마다 승용차 한 대씩은 갖고 있으니 좀더 큰 차종으로 자연스럽게 눈길이 갔다. 빅 3의 주요 생산품도 트럭, 미니밴, 에스유브이, 크로스오버 같은 대형 차종이었고, 빅 3 자본가들도 안전하고 튼튼한 승용차를 만드는 데에는 별 관심이 없었다.

빅 3는 서브프라임 모기지론 같은 금융 사업에 관심을 가졌다. 자동차를 팔아서 남는 이윤보다 '돈 놀이'로 벌어들이는 돈이 많아졌다. 지엠의 금융 자회사인 지맥**GMAC**은 엄청난 이윤을 만들어냈다. 지엠의 고위 경영진도 자동차 전문가가 아니라 재무 경험이 풍부한 인물들로 채워졌다. 소형차는 빅 3의 관심에서 완전히 벗어나 있었다. 개발비는 비슷한데 이윤은 적기 때문이었다. "소형차는 일본이나 한국 같은 아시아 업체들이 잘 만들잖아? 거기서 돈이 얼마나 남겠어? 아시아 업체들은 푼돈이나 벌라 하고, 우리는 큰 차 만들어 돈벼락 맞아보자고!" 이런 마음가짐으로 만든 콤팩트 카들이 저 모양 저 꼴인 게 우연은 아니다.

자본가들은 '돈 버는 지름길'을 알게 될 때 사람의 생명이나 안전 같은 보편적 가치를 쉽게 내동댕이칠 수 있다. 차량 1대당 57센트를 더 쓰느니 나중에 들켜서 내는 보상금이 싸게 먹힌다는 계산속이 무섭다.

물에 빠진 지엠 건져주니 보따리 쌀 채비부터

빅 3는 소형차 부문을 등한시한 대가를 톡톡히 치렀다. 2008년 금융 위기가 닥치자 지맥 같은 금융 자회사는 천문학적 손해를 봤고, 2009년에는 모기업인 지엠을 비롯한 빅 3를 파산 직전까지 몰고 갔다. 천문학적 구제 금융을 받아 간신히 목숨은 부지했지만, 주머니가 가벼워진 소비자들의 눈길은 값싼 소형차와 중고차 시장으로 쏠렸다. 빅 3는 소형차를 만들 재간이 없었다. 자기 앞마당에서 현대-기아차가 소형차를 앞세워 시장 점유율을 단숨에 10퍼센트까지 끌어올리는 모습을 손놓고 지켜봐야 했다.

글로벌 지엠에는 구원 투수가 있었다. 바로 한국지엠이었다. 대우차 시절부터 갖고 있던 소형차 라인업, 라세티, 젠트라, 마티즈 등 소형차 삼총사는 쉐보레 크루즈, 아베오, 스파크라는 새 이름을 달고 2009년 미국 시장에 출시된다. 그리고 거짓말처럼 위기에 빠진 글로벌 지엠을 구해내는 일등 공신이 된다. 심지어 중대형 대표 브랜드인 캐딜락마저 콤팩트 카 두세 종을 만들고 있다.

　한국지엠이 만든 소형차 삼총사에 힘입어 위기를 이겨낸 게 엊그제 일인데, 글로벌 지엠은 한국지엠의 사업을 축소하고 고사시키려 한다. 이윤만 좇는 지름길을 찾으려 하면 무슨 일이 벌어지는지 벌써 잊었다는 말인가? 망각은 자유지만, 역사는 증언하고 있다. 반드시 망각의 대가를 치러야 한다는 사실 말이다.

2장
탐욕의 경쟁
달리는 전기차에 누가 방울을 달까

"만약 어떤 고객이 상담을 위해 플러그인Plug-in 전기차를 몰고 왔다고 하자. 상담하는 동안 사무실 전기로 배터리를 충전하면, 그 전기 사용료는 누가 내야 할까?" 전기차 시대가 오면 달라지는 여러 풍경을 상상해본다. 연비는 얼마나 나올까? 차 값은 어느 정도일까? 집에서도 충전할 수 있는 차가 개발된다던데? 주유소들이 모두 전기 충전소로 바꾸는 걸까? 정차 중에는 시동을 껐다가 출발할 때 재시동하는 스톱 앤 스타트stop-and-start 시스템이 나온다던데? 뭐니 뭐니 해도 전기차가 관심을 끄는 가장 큰 이유는 '엔진 없는 차'기 때문이다. 흔히들 '친환경 차'라고 부르는데, 화석 연료를 태워 에너지를 만드는 내연 기관 대신 배터리를 써 모터를 돌리는 시스템이어서 탄소를 비롯한 온실가스가 줄어들기 때문이다.

세계 정상들이 마주앉아 지구 온난화 문제를 논의할 정도로 환경 문제가 심각해진 오늘날, 온실가스 배출이 거의 없는 친환경 차 개발은 당연히 환영할 만한 일이다. 그렇지만 지금까지 배기가스를 마구 내뿜으며 환경을 망쳐온 자동차 업계 자본들이 뒤늦게 '자기반성'을 한 결과 전기차 개발에 나서지는 않았다는 사실은 분명하다. 이윤이라면 뇌물과 담합 같은 짓도 서슴지 않는 이들이, 돈 안 되는 일에 스스로 나설 리는 없다.

세계 자동차 업계는 전기차를 차세대 성장 동력이라 부르며 너도나도 기술 개발에 한창이다. 1회 충전으로 주행할 수 있는 거리를 늘리는 배터리 소재 개발이 핵심이다. 아직은 두세 시간 충전해서 기껏해야 100킬로미터 안팎을 달리는 수준에 머물러 있다. 세계 자동차 업계가 전기차 개발에 열을 올리는 이유는 뭘까?

엔진과 변속기 없는 자동차

전기차는 기본이 '엔진 없는 차'다. 엔진 출력의 힘으로 구동하지 않고 배터리로 모터를 돌리는 개념이기 때문에 순수한 전기차에는 변속기도 필요 없다. 전기 출력의 세기만 조절하면 되기 때문이다. 요즘 전기차라며 출시되는 차 중에 변속기를 달고 있는 경우가 많은데, 이런 차들은 순수한 전기차가 아니라 엔진과 배터리를 함께 쓰는 '하이브리드'다. 주행 거리가 길지 않기 때문이다. 순수 전기차로 가는 '징검다리' 구실을 하는 하이브리드 차량에는 보통 무단 변속기^{CVT}가 탑재되고 있다.

순수 전기차 시대에는 변속기도 사라진다. 엔진과 변속기가 사라지면 엔진과 변속기를 만들고 장착하는 데 필요한 캠샤프트와 각종 브래킷 등 많은 연관 부품도 쓸모가 없다. 내연 기관 때문에 중요하던 머플러도 사라지고 라디에이터도 필요 없다. 전문가들에 따르면 자동차에 들어가는 부품 중 절반가량이 사라진다. 자연스럽게 엔진이나 변속기에 연관된 일자리들이 모두 정리 대상이 된다. 엔진이나 변속기 관련 부서뿐 아니라 조립 라인에 있는 엔진과 변속기 장착 공정은 물론이고 여기 연관된 엔진 서브장도 필요 없어진다. 실린더 헤드 등을 만들어내는 소재 공장도 소멸 위기에 있기는 마찬가지다. 엔진과 변속기 관련 부품을 만드는 부품 업체들은 아예 통째로 날아갈 위기에 몰리게 된다.

좀더 파고들면 훨씬 복잡해진다. 그동안 엔진의 무게와 재질 때문에 철판으로 만들 수밖에 없던 차체를 강화 플라스틱^{FRP}으로 제작할 수 있는 길이 열리게 된다. 요즘 생산하는 몇몇 대형 버스는 차량 하부를 강화 플라스틱으로 만들고 있고, 강화 플라스틱으로 차체를 만든 콘셉트 카도 나온다. 자동차 차체의 재질이 강화 플라스틱으로 바뀌면 차체 공장과 프레스 공장과 도장 공장의 쓸모도 꽤 줄어들게 된다. 전기차 시대가 열리면 자동차는 기계 장치가 아니라 조금 큰 전자 제품으로 보는 게 맞다. 중국에서는 화석 연료를 태워 공기 힘을 이용해 동력을 얻는 내연 기관이라는 의미에서 자동차를 '기차^{汽車}'라고 부르는데, 이제 진짜 전기차가 나오면 '전차^{電車}'라고 불러야 할지도 모른다.

무슨 일이 벌어지게 될지 상상해보자. 거대한 기계 장치를 생산하는 일과 조금 큰 전자 제품을 생산하는 일은 차이가 크다. 부품 수가 많이 줄기 때문에 자동차 조립 라인의 공정 수도 그만큼 줄어든다. 완성차 조립 라인에 납품하는 부품 업체의 생산량도 많이 줄거나 사라져, 전기차에 필요한 부품 쪽으로 업종을 바꾸는 데 성공하지 못하면 무더기 도산 사태가 벌어질 수 있다. 자본은 남아도는 노동력을 줄이려 할 테고, 대규모 구조 조정이 이어질 수밖에 없다. 한 기업 차원의 구조 조정이 아니라 부품 업체를 비롯한 자동차 산업 전반을 아우르는 거대한 산업 구조가 바뀌기 시작한다.

노동 절약형 기술 발전과 노동자의 운명

이런 일이 당장 벌어진다는 말은 아니다. 전기차 상용화는 적어도 몇 년이 더 걸린다. 기술력 확보, 가격 경쟁력 제고, 기반 시설 구축에 시간이 필요하다. 앞서 말한 대로 배터리만 갖고 달릴 수 있는 거리가 얼마 되지 않고, 차 값도 비싸기 때문이다. 지엠이 야심차게 내놓은 쉐보레 볼트는 차 값이 3만 달러 수준이다. 쉐보레 크루즈 크기의 차량이 한국 돈으로 4000만 원 가까이 된다는 얘기다. 전기차가 도로를 달리려면 곳곳에 충전소가 있어야 하는데, 이 일도 시간이 걸린다. 또한 완성차 조립 공정이 줄어드는 반면 배터리 업체(2차 전지 업체)가 성장하기도 한다. 부품 업체와 완성차 업체의 노동력이 줄어드는 데 견주면 고용 창출 효과는 매우 작지만 말이다. 전세계 자동차 업계가 전기차 개발에 열을 올리고 있는 만큼 곧 자동차 산업 노동자들의 고용이 꽤 불안해지리라는 점만큼은 분명하다.

이 정도 얘기가 나오면 되물을 만도 하다. "그럼 친환경 기술을 개발하지 말라는 건가?" 지구 온난화와 생태 파괴가 벌어지는 지금, 친환경 기술 개발은 절박한 과제다. 문제는 친환경 기술이 아니라 '노동 절약형 기술'이다. 노동을 절약하는 기술 자체만 보면 긍정적인 듯하지만, 이 기술이 활용되는 방식은 어떤가? 더 많은 이윤을 바라는 자본은 이런 기술을 활용해 더 많은 노동자를 잘라내려 한다. 길게 보면 경제 시스템은 제대로 작동할 수 없다. 전기차를 많이 만들어도 노동자들 호주머니에 돈이 없으면 팔리지 않기 때문이다.

게다가 아직까지는 차 값이 꽤 부담스럽다. 미국 정부는 전기차 판매를 촉진하려고 5000달러 가까이 보조금을 주는 제도를 논의하고 있는데, 천문학적인 재정 적자를 낳을 수도 있다. 재정 적자를 감당하기 어려워 긴축 정책으로 방향을 트는 순간 벌어질 일은 굳이 말할 필요도 없다.

'환경 보호' 으쓱대는 자동차 자본의 진심

전기차 문제를 세계 경제 차원으로 넓혀 보면 문제는 더 복잡해진다. 자동차 업계 사정에 관심 있는 이들이라면, 아니 상식만 조금 동원해도 전기차 개발에 저항할 자본가들을 떠올릴 수 있다. 바로 석유 자본이다. 전기차를 많이 타면 화석 연료 사용량이 줄어 손해가 크기 때문이다. 어떤 이들은 석유 자본의 저항과 막대한 로비 탓에 전기차 개발이 10년은 늦춰졌다고 평가한다. 자동차 산업의 앞선 자본가들은 이제 기술력으로 나머지 자본을 경쟁에서 물리쳐야겠다고 결심했다. 석유 자본의 저항과 로비를 뒤로하고 전기차 개발에 너도나도 나서면서 마치 자기가 환경 보호의 전도사나 되는 양 온실가스 배출을 줄이려면 친환경 차가 필요하다고 떠들었다. 대세가 기울었다고 판단한 몇몇 석유 자본은 오히려 전기차 개발에 뒷돈을 대며 업종 전환을 시도했다. 석유를 가공하는 자본이 그런 쪽인데, 석유 화학 산업에서 번 돈으로 이제 배터리 업계로 진출하려 했다.

전기차 시대에 저항하는 석유 자본들도 여전히 있다. 석유를 직접 파내는 굴착 자본이 여기에 속하는데, 전기차를 염려하는 분위기는 많이 누그러졌다. 전기를 생산하는 데 엄청난 석유를 쓸 수밖에 없다는 사실을 지난 수십 년의 경험으로 확인한 탓이다. 게다가 여차하면 국제 유가를 크게 올려버리는 무기도 갖고 있으니 속 편하게 지켜보는 길을 택한 듯하다. 물론 엄청난 얘기다. 전기차를 둘러싼 산업 재편 과정에 석유 파동이 기다리고 있을지도 모른다는 말이니까.

과잉 중복 투자와 자동차 전쟁

전기차 시대를 열어가려는 자본 사이에서도 경쟁이 심해지면서 문제가 생긴다. 너도나도 전기차 개발에 뛰어드느라 과잉 중복 투자가 벌어지고, 이제 곧 다들 전기차를 양산한다고 나서면 핵심 부품인 배터리 소재 가격이 하늘 높은 줄 모르고 치솟을 테니 말이다.

전기차 상용화의 핵심은 한 번 충전으로 수백 킬로미터를 달릴 수 있는 배터리 기술이다. 단순히 기술 문제만 해결한다고 끝나는 문제가 아니다. 전기를 담을 수 있는 배터리 '소재'를 찾아내야 한다. 이런 점을 잘 아는 국제 투기 자본은 배터리 소재를 놓고 투기를 진행할 테고, 투기는 자동차 가격뿐 아니라 전반적 물가 상승, 곧 인플레이션의 원인이 된다. 인플레이션이 시작되면 전기차 판매량은 늘어나지 않거나 줄어들게 되고, 뒤처진 자동차 업체들이 도산하면서 과잉 중복 투자의 복수가 현실이 된다.

자동차 업계 자본가들은 이 경쟁을 포기하거나 통제할 수 없다. 머뭇거리는 순간 경쟁에서 밀리거나 망하기 때문이다. 각국 정부도 자국 자동차 업계가 전기차를 개발하는 데 막대한 지원책을 쏟아내고 있다. 한국도 이명박 정부 시절부터 전기차 양산과 개발에 수천 억 원을 보조한다는 계획을 밝혔다. 유럽연합도 해마다 '유로 5'나 '유로 6' 등 배기가스 배출 기준 규제를 강화하고 있는데, 다른 나라에 견줘 분명히 선진적인 시도다. 규제의 이면에는 유럽 자동차 업계가 전기차를 개발하게 자극하려는 의도도 있다. 전기차를 앞서 개발하면 다른 나라나 경제권을 상대로 자유무역협정 교섭을 할 때 규제 기준을 지키라고 요구해 자국 자동차 산업의 경쟁력을 유지할 수 있기 때문이다. 영국 정부는 2018년부터 모든 택시를 전기차로 바꾸기로 했다. 산업 구조를 크게 뒤바꿀 수 있는 정책이다. 이미 물밑에서는 엄청난 출혈 경쟁이 시작됐다.

자본의 경쟁 심화는 이렇게 각국 정부 또는 경제권 사이의 경쟁 격화로 나타나고, 통상 마찰을 비롯해 많은 갈등을 낳는다. 총성 없는 무역 전쟁 수준에서 그치면 다행이지만, 참을성 없고 호전적인 정부와 자본가들이 딴 마음을 품는다면 어떻게 될까. "세계는 자동차 전쟁 중이다. 자동차의 미래는 예측하기 어렵지만 지구 온난화 문제를 감안하면 전기차가 중요한 역할을 할 것이다." 이명박 전 대통령이 2010년 10월 8일 비상경제대책회의에서 한 말이다.

재앙으로 끝날 탐욕의 경쟁

전기차의 미래는 장밋빛일까? 머리로 생각하면 해결책이 없지는 않다. 노동 절약형 기술이 개발되면 노동력을 줄이지 않고 노동 시간을 단축하는 길로 나아갈 수 있다. 개별 기업이 똑같은 기술을 개발하려고 경쟁하지 않고 정부 통제 아래 협업과 분업을 바탕으로 효율성을 높이는 길도 있다.

이런 대안은 머릿속에만 맴돌 뿐이다. 자본가들은 결코 그런 통제를 실행에 옮기지 못한다. 경쟁 속에서 이윤만 추구하며 다른 경쟁자를 무너뜨려야만 살아남을 수 있는 시스템에 꽉 끼어 있기 때문이다. "이 경쟁에서 망하는 기업이 있겠지. 그게 나만 아니면 돼. 아니, 다른 업체가 망하면 오히려 우리에게 엄청난 기회가 오지." 지금 자동차 산업 자본가들이 하는 생각이다. 어디서 많이 들어본 얘기다. 자본가들이 정리해고를 하려 할 때 몇몇 노동자가 하는 착각이다. 이것이 본디 자본의 이데올로기다.

노동 절약형 기술이 개발되면 아무리 선량한 자본가라 해도 정리해고와 구조 조정을 하기 마련이다. 다른 자본가들이 경쟁에서 살아남으려 그렇게 하기 때문이다. 경쟁이 심해질수록 세계 경제는 대공황의 늪으로 더 깊이 빠져들게 된다. 전체로서 자본가는 그런 사실을 알지만, 개별 자본가는 다른 자본가들을 제치고 내가 경쟁에서 살아남을 수 있다고 생각하며 무한 경쟁 속으로 뛰어들 수밖에 없다. 몇몇 자본은 살아남는다. 전세계 노동자와 민중을 가난과 고통으로 몰아넣은 공황의 대가로 말이다.

재앙을 막으려면 누군가 통제해야 한다. 시간은 우리를 기다려주지 않는다. 미국 시장에서는 벌써부터 지엠의 쉐보레 볼트, 닛산의 리프, 하이브리드 차량인 도요타의 프리우스가 치열하게 경쟁하고 있다. 전체를 합해도 시장 점유율은 1퍼센트 안팎이지만 성장률은 20퍼센트를 넘어 무섭게 크고 있고, 여기에 전기차 업계의 새로운 강자 테슬라가 떠오르는 중이다. 한국지엠도 창원 공장에서 쉐보레 스파크의 전기차 모델을 양산하기 시작했다.

본격적인 전기차 시대가 열리기 전 남은 몇 년 동안 우리는 이 사태를 통제할 방법과 세력을 찾아야 한다. 무엇보다 고용에서 큰 위기를 겪을 자동차 산업 노동자 전체가 단결해야 한다. 정규직과 비정규직은 말할 것도 없고 완성차 업체와 부품 업체 노동자들이 단결해야 한다. 그런 단결을 출발점으로 삼아 제한되지 않는 풍부한 상상력을 더해야 한다.

3장
마차와 비행기
프레임과 모노코크의 경제학

"쌍용차가 모노코크 바디를? 프레임 바디만 고집하던 쌍용차가?" 상하이차의 '먹튀', 파산과 법정 관리, 77일 점거 파업, 마힌드라 재매각……. 이 과정에서 신차 하나 없던 쌍용차가 몇 년 만에 신차 '코란도 시C'를 내놓은 2011년, 쌍용차 마니아들이 이렇게 술렁였다. 쌍용차에서는 처음으로 '모노코크monocoque 방식'을 채택했기 때문이다.

에스유브이 대세는 모노코크 바디

쌍용차를 비롯한 에스유브이 업체들의 전통적 설계 방식은 하부 뼈대(프레임)를 바탕으로 해 그 위에 차체를 얹고 부품을 장착하는 '프레임 바디'였다. 이런 기법으로 만든 차는 무엇보다 튼튼하다는 강점을 갖는 반면 차체가 무겁다는 단점도 있다.

자동차 산업 초기에는 에스유브이뿐 아니라 대부분 프레임 위에 바디

쌍용차가 쓰던 프레임 바디(왼쪽)와 모노코크 바디(오른쪽)의 차이를 보여주는 그림(출처: 《헤럴드경제》 2013년 6월 11일).

를 없는 방식이었다. 이유는 간단하다. 프레임 바디 방식은 마차하고 비슷하다. 자동차는 본디 마차에서 발전한 교통수단이다. 마차 설계 기법이 매우 자연스럽게 자동차에 차용됐다. 2000년대 들어 몇몇 업체가 설계 방식을 바꾸기 시작했다. 차체 중량이 커지면 그만큼 연비 효율성도 낮아지고, 같은 출력의 엔진이라도 느껴지는 힘의 크기가 달라지기 때문이다. 게다가 2008년 미국발 금융 위기 뒤 소비자 심리가 작은 차(소형차) 쪽으로 쏠리기 시작하면서 '다운사이징'이 완성차 업계의 대세가 됐다.

바뀐 방식이 바로 모노코크인데, 본디 항공기 설계 기법에서 따온 이름이다. 땅 위를 많이 굴러다니지 않는 항공기는 하부 뼈대를 바탕으로 하지 않고 바디와 프레임이 하나로 구성돼 있다. 이미 오래전부터 에스유브이를 뺀 일반 승용차 설계에서 일반화된 양식이었다. 차체를 상자처럼 만들어 엔진과 변속기 같은 부품을 넣고 범퍼와 문 등을 끼워 맞춘다. 프레임과 차체(바디)가 일체형이기 때문에 얼마 전부터 '유니바디unibody'라는 말이 쓰이기도 한다.

한국 완성차 업계도 에스유브이를 설계할 때 대부분 모노코크 방식을 쓰고 있다. 한국 시장 점유율 80퍼센트에 육박하는 현대-기아차에서 프레임 바디 방식으로 제작하는 에스유브이 차량은 기아차의 모하비가 거의 유일하다(물론 트럭 또는 픽업트럭 같은 상용차는 여전히 프레임 바디를 많이 쓴다).

코란도 스포츠, 렉스턴, 카이런, 액티언 등 모든 차량에 프레임 바디를 고집하던 쌍용차가 처음으로 코란도 시에 모노코크 바디를 적용했다. 유니바디가 대세라는 점은 확실한 듯하다(쌍용차가 만드는 유일한 승용차인 체어맨이나 크로스오버인 로디우스와 코란도 투리스모는 모노코크 방식을 채택했다. 그러나 쌍용차가 정통 에스유브이에 모노코크 기법을 사용한 사례는 코란도 시가 처음이다).

홈런 타자와 교타자

비행기와 마차가 충돌하면 어떻게 될까? 이런 바보 같은 질문을 던지는 이는 없다. 각각 비행기 설계와 마차 설계 방식에서 발전해온 모노코크 바디와 프레임 바디가 충돌하면 어떻게 되는지는 자동차 마니아라면 누구나 잘 안다.

두 종류의 차량이 충돌한 사진은 간단한 인터넷 검색만 해도 수십 장 찾을 수 있다. 모노코크 바디는 장난감처럼 찌그러지는 반면, 프레임 바디는 충격을 거뜬히 버텨낸다. 특히 무게 중심이 실려 있는 하부 프레임이 건재하기 때문에 사고 뒤에도 핸들링에 문제가 없는 편이다.

이런 얘기는 프레임 바디에 일방적으로 유리한 설명이기는 하다. 프레임 바디끼리 충돌할 때, 또는 고정된 물체에 충돌할 때는 프레임 바디도 결과를 장담할 수 없다. 그렇지만 모노코크 바디하고 충돌할 때는 프레임 바디가 훨씬 안전하고 튼튼하다는 사실은 분명하다. 여기에는 기계 공학의 모순이 하나 놓여 있다. 차량을 모는 운전자나 승객은 좀 다른 결과가 나올 수 있기 때문이다. 이를테면 모노코크 바디는 충돌 때 차체가 찌그러지면서 충격을 흡수한다. 운전자나 승객에게 전달될 충격을 줄여준다는 말이다. 반면 프레임 바디는 차체는 덜 찌그러지지만 차체가 받는 충격이 고스란히 운전자와 승객에게 전달될 가능성이 크다. 차체가 심하게 찌그러질 때는 운전자와 승객이 큰 피해를 입기 때문에 모노코크 바디나 프레임 바디나 안전사고에 장단점이 있다.

야구로 따지면 정통파 투수가 던지는 시속 150킬로미터 안팎의 강속구에, 타자들이 대처하는 두 가지 다른 방식으로 볼 수 있겠다. 하나는 '때리기Hitting'다. 몸집이 좋고 손목 힘도 괜찮은 타자만 할 수 있는 방식이다. 공의 속도를 이겨낼 만큼 강한 힘으로 맞받아쳐 튕겨내는 타법이기 때문이다. 이렇게 때릴 줄 아는 타자가 보통 홈런 타자, 또는 장타자라는 명성을 얻는다.

모든 타자가 다 몸집이 좋고 손목 힘이 세지는 않다. 강속구를 이겨낼 만큼 때려낼 힘이 모자란 타자도 많다. 그런 타자는 '갖다 맞추기Just Meeting', 곧 무리하지 않고 배트 중심에 맞추는 방식을 쓴다. 때려내는 힘이 부족한 만큼 배트가 약간 밀릴 수밖에 없지만, 중심에 잘 갖다 맞추면 오히려 강속구 투수의 힘을 역이용해 반동력을 얻는다. 이런 타자들은 정교한 타법을 지닌 '교타자'로 불린다.

한 야구팀에는 홈런 타자도 있어야 하고 교타자도 필요하다. 홈런 타자만 있거나 교타자만 있는 팀은 약체로 몰리기 마련이다. 여기에는 중요한 이유가 하나 더 있다. 타자들이 늘 강속구를 던지는 정통파만 상대하지는 않기 때문이다. 변화구를 많이 던지는 투수를 상대할 때는 홈런 타자나 교타자가 갖는 강점이 모두 쓸모없다.

크로스오버 개발이라는 꿈

프레임 바디의 전통을 지닌 쌍용차가 모노코크 바디 기법을 선보이는 일 자체에 문제는 없다. 홈런 타자만으로, 또는 교타자만으로 라인업을 짤 수 없듯이, 에스유브이 전문 업체도 프레임 기법과 모노코크 기법을 모두 다뤄봐야 한다.

요즘 세계적으로 크로스오버, 곧 소형 에스유브이가 각광받고 있는 이유도 대부분 승용차하고 같은 플랫폼에서 만들어지면서 자연스럽게 모노코크 바디를 기본으로 설계되기 때문이다. 에스유브이 명가라면 세계적 트렌드라 할 수 있는 크로스오버 개발을 당연히 탐내게 된다. 코란도 시에 이어 쌍용차가 곧 내놓은 신차 티볼리(개발명 엑스100)도 모노코크 바디를 쓰는 소형 에스유브이다.

크로스오버라고 하면 당연히 엔진 다운사이징이 따라온다. 대기 오염의 주범인 배기량을 낮추는 대신 연비와 출력을 높이는 엔진 다운사이징 기법은 거의 모든 메이커들이 추구하는 방향이기도 하다. 모노코크 바디를 써 차체의 무게를 줄이고 차체를 작게 만든 크로스오버라면 더 필요한 기술이다.

지금 한국 내수 시장을 주름잡는 현대-기아차가 배기량을 가장 낮춰 내놓은 에스유브이 모델은 투싼 아이엑스와 스포티지 아르인데. 배기량 2.0리터 엔진을 쓴다. 세계적 추세는 엔진 배기량을 훨씬 더 낮춘다. 한국에서 이미 팔리고 있는 르노의 큐엠3는 1.6리터 디젤 엔진을, 지엠의 쉐보레 트랙스는 1.7리터 디젤 엔진과 1.4리터 가솔린 엔진을 탑재한다.

쌍용차는 티볼리를 만들려고 배기량 1.6리터 디젤 엔진과 가솔린 엔진을 개발해왔다. 티볼리에 장착된 엔진들은 한국에서 개발된 첫 크로스오버용 다운사이징 엔진이 되는 셈이다. 티볼리 출시를 기준으로 보면 현대-기아차가 이런 수준의 엔진을 아직 내놓지 못하고 있었기 때문이다.

한국 뉴스에는 안 나오는 'S1XX 시리즈'와 6개의 신형 엔진

인터넷 포털 사이트나 언론사 홈페이지에서 '코란도 비B'를 검색하면 별다른 게 나오지 않는다. 쌍용차 소식은 외신 뉴스를 검색해야 최신 정보를 알 수 있다. 안타까운 얘기지만 쌍용차에 관련한 정확한 정보를 얻으려면 국내 뉴스만 보면 곤란하다. 워낙 낚시질 기사나 회사가 불러주는 대로 쓰는 받아쓰기 기사도 많다. 모기업인 인도 마힌드라 그룹의 전략에 연결된 부분은 그래서 더욱 인도 현지 언론도 참조할 필요가 있다.

2014년 1월 박근혜 대통령이 인도를 방문해 마힌드라 그룹 회장을 만난 뒤 쏟아진 기사들이 대표적이었다. 청와대까지 나서서 마힌드라가 쌍용차에 1조 원을 투자할 계획이라는 오보를 흘리는 데 동참했다. 마힌드라 그룹과 쌍용차 쪽이 모두 사실이 아니라고 하는데도 한국의 보수 정치인과 언론들은 무조건 '마힌드라 찬양가'를 불러댔다. 오죽하면 《조선일보》

가 오보를 쏟아내지 말라며 언론의 보도 행태를 비판하기도 했다.

마힌드라 그룹이 인도에서 내는 잡지 《마힌드라 에브리데이Mahindra Everyday》 2013년 제2호는 '쌍용차의 부활Ssangyong: U turn'이라는 주제를 커버 스토리로 다뤘다. 쌍용차 이사회 의장이기도 한 마힌드라의 파완 고엔카 사장 인터뷰도 실려 있는데, 고엔카 사장은 쌍용차와 마힌드라 사이의 시너지 효과가 만족스럽냐는 질문에 이렇게 답한다. "특히 엔진과 차량 플랫폼 작업을 공동으로 하고 있어서 기쁘다."

엔진과 차량 플랫폼 작업을 마힌드라와 쌍용차가 공동으로 하다니? 사실이다. 외신들은 오래전부터 이 사실을 꾸준히 보도했다. 한국 언론들만 입을 다물거나 무관심할 뿐이었다. 마힌드라와 쌍용차가 엔진 6개를 공동 개발하고 있다는 사실은 매우 널리 알려져 있었다.

1990년대 초반 독일 메르세데스-벤츠하고 협약을 맺어 그 기술력을 바탕으로 신차를 개발해온 쌍용차는 이제 배기량 1.5리터와 1.6리터 엔진을 포함해 많은 신형 엔진을 자체 개발하고 있다. (《로이터 통신》)

지금 배기량 1~1.6리터 사이 가솔린과 디젤 기반 엔진을 모두 6개 쌍용차하고 함께 개발 중인데, 앞으로 출시할 계획인 신차들에 적용할 예정이다. (《이코노믹 타임스》)

얼마 전에는 인도 일간지 《이코노믹 타임스》의 텔레비전 부문에 파완 고엔카 사장이 직접 나와 사실 관계를 확인하기도 했다. "마힌드라 그룹은 쌍용차하고 함께 엔진을 공동 개발하고 있다. 그중 첫째 엔진은 내년 초에 한국에서 쌍용차가 출시할 신차에 탑재될 예정이고, 둘째와 셋째 엔진은 인도에서 내년 하반기에 출시될 차에 들어간다."

《이코노믹 타임스》는 마힌드라와 쌍용차가 공동 개발하고 있다는 6개 엔진이 각각 배기량 1.2리터, 1.5리터, 1.6리터의 디젤 엔진과 가솔린 엔진이라고 보도했다. 처음 선보이는 엔진은 1.6리터 엔진이며, 이게 쌍용차가 출시할 신차 티볼리에 탑재된다는 말이었다. 그럼 배기량 1.2리터, 1.5리터 엔진은 어디에 들어간다는 말인가? 쌍용차에는 저 정도 배기량 엔진이 들어갈 차종이 없다.

마힌드라 회장이 말하는 '에스S101'이 바로 그런 차량이다. 전장 4미터 미만의 초미니 에스유브이로, 배기량 1.2리터 가솔린 엔진과 배기량 1.5리터 디젤 엔진이 적용된다. 인도 최대의 자동차 포털 사이트 '카데코Cardekho.com'에는 이 차량 이름이 '마힌드라 쌍용 에스101'로 소개돼 있다. '마힌드라 쌍용'이라는 이름은 이 차량을 개발하는 데 쌍용차가 많이 기여한 사실을 짐작하게 해준다. 인도 언론들도 이 점을 부정하지 않는다. 마힌드라가 쌍용차 기술진하고 협력해 만든 차량이 바로 에스101이라고 말이다.

쌍용차가 출시할 티볼리의 인도 버전도 개발되고 있다. 티볼리 플랫폼을 공유할 이 차량의 개발명은 '에스S102'다. 그럼 '에스S103'도 있을까? 그렇다. 티볼리 플랫폼에서 개발되고 있는 에스103은 크로스오버다. 이 차량도 인도에서 출시된다. 쌍용차의 기술력이 한국뿐 아니라 마힌드라와 인도 시장을 공략하는 데 동원되고 있다. 배기량 1.2~1.6리터 엔진 중 1.6리터 엔진은 인도와 한국에 모두 적용되지만, 1.2리터와 1.5리터 엔진은 인도 시장에만 출시된다. 쌍용차는 마힌드라의 '에스1XX' 시리즈의 신차 3종(에스101, 에스102, 에스103) 개발에도 참여하고 있다.

마힌드라가 보유하고 있던 라인업	차량 이름, 가격대, 엔진 종류, 설계 타입		쌍용차하고 합작해 추가되는 라인업
8600억 원을 투자해 쌍용차하고 함께 모노코크 타입의 신차 플랫폼과 배기량 1.2~1.6리터 신형 엔진 개발	에스101(50만 루피대) 1.2리터 가솔린, 1.5리터 디젤(모노코크 타입) 2015년 출시. 인도에서 생산 예정		(저가 와 고급) 소형 SUV
	에스102(쌍용 엑스100의 인도 버전) 1.6리터 디젤(모노코크 타입) 2015년 출시, 인도 나시크 공장 생산 예정		
	에스103(다목적 차량) 쌍용차 엑스100 플랫폼 기반에서 개발 중		
중저가 내수용 SUV	마힌드라 콴토(60~70만 루피) 1.5리터 디젤(프레임 타입)		60~140만 루피 가격대, 대부분 프레임 타입, 2.2~2.6리터 디젤 엔진

신형 엔진 개발 완료되면 콴토에도 1.5리터 신형 디젤 엔진 예상

렉스턴 더블유, 코란도 시 2.0리터 디젤급이 추가되면 완벽한 SUV 라인업이 갖춰지게 됨 |
	마힌드라 볼레로(60~70만 루피) 2.5리터 디젤(프레임 타입)		
	마힌드라 자일로(70~100만 루피) 2.5리터 디젤(프레임 타입)		
	마힌드라 스콜피오(80~120만 루피) 2.2~2.6리터 디젤(프레임 타입)		
	마힌드라 스콜피오(120~140만 루피) 2.2리터 디젤(모노코크 타입)		
뉴코란도 시 추가 투입 예정	마힌드라~쌍용 렉스턴(190~210만 루피) 2.7리터 디젤(프레임 타입) 반조립 제품 방식으로 인도 현지 조립·생산		고급 중형 SUV

이 표를 보면 대강의 윤곽이 나온다. 왼쪽의 콴토, 볼레로, 자일로, 스콜피오, 엑스유브이[XUV]500이 지금 마힌드라의 라인업이다. 승용차 사업 중 내수용이 90퍼센트를 넘고 수출용은 채 10퍼센트가 되지 않는다. 대부분 고만고만한 내수용 중저가 차량들이다. 모노코크 바디는 가장 최근에 출시한 엑스유브이500뿐이다.

여기에 쌍용차하고 합작한 프리미엄 에스유브이 렉스턴 더블유[W]가 추

가된다. 그런데 엔진 배기량이 좀 이상하다. 한국 출시 차량과 유럽 수출 차량은 배기량 2.0리터 디젤 엔진이 탑재되는데 말이다. 렉스턴이 가장 비싼 프리미엄급이기 때문에 마힌드라 라인업을 더 풍부하게 하려고 엔진 배기량을 오히려 키웠다.

아울러 소형 에스유브이 부문에 에스101, 에스102, 에스103 등이 추가된다. 3가지 차종 모두 모노코크 바디로 설계된다는 점에서 쌍용차의 기술력이 없으면 개발 자체가 어렵다. 엔진 개발 능력을 비롯해 쌍용차의 기술력이 결합되면서 마힌드라의 라인업은 소형, 저가형, 중저가 내수형, 고급형 등으로 완벽해졌다. 한국에는 고작 엑스100 신차(티볼리) 하나만 출시될 뿐인데 말이다.

또다시 당하지 않으려면

2013년에 경총이 낸 소책자 〈쌍용자동차에 대한 올바른 이해〉의 한 대목을 보자. 금속노조나 쌍용차지부가 만든 문서가 아니었다. '기술 유출의 우려에도 불구하고 외국기업에 매각'했다거나 '투자 약속은 경영권 포기 시점까지 전혀 지켜지지 않았다'는 구절을 보면 경총도 쌍용차 기술 유출이 상하이차의 목적이었다는 점을 돌려서 말하고 있다.

이런 문구들을 우리는 몇 년 뒤 또다시 많이 보게 됐다. '쌍용차에 현금 더 못 줘…개발비 자체 마련해야(《조선일보》 2013년 2월 18일자, 파완 고엔카 사장 인터뷰), '마힌드라 그룹, 쌍용차 '기술 이전' 시나리오?'(《한겨레》 2013년 2월 19일자) 등이 그렇다. 이렇게 가다가 '기술 유출 우려가 현실화

- (상하이차에 매각된 배경) 당시 참여정부는 쌍용차 문제의 해법을 해외 매각에서 찾으려 하였다. 이런 분위기 속에서 쌍용차의 주 채권단이었던 조흥은행은 기술 유출의 우려에도 불구하고 외국기업에 매각하였다.
  - 2003년 당시 주 채권단인 조흥은행은 신한은행과의 흡수 합병을 앞두고 조속한 매각을 시도하였다. 이 과정에서 기업의 미래를 고려하기 보다는 더 높은 가격을 제시했던 상하이차에 쌍용차를 주당 1만원에 매각하였다.
  * 당시 GM은 주당 7천원을 제시하였다.
- (상하이차 투자약속 미이행) 2005년 상하이차는 '10억 달러 이상의 대규모 투자'는 물론, '신규 프로젝트 추진 및 생산규모 확장'에 4천여억원의 투자를 약속했었다.
  - 그러나 상하이차의 투자 약속은 경영권 포기 시점까지 전혀 지켜지지 않았으며, 이로 인해 기술 유출의 우려가 현실화 되었다는 비판을 받게 되었다.

됐다'는 얘기가 또다시 나오지 말라는 법이 없다.

오래전부터 쌍용차는 힘세고 튼튼한 차를 만든다는 이미지가 있었다. 디자인 감각이나 승차감은 좀 떨어져도 부서지지 않는 단단함을 자랑으로 삼았다. 한때 '무쏘'라는 차는 너무 단단하게 만들어져서 회사에 이익이 안 된다는 말이 떠돌았다. 가끔 부서지고 고장도 나야 부품도 갈고 차도 바꾸는데, 워낙 튼튼해서 오래 안전하게 타고 다닐 수 있다는 얘기였다.

현장에서 일하는 노동자들은 부서지지 않는 튼튼한 차를 만든다는 자부심이 컸다. "내가 만드는 차는 30대 부부가 구입해 50대 노년까지 타고 20대 아이들에게 중고차로 물려줄 수 있는 차." "아프리카 오지의 사막과 자갈밭을 달리면서도 안전하게 환자를 실어나르는 앰뷸런스가 돼줄 차." "배기가스 한 모금이라도 덜 마시게 빈틈없이 조립하고 검사까지 완벽하게 거친 차." "충격 흡수력이 좋을 뿐 아니라 충격을 받아내고 튕겨내는 차. 차체만 충격을 버텨낸다면 자칫 운전자와 승객에게도 고스란히 충격이 전달된다는 말이니까."

자본은 대량 생산에 유리한 모노코크 기법을 도입하고, 그사이 기술은 보이지 않게 어딘가로 새어 나간다. '먹튀'와 기술 유출, 정리해고와 죽음의 행렬이 차 만드는 노동자들의 자부심을 땅에 떨어뜨렸다. 우리가 기대한 쌍용차는 이런 모습이었나?

4장

"현대차, 이따위로 만들면 안 된다"
불러도 대답 없는 노동자 박정식

"현대차 사내 하청 평균 연봉이 5400만 원이라는 어처구니없는 보도가 나오더만?"

"말도 안 됩니다. 저는 월급 200만 원 찍어본 적도 거의 없는데!"

"그런데 회사가 준 악의적 보도 자료를 그냥 베껴 쓰는 언론이 대부분이네. 이걸 제대로 비판하려면 증거를 들이미는 게 가장 확실한데…… 혹시 조합원들 임금 명세표를 공개할 수는 없을까?"

"할 수 있을 거예요. 제가 한번 알아볼게요."

다시는 나눌 수 없는 대화

2013년 5월 중순이었다. 양재동 노숙 농성장과 공장을 오가며 불법 파견 투쟁을 조직하고 있던 박정식, 정식이를 만나 이런 얘기를 나눈 날 말이다. 그리고 하루쯤이나 지났을까? 5월 16일, 카카오톡 메시지가 왔다. 약속

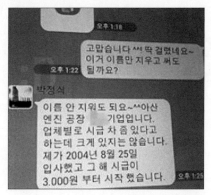

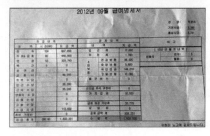

박정식 열사가 보낸 문자와 사진들.

대로 임금 명세표를 찍어 보냈다. "작년 것 몇 개 보냅니다."

급하게 내려 받아 살펴보니 임금 명세표의 주인은 다름 아닌 정식이였다. 시간이 많이 흘러 카톡 방에서 사진 이미지는 지워졌지만 대화는 아직 남아 있다. 부담스러울 듯해 이름만 지우고 쓰겠다는 내 말에 상관없으니 그냥 쓰라던 정식이의 대답도, 며칠 뒤인 5월 20일, 《프레시안》에 쓴 〈그들이 현대차 정규직 입사 원서를 거부하는 이유〉는 이렇게 탄생했다. 정식이의 이름 세 글자가 뚜렷하게 찍힌 임금 명세표에 따르면 2012년 8월에는 상여금을 합쳐 186만 원을 받았고, 9월에는 임금 인상분까지 더했는데도 150만 원을 받았다. 근속 4.2년차 사내 하청의 평균 연봉이 5400만 원이라는 현대차의 새빨간 거짓말이 폭로되는 순간이었다.

참을 수 없던 현대차의 실상

한 달이나 지났을까. 6월 11일, 정식이가 보낸 사진 파일 하나가 다시 스마트폰으로 전송됐다. 아마도 아산 시내 어딘가를 지나다가 눈에 띄어 찍은 모양인데, 현대자동차 생산 라인에서 일할 아르바이트를

2013년, 아산 시내에 걸린 현대차 아르바이트 모집 광고 현수막

모집한다는 길거리 현수막이었다. 때는 주간 연속 2교대 시행 뒤 휴일 특근을 놓고 현대차와 정규직 노조가 대립을 이어가다가 최종 합의를 한 뒤였다. 도대체 무슨 말일까?

현대차는 휴일 특근 때 장시간 노동의 고통을 고려해 평일보다 노동 강도를 낮춰서 운영했다. 시간당 생산량을 줄이거나 평일보다 많은 인원을 투입하는 방식이었다. 그런데 최종 합의는 앞으로 휴일 특근 때도 평일하고 똑같은 생산량을 유지하기로 했다. 휴일 특근에 나오지 않는 조합원이 많아지면 감당할 수 없을 정도로 노동 강도가 올라간다. 아무리 돈이 된다 한들 현장 노동자들의 불만이 높을 수밖에 없다. 휴일 특근은 말 그대로 '자유의사'인 만큼 노동자들이 거부해도 현대차가 강제로 시킬 수 없었다. 이 문제 때문에 고민하던 현대차가 '휴일 특근용 아르바이트'를 생각해낸 모양이었다. 환장할 노릇이었다. 이거야말로 정규직 '땜빵'용 '불법 파견'이 분명했다. 정식이는 그냥 사진만 찍어서 보내주지 않았다. 현수막에 적힌 전화번호로 직접 전화를 걸어 확인했다.

"전화했더니 24시간 편의점이더라고요. '알바'가 전화를 받길래 거기서 현대차 특근 '알바' 모집하는 거 맞느냐고 물었죠. 그랬더니 맞다는 거예요. 참 나, 현대차 생산 라인에서 일할 사람을 편의점에서 모집한다니! 더 구체적인 걸 물었더니 사장님이 하는 일이라 자기는 모른다고 하더군요. '알바'생한테 피해를 줄 수는 없어서 저도 그냥 끊었어요. 안전을 생명으로 여기는 자동차 생산을 이 따위로 해도 되는 건가요?"

자동차의 심장을 만들던 노동자의 심장이 멎다

다시 한 달 뒤인 7월 15일, 정식이는 다시 돌아오지 못할 길을 떠났다. 소나타와 그랜저에 탑재되는 자동차의 심장(엔진)들은 이제 더는 그이의 손을 거치지 못하리라. 안전을 생명으로 여기는 자동차 생산을 이 따위로 하면 안 된다는 분노의 음성도 더는 들을 수 없다. 그이를 기억하는 이들 몇몇은 이렇게 전한다. 비정규직 노조 활동을 하지 않았다면 정규직에 신규 채용될 가능성이 높았다고. 그렇지만 그이는 동료들하고 함께 모든 사내 하청을 정규직으로 전환하라고 요구하는 투쟁의 길을 선택했다. 나 혼자 정규직 되면 끝이라는 편협한 이기주의는 들어설 여지가 없었다.

비정규직 노조 간부들 대부분이 그렇듯 '누가 나에게 이 길을 가라 하지 않았'지만 어느새 최전선에, 현대차 아산사내하청지회 선전부장을 거쳐 사무장까지 지도부의 일원으로 서게 됐다. 정식이를 알고 지내기 시작한 때가 바로 그 무렵이었다. 뜨겁던 지난해 여름, 현대차만이 아니라 저 멀리 배스킨라빈스 공장에서도 하청 노동자들이 정규직화 투쟁을 벌이고 있다

박정식 열사(현대차 아산시내하청지회 사무장)
• 1979년 4월 22일 충북 음성 출생(35세)
• 2004년 8월 25일부터 현대자동차 아산공장 엔진부 근무
• 2010년 8월 노동조합 가입
• 2011년 노동조합 선전부장 역임
• 2012년~ 노동조합 사무장
• 2013년 7월 15일 낮 12:30분경 자택에서 목맨 채 자결

"반드시 함께 싸워, 함께 승리합시다!"
– 2013년 5월 9일, 박정식 열사가 조합원들에게

는 소식을 전해준 적이 있었다. "아, 배스킨라빈스! 저희 시골집 근처에 공장이 있죠. 여름휴가 때 지지 방문이라도 가봐야겠네요." 아들이 자결했다는 청천벽력 같은 소식에 충청북도 음성군에서 달려온 어머님은 45일째 눈에 넣어도 아프지 않을 아들의 영정을 마주하고 있었다. 노동조합, 비정규직, 열사 투쟁……. 이런 말조차 낯설 어머님이 이제 다시는 말할 수 없는 아들을 대신해 현대차그룹 정몽구 회장에게 준엄한 책임을 묻고 있었다.

박정식 열사가 34년 남짓한 짧은 생을 스스로 마감하겠다고 결심하기까지 얼마나 고통스러웠을지 가늠할 수조차 없다. 8년 전인 2005년 9월 4일 세상을 떠난 울산 공장 류기혁 열사 때처럼, 나는 가까이 있는 이들의 고통에 참으로 무심했다. 짧은 유서에 몇 번이나 적은 '미안합니다'와 '죄송합니다'는, 사실 내가 열사 앞에서 몇 번이고 거듭 해야 할 말이었다.

3500명을 신규 채용하면 조합원 대부분이 정규직으로 전환될 테니 이 정도로 끝내자는 현대차 자본에게 나 혼자 정규직 되려고 시작한 싸움 아니라며 모든 사내 하청을 정규직으로 전환하라며 당당하게 외치던 박정식 열사를 잊을 수 없다. 정몽구 회장, 당신이 9년 동안 부려먹은 노동자, 자동차의 심장을 9년 동안 만든 노동자의 심장이 멎었다. 당신이 저지른 불법을 고발하며 모든 사내 하청의 염원을 가슴에 품던 노동자의 심장이. 이런 피눈물을 흘리게 만든 자본의 심장은 멀쩡할 성싶은가!

사랑하는 모든 이에게

무엇을 위해 무엇을 얻고자 이렇게 달려왔는지 모르겠습니다.

비겁한 세상에 저 또한 비겁자로서 이렇게 먼저 세상을 떠나려 합니다.

저를 아끼고 사랑해준 모든 이에게 죄송합니다.

또한 저를 위해 피해를 입은 분들께 미안합니다.

같은 꿈과 희망을 좇았던 분들에게 전 그 꿈과 희망마저 버리고 비겁한 겁쟁

이로 불려도 좋습니다.

하지만 저로 인해 그 꿈과 희망을 찾는 끈을 놓지 마시고 꼭 이루시길…….

미안합니다. 죄송합니다.

어머님께

어머님 못난 아들이 이렇게 먼저 떠납니다. 죄송합니다.

결국 2013년 6월부터 현대자동차 각 생산 공장에서 휴일 특근 때 일당
직 아르바이트가 투입되기 시작했다. 몇 명이 투입되는지는 알려지지 않고
있다. 다만 한 가지, 불법 파견 시비를 피하려고 하루짜리 아르바이트도 현
대차하고 직접 일당직 근로 계약을 맺는다는 사실만 알고 있을 뿐이다. 직
접 계약이건 하청이건 하루짜리 일당직이 자동차 조립에 투입된다는 사실
이 놀라울 따름이다. '이 따위로 자동차 만들면 안 된다'는 정식이의 한숨
소리가 아직도 귓전을 때린다. 도대체 왜 이 불합리하고 부조리한 현실의
대가를 늘 가난한 노동자들이 지불해야 한다는 말인가.

5장
어떤 속도에서도 안전하지 않다
랄프 네이더, 골리앗 지엠에 맞선 다윗

"랄프 네이더라는 사람 기억나?"

"가만 있자. 어디서 들어본 이름인 것 같기는 한데……?"

1990년대 미국 정치에 관심이 있던 이들이라면 대부분 이런 반응을 보인다. "혹시……녹색당 후보로 대통령 선거에 출마한 그 사람?" 시민운동에 관심 있는 사람은 이렇게 얘기한다. "소비자 운동과 반핵 환경 운동에 앞장선 그 양반?"

둘 다 맞다. 미국 대선은 민주당과 공화당 후보만 나와서 경쟁하는 구조가 아니다. 사실은 군소 후보가 수십 명이나 등록하는 역동적인 선거판이다. 민주당과 공화당 소속이 아니면 선거 자금조차 모금하기 어려워 텔레비전 토론에서도 배제되는 바람에 군소 후보들의 목소리가 거의 알려지지 않을 뿐이다.

랄프 네이더는 그런 악조건 속에서 1996년부터 2008년까지 네 차례 대선에 출마했고, 1~3퍼센트 수준의 의미 있는 득표를 한 몇 안 되는 인물이다. 네 차례 대선 중 1996년과 2000년 두 번은 녹색당 후보로 출마했다. 특

1975년, 젊은 시절의 랄프 네이더(출처: 위키피디아).

히 조지 워커 부시가 아슬아슬하게 앨 고어 민주당 후보를 누르고 당선한 2000년 대선에서는, 네이더 때문에 표가 갈려 공화당에 승리를 헌납했다는 비난에 시달리기도 했다. 야권 연대를 해야만 보수 여당의 승리를 막을 수 있다는 논리가 판치는 한국에서도 꽤 익숙한 풍경이다.

네이더는 미국 소비자 운동의 대부로 일컬어질 만큼 명성이 있어 대선에서 의미 있는 득표를 거둘 수 있었다. 모래알 같은 소비자에 견줘 철옹성이나 다름없는 대기업의 횡포에 맞서는 '네이더 돌격대**Nadar's Raiders'**가 만들어질 정도였다. 법률가, 엔지니어, 과학자 등 정의감에 불타는 젊은 전문가들이 네이더하고 함께하자며 모여들었다. 네이더가 미국 소비자 운동의 대부가 된 계기는 무엇이었을까?

안전을 위해 지엠에 맞서 싸우다

바로 31살이라는 젊은 나이에 네이더가 펴낸 책 《어떤 속도에서도 안전하지 않다 — 미국 자동차의 설계상 위험Unsafe at Any Speed: The Designed-In Dangers Of the American Automobile》이다. 더 정확히 말하면, 젊은 변호사가 펴낸 책 한 권에 지엠이라는 거대 기업이 보인 지대한 관심 덕이었다.

1934년생인 네이더는 서른 살 되던 1964년에 노동부 차관 대니얼 모이니한의 보좌관으로 워싱턴 정가에 입성했다. 얼마 뒤 연방 상원의 자동차 안전 관련 소위원회의 자문역도 맡았다. 이듬해인 1965년에 네이더는 문제의 책을 펴내는데, 제목이 말해주듯 워싱턴에서 한 경험을 바탕으로 자동차 안전 문제를 다뤘다. 그동안 상대적으로 등한시되던 안전 문제를 다룬 데다 대기업의 횡포를 고발한 만큼 어느 정도 반응이 있었다.

신랄한 비판을 받은 빅 3를 비롯한 자동차 메이커들은 특별한 반응을 보이지 않았다. 아니, 겉으로만 그랬다. 지엠은 스토커 저리 가라 할 정도로 집요하게 네이더를 무너뜨리려 안간힘을 쓰고 있었다. 8장으로 구성된 이 책에서 지엠의 심기를 건드린 대목은 1장이다. 1960년에 지엠이 야심차게 내놓은 쉐보레 코베이어가 설계상 심각한 위험을 안고 있다는 폭로였다. 네이더는 이 책에서 코베이어가 타이어 압력이 약해지면 전복될 위험이 있다고 고발했다.

네이더는 코베이어가 후방 현가장치suspension의 결함 때문에 미끄러짐이 발생할 때 차가 요동치고 뒤집어지는 안전상의 문제가 있다고 지적했다. 또한 설계가 잘못돼 핸들을 돌린 각도보다 차가 더 돌아가는 '오버 스티어'가 심하게 일어나 사고가 날 위험이 크다고 경고했다.

1960년에 출시된 쉐보레 코베이어. 엔진이 차 뒤쪽에 장착돼 있으며, 앞부분이 트렁크다(출처: 위키피디아).

코베이어는 엔진을 차량 뒤편에 탑재한 미국 최초의 후륜 구동이어서 그때까지 볼 수 없던 설계 변경 사항이 반영돼 있었다. 그런 설계 변경이 가져올 안전상 위험은 지적되지 않은 채 자동차 전문가들의 엄청난 찬사를 받으며 시장에 나왔다. 네이더가 한 폭로 때문에 판매에 타격을 입은 지엠은 겉으로는 태연한 척했지만 뒷구멍으로 네이더를 모함할 궁리를 했다.

골리앗에 맞선 다윗의 싸움

지엠은 사립 탐정을 고용해 네이더를 뒷조사하고 약점을 잡아내려 혈안이 됐다. 요새 말로 '먼지털이식 조사'인데, 초등학교 시절 친구나 교사들까지 찾아다니며 네이더의 약점을 캐물었다. 심지어 성매매 여성을 고용해 네이더를 유혹한 뒤 함정에 빠뜨리려는 짓까지 서슴지 않았다.

털어도 먼지가 나지 않았다. 약점을 찾아내지 못했다. 얼마나 들쑤시고 다녔는지 뒷조사를 하는 사실이 네이더의 귀에도 들어가기 시작했다. 네이더는 지엠이 부당한 뒷조사를 한다는 의혹을 제기하고 천문학적인 금액의 소송을 준비한다. 지엠은 어떤 반응을 보였을까? 요즘 우리가 흔히 보는 대기업의 모습하고 똑같았다. 네이더가 하는 주장이 거짓이라고 맞섰다. 그렇지만 책이 출간된 이듬해인 1966년 초, 《뉴욕 타임스》를 비롯한 몇몇 언론이 집중 취재를 해 지엠이 네이더를 뒷조사한 사건을 폭로했다. 막강한 권력을 지닌 지엠과 개인 네이더 사이의 관계가 역전되기 시작했다. 폭로 기사가 나간 뒤 연방 상원이 조사를 시작했다.

1966년 3월 22일 상원 청문회가 열렸다. 랄프 네이더와 지엠의 사장 제임스 로슈가 나란히 출석했다. 기자와 시민으로 가득차 발 디딜 틈도 없던 청문회장에서, 결국 로슈 사장은 이제 갓 32살이 된 무명의 청년에게 사생활을 침해하고 부당한 뒷조사를 한 일을 공개 사과했다. 어린 다윗의 돌팔매에 거인 골리앗이 쓰러지는 순간이었다. 이 사건은 랄프 네이더라는 이름이 평범한 미국인들에게 깊이 새겨지는 계기가 됐다.

네이더가 지엠을 상대로 제기한 소송은 4년 뒤인 1970년에 지엠이 네이더에게 42만 5000달러를 합의금으로 주면서 마무리됐다. 애초 청구 금액에 견주면 한참 모자라지만, 그때 기준으로 보면 꽤 큰돈이었다. 네이더는 이 돈을 자기가 갖지 않고 자동차 안전을 감시하는 시민단체 '퍼블릭 시티즌Public Citizen'을 만드는 데 썼다. 지금도 퍼블릭 시티즌은 소비자 권리 운동을 활발히 펼치고 있다. 네이더는 자동차를 비롯해 여러 상품을 만드는 제조 업체들의 책임을 법적으로 명확히 하려는 '책임입법연구센터Center for Study of Responsive Law'를 설립하는 과정에도 관여했다.

소비자 운동의 대부, 소비자들의 대통령

자동차 안전에 관한 네이더의 철학은 간단하다. 사고가 나면 으레 운전 부주의나 운전 과실 등으로 운전자 탓을 하는데, 이런 관행이야말로 자동차 회사가 만든 허위 이데올로기다. 차의 외양과 가격에만 신경쓸 뿐 안전은 뒷전인 자동차 회사에게 더 큰 책임이 있다. 따라서 안전을 생각하면 국가가 강력한 규제를 실시하고 감시 장치를 도입해야 한다는 주장한다.

네이더가 대중의 주목을 받기 2년 전인 1964년, 로버트 케네디가 주도한 상원 자동차 안전 소위원회에서 지엠 사장은 1년에 17억 달러를 벌어들이면서도 자동차 안전에는 이윤의 0.6퍼센트도 안 되는 100만 달러만 투자하고 있다고 털어났다. 상황이 이런데도 자동차 회사들은 사고가 나면 모조리 운전자 탓으로 돌렸다. 1966년 초 린든 존슨 행정부는 교통안전 관련 법규를 준비하고 있었다. 그런데 여기에 명시된 안전 기준은 강제 사항이 아니라 자동차 제조사들에 자율 준수를 권고하는 수준이었다. 상원에서 자동차 안전 관련 자문역을 맡고 있던 네이더는 이 법을 '법 아닌 법'이라 비판했다. 그런데 상황이 바뀌었다.

본디 네이더는 상원 청문회에서 자동차 안전에 관해 증언할 예정이었다. 그런데 《뉴욕 타임스》가 지엠이 네이더를 뒷조사한 사건을 폭로하자 상원은 '증인을 부당하게 괴롭혔다'며 사상 최초로 한 개인에 관한 문제로 청문회를 열어 지엠 사장이 공개 사과하는 장면을 전 국민에게 보여줬다. 네이더가 낸 책은 날개 돋친 듯 팔려 나가 베스트셀러가 됐다.

무엇보다도 이 사건은 애초 자율 준수 권고 수준을 넘어 모든 자동차는 연방 안전 기준을 지켜야 한다고 명시한 교통안전법이 의회를 통과하는 데 큰 영향을 미쳤다. 청문회가 끝나자마자 이 법이 통과되고, 이듬해인 1967년에 안전 기준 10여 가지가 발표된다. 그중에는 네이더가 가장 공을 들인 문제, 안전벨트 장착을 의무로 하는 사항도 포함됐다. 그때만 해도 안전벨트 장착(착용이 아니라)은 옵션일 뿐 의무 사항이 아니었다. 자동차 회사들은 안전벨트 장착을 의무로 하자는 네이더의 주장에 맞서 소비자의 선택 폭을 제한한다는 어처구니없는 반론을 폈다. 네이더는 이렇게 비꼬았다. "승객이 자동차 앞창 유리를 뚫고 내동댕이쳐질 권리를 보호하는 게 신성불가침의 권리라는 말인가."

자동차 앞창에 깨져도 산산조각 파편이 튀지 않고 가루가 되는 강화유리를 쓰게 기준을 정하는 데도 네이더는 큰 몫을 했다. 네이더와 조력자들이 자동차 안전과 소비자 권리를 옹호하는 운동을 적극 펼친 결과 부품하나만 문제가 생겨도 대규모 리콜과 무상 수리를 하는 방식이 당연해지게 됐고, 1970년대에는 자동차 회사들이 비용을 대어 에어백을 개발하기도 했다.

그 뒤 소비자협회 기금을 받아 자동차안전연구소를 세운 네이더는 지엠을 비롯한 빅 3는 물론이고 독일의 폭스바겐 등 해외 업체까지 대상을 넓혀 감시를 체계화했다. 자동차 안전은 운전자의 부주의를 문제삼기 전에 자동차 회사의 책임이 돼야 하고, 국가와 정부는 자동차 회사를 적극 감시하고 규제해야 한다는 신념의 산물이다. 2010년 도요타의 대규모 리콜과 2014년 지엠의 대규모 리콜을 강제한 미국 도로교통안전국^{NHTSA}도 네이더가 주도한 교통안전법의 산물이다.

그런 신념에 따라 여든 살이 넘은 네이더는 아직도 이 운동의 최선두에 서고 있다. 미국인들은 네이더에게 '소비자들의 대통령'이라는 애칭을 붙여 주기도 했다. 2014년 지엠은 점화 장치 불량과 에어백 문제 등으로 대규모 리콜을 실시했다. 네이더는 지난날의 경험을 살려 지엠의 시이오인 메리 바라에게 다시 한 번 이렇게 충고한다.

지엠의 관료 문화부터 바꿔야 한다. 1960년대에 내가 지엠을 조사하던 시절, 맨 밑에서 맨 위의 회장까지 무려 14개의 관료층이 있었다. 현장의 문제가 회장에게 전달되려면 14개의 관문을 통과해야 했다는 말이다. 아마 지금은 더 두터워졌을 듯하다. 최고 경영진에게 전달되는 구체적 문제는 모두 중간에서 사라지고 만다.

안전한 자동차는 없다

프린스턴 대학교와 하버드 대학교 로스쿨을 다닌 네이더는 여느 젊은 아들처럼 주말이면 히치하이킹을 다녔다. 그러다가 절친한 친구가 다리를 절단하는 사고를 당하게 된다. 이 사건은 네이더가 자동차 안전 문제를 파고들게 된 중요한 계기 중 하나였다. 네이더는 변호사 자격을 따고 얼마 뒤인 1959년에 잡지 《네이션^{The Nation}》에 〈당신이 살 수 있는 자동차 중 안전한 차는 없다〉는 글을 쓴 적도 있다. 네이더를 유명하게 해준 《어떤 속도에서도 안전하지 않다)는 자동차 사고로 다리를 절단한 친구에게 바치는 책이었다.

자동차는 지금 가장 보편적이고 대중화된 교통수단이다. 비행기나 선박하고 다르게 직접 운전하는 비율이 매우 높다. 비행기나 선박이나 자동차는 모두 평범한 소비자가 쉽게 이해하기 어려운 기계 장치로 가득차 있다. 이해하기 어렵다는 점은 비행기나 선박하고 똑같은데, 조종석(운전석)에 접근하기는 가장 쉽다. 바로 이 점 때문에 자동차 안전에 필요한 모든 정보를 평범한 대중이 이해하기 쉽게 공유해야 한다. 네이더가 자동차에 주목한 이유도 이 대목이 아닐까 조심스레 짐작해본다.

자동차 한 대를 조립하는 일에는 세계적 수준의 노동이 결합돼야 한다. 먼저 오스트레일리아나 남아메리카나 아프리카의 광산 노동자가 철광석 원료를 캔다. 드넓은 바다를 넘나드는 운송 노동자들이 철광석 원료를 배에 실어 보낸다. 한국 제철소의 고로에서 녹인 철광석을 철강 노동자들이 차량용 철판으로 가공한다. 세계 각국의 연구소에서 디자인과 엔지니어링을 맡는 노동자들이 차량을 설계하고, 태국과 인도 등의 전자 산업 노동자들이 대시보드 계기판, 오디오와 음향 설비, 내비게이션 등 전자 제품을 만든다. 마지막으로 완성차 조립 공장에서 집단 노동을 거쳐 조립된 자동차에 두바이산 원유를 가공한 연료를 넣는다.

이런 글로벌 생산 과정의 어느 한 곳에서 문제가 생기면 완성된 차량을 인도한 소비자는 이유도 모른 채 도로 위를 달리는 잠재적 살인자가 되고 만다. 더 많은 비극을 막으려면 생산 과정에 관련된 정보를 공유하고, 규제를 강화하며, 더 철저히 감시해야 한다.

랄프 네이더는 자동차 안전 문제에서 출발했지만, 거기에만 빠져 있지는 않았다. 식품 안전에 더해 반핵에도 매달렸고, 가스 수송관 문제를 파고 들기도 했다. 네이더는 세인트루이스 근처에서 파낸 구멍난 파이프를 들고 다시 의회 청문회에 나타났다.

정부와 업계가 필요한 조치를 취할 때까지 많은 사람이 죽어가는 모습을 그 저 지켜봐야만 합니까? 대형 참사를 일으킬 권한은 아무에게도 없습니다.

네이더가 한 증언이라는 사실을 모르고 보면 세월호 참사 희생자와 실 종자 가족들이 하는 호소로 착각할 만한 얘기다. 1970년대와 2010년대라 는 시간과 미국과 한국이라는 공간을 뛰어넘어 자본주의 체제와 국가는 구성원의 안전 문제를 절대 '스스로' 점검하지 않는다. 새벽 불을 밝힌 채 이 글을 쓰는 이유다.

물음 1 — 네이더는 왜 '소비자' 운동의 대부가 됐을까

랄프 네이더는 '교통'부가 아니라 '노동'부 차관의 보좌관으로 워싱턴에 입 성했다. 상원 자동차 안전 소위원회 자문역도 맡았지만, 노동부에 들어간 다음에 벌어진 일이었다. 그런 덕분에 자동차 안전 문제를 다룰 수 있는 다 른 길, 그것도 아주 쉬운 길 하나를 알고 있었을 듯하다. 자동차를 직접 만 드는 노동자들 말이다.

아무리 지엠 사장이 자동차 안전 문제는 등한시하고 디자인, 가격, 값싼 부품만 고집해도 결국 생산 현장에서 자동차를 조립하는 사람은 사장이

아니라 노동자다. 현장 노동자들이 운전할 때 문제를 일으킬 수도 있는 설계 오류나 제작 문제를 잡아내 폭로할 수 있다면 어떻게 될까?

완성차 생산 현장의 분위기나 노동자들의 의식과 조직력이 그 수준까지 올라와 있었다면, 랄프 네이더는 소비자 운동이 아니라 노동자들의 운동에서 대안을 찾으려 했을 듯하다. 복잡한 도면을 그리는 데 관여하는 소수의 설계자 중에서 내부 고발자를 찾는 작업보다 훨씬 쉬운 일이기 때문이다. 수천 또는 수만 명의 노동자 중 문제나 결함을 발견한 사람이 아무라도 나서주기만 하면 되기 때문이다.

운전자가 느낄 수 있는 불편까지 현장 작업자가 세세하게 잡아내기는 거의 불가능하다. 조립된 차를 직접 운전해보지는 않기 때문이다. 그렇지만 안전 문제를 일으킬 수 있는 결함은 질적으로 다른 문제다. 내가 조립한 차를 내 가족이나 친척이 몰고 다닐지도 모르기 때문이다. 그 사람들이 운전하면서 느낄 불편함까지는 관심 밖이라 해도, 목숨과 안전 문제는 완전히 다르게 느낀다. 이를테면 시트 조절 레버가 너무 아래 있어 허리를 많이 굽혀야 하거나 스피커 품질이 나빠 좋아하는 음악을 듣기 곤란한 문제하고 선루프에서 물이 조금 새는 문제는 차원이 다르다. 앞의 두 가지는 좀 불편할 뿐이지만, 누수는 목숨이 왔다갔다하는 심각한 결함이다.

시트나 옷이 젖는 일쯤이야 그렇다 쳐도 계기판과 내비게이션을 비롯한 전자 제품에 물이 스며들면 오작동이 일어날 수 있다. 노트북이나 스마트폰이 물에 빠져도 아무 문제없이 돌아간다고 믿는 사람은 없지 않은가? 블루투스를 이용해 전자 제품들 사이에도 무선 신호를 주고받는 시대다. 현대차 싼타페가 트렁크에 물이 새 '수타페'라는 오명을 얻자 국정 감사에서 중요하게 다루지 않았던가.

알 수 없는 일이다. 분명한 점은 네이더가 노동자 운동을 대안으로 선택하지는 않은 사실이다. 노동자들 속에서 내부 고발 운동이 활발하게 벌어지리라고 기대하지 못했다는 뜻이다. 노동조합을 거친다고 해도 그런 일이 가능하지 않다고 본 듯하다. 한 가지 분명한 사실이 더 있다. 앞에서 말한 대로 승객 안전을 위협할지도 모를 결함은 현장 조립 작업자들이 가장 잘 알 수 있다는 점이나. 내규모 리콜이 벌이질 만한 결함이라면 이미 오래전에 작업 과정에서 노동자들이 먼저 눈치를 챘을 수 있다.

자동차 노동자들이 설계상의 미세한 결함까지 잡아내기는 어려울지 모른다. 그렇지만 반대로 설계자도 미처 파악하지 못한 조립상의 미세한 오차를 잡아내는 게 현장 노동자들의 능력이다. 많은 현장 노동자들이 차 한 대씩은 몰던 1960년대 미국에서는 조립 때 발견한 문제가 운전 때 어떤 오작동을 일으키는지도 알 수 있었을 듯하다.

내부 고발은 왜 활발하지 않았을까? 문제를 지적해도 회사는 귓등으로도 들으려 하지 않았다. 관리자들은 대부분 이런 노동자를 귀찮아하거나 쓸데없는 문제를 지적하는 사람으로 취급한다. 그래서 현장 노동자들은 괜히 무시당하느니 차라리 알고도 침묵하는 길을 택하고 만다.

문제를 심각하게 생각해서 바깥에 폭로한다면? 그런 일은 쉽게 벌어지지 않는다. 회사 이미지가 추락하기 때문에? 아니다. 오히려 지엠의 점화 장치 불량처럼 나중에 문제가 불거지면 회사 이미지는 더 구렁텅이에 처박힌다. 차라리 미리 알려져야 이미지가 덜 나빠진다. 문제는 '해고'와 '손해 배상' 등 민형사상 책임이다. 내부 고발을 하는 노동자는 책임을 묻겠다고 협박하기 때문이다.

노동자들이 내부 고발과 결함 시정에 소극적이게 되는 또 다른 이유가 바로 이것이다. 상을 기대하지는 않지만 벌이 돌아오거나 손해를 보기 때문이다. 결함을 고치려면 대개 공정을 개선하거나, 작업 방법을 좀더 정교하게 하거나, 작업량을 늘려야 한다. 그런데 회사는 늘어나는 작업량을 그냥 현장 작업자들에게 떠넘긴다. 작업자를 한두 명만 더 늘려도 작업량이 크게 부담되지 않을 텐데, 회사는 비용이 많이 든다며 거세게 반대한다. 그러다 보니 이런 정서가 현장 작업자들을 지배한다. "괜히 입바른 얘기 했다가 일만 더 힘들어져. 나중에 문제 생기면 내가 책임지나? 결국에는 회사가 책임질 문제인걸 뭐. 그냥 입 닫고 일이나 하자." 시스템이 현장 작업자를 '수동화'시킨다. 완성차 공장에서만 벌어지는 일일까?

세월호에는 화물차가 30여 대 실려 있었다. 당연히 차량 운전자도 함께 탔다. 화물차 기사들은 과적 사실을 몰랐을까? 알고 있었다. 세월호를 하루이틀 타본 사람들도 아니었다. 세월호라는 배가 워낙 과적을 자주 하고 위험하다는 사실을 기사들은 잘 알고 있었다. 그래서 제자리에 가만히 있으라는 선내 방송을 믿지 않았고, 오래전부터 이런 일이 생기면 어떻게 해야 할지 탈출 경로를 머릿속에 그리고 있었을지도 모른다. 그래서 세월호에 탄 화물차 기사 중 희생자나 실종자가 거의 없다고 한다.

과적 문제를 제기하면 운송 회사에서 잘릴 게 뻔했다. 옆자리에 짐을 함께 부릴 동생을 앉혔지만 승선 명단에 올리지 않았다. 다들 그렇게 하니까. 괜히 명단에 올렸다가는 하루 일당이나 다름없는 운임을 물릴 테니. 하루 벌어 하루 먹고사는 화물차 기사들, 비겁하지만 어쩔 수 없었다.

자꾸 문제 일으키면 잘라버린다는 말을 들은 사람에는 비겁하게 가장 먼저 도망간 선장도 포함된다. 선장도 1년짜리 계약직 노동자 신세였다. 69세라면 당연히 은퇴해서 노후를 즐겨야 할 나이인데도 왜 배를 탔을까? 이유는 뻔하다. 떼돈을 벌자는 욕심이 아니라, 계약직 신분이더라도 일을 해야 가족이 입에 풀칠할 수 있기 때문이다.

"컨테이너랑 차량들 제대로 결박하면 돈이 얼마나 드는지 알아? 네 월급 몇 배가 까진다. 그냥 나갈래?" 이런 말을 들으면서 일등 항해사도 범죄에 동참했을 테다. 목구멍이 포도청이니. 그런 모습을 쳐다보는 선원들도 비겁하게 입을 다물 수밖에. 문제 제기하면 다음부터는 배에 못 오를 테니 말이다.

불법 개조에 가담한 업체에서 일하는 노동자들은 몰랐을까? "이렇게 증축하면 배가 넘어갈 텐데……." 본능적으로 이런 느낌이 들었을 테다. 그렇지만 이내 이런 생각을 하며 입을 닫는다. "에이, 뭐 평생 살다가 한 번 있을까 말까 한 일인데 뭘. 내가 탈 배도 아닌데 잘릴 위험까지 감수하면서 바른말 해야 할 이유는 없잖아?" 이렇게 비겁하게 눈을 질끈 감았을 테다.

선박을 검사하는 노동자들은 몰랐을까? "이거 사실은 검사도 안 한 배인데 '양호'라고 쓰라고 하니 어떻게 하지?" 양심의 가책도 잠깐, 조금만 비겁하면 가족을 먹여 살릴 수 있다는 생각에 진실을 덮고 말았을 테다.

물음 3 — 돌을 던질 죄 없는 자는 누구일까

비겁한 건 사실이지만 돌을 던진다고 해결될 문제도 아니다. 진짜 범인은 목구멍을 틀어쥐고 침묵하게 만든 사람들이다. 바른말 잘하면 손해를 볼 뿐이고, 비겁해져야만 편하게 살 수 있다고 강요하는 시스템이다. 가만히 있으라는 말에 가만히 있을 수밖에 없게, 수동적인 삶이 아름다운 법이라고 사기를 쳐온 제도다.

비겁한 이들에게 비난이나 책임을 물으면 안 된다. 이제 그렇게 살지 말자고, 우리 노동자들이 먼저 솔직하게 얘기하자고 다독여야 한다. 아니, 솔직하게 얘기해도 손해를 보지 않게 시스템과 제도를 철저히 바꿔야 한다. 시스템과 제도를 가만히 두면 안전과 행복은 다 허상일 뿐이다. 세상을 만들고 고치고 움직이는 노동자들에게, 진실을 말해도 손해를 보지 않을 권리가 주어지지 않으면 세상은 전혀 나아지지 않는다.

우리 노동자들의 이 비겁함을 없애려면 자본의 부정을 폭로하고 고발해도 보호받을 수 있는 권리가 필요하다. 민주적 노동조합이 필요하고, 노동자들의 정당을 비롯한 저항 조직이 있어야 한다. 과적을 고발하고 부정한 선박 개조와 부실한 점검을 폭로해도 잘리지 않는다는 확신, 적어도 손해는 보지 않는다는 믿음이 생길 때 비로소 우리 사회는 훨씬 안전해진다.

이윤 늘리는 데만 신경쓰느라 튼튼하지 않은 값싼 점화 장치 부품을 장착하라고 하면 이런 일은 사람 죽이는 짓이니 나는 조립을 거부하겠다고 노동자들이 용기 있게 나설 수 있는 권리가 보장될 때, 자동차는 잠재적 살인자가 아니라 편리하고 안전한 교통수단이 될 수 있다.

아주 어려운 길이다. 때로는 불가능해 보이기도 한다. 랄프 네이더도 한번쯤 생각한 뒤 가능성이 높지 않다고 보고 소비자 운동으로 방향을 틀었을지 모른다. 어렵다고 해서 포기하면 안 된다. 네이더가 선택한 소비자 운동이 모래알을 묶어내는 작업이라면, 더 응집력 있는 작업장 노동자들을 묶어내는 일은 가능성이 훨씬 높지 않을까?

이제 솔직히 고백하자. 가장 평범해 보이는 우리들, 아이들 생각에 매일

같이 잠 못 드는 노동자들, 우리들에게 솔직히 고백할 수 있는 권리가 필요하다고. 비겁해서, 비겁하고 또 비겁해서, 어여쁜 그대들을 차가운 물속에서 구하지 못한 우리 자신을 구할 길을 여기서 찾아야 한다.

6부

거짓말, 새빨간 거짓말
숫자의 마법 아래 숨겨진 자동차의 비밀

정리해고나 임금 삭감 등 구조 조정 공격이 벌어진 거의 모든 기업에서 '회계 조작' 의혹이 제기됐다. 그런 의혹들은 모두 정당하다. 정부가 만들어놓은 회계 원칙과 기준 자체가 조작과 이중장부, 나아가 삼중 장부 작성을 합리화했기 때문이다. 조작하지 않는 기업이 바보가 될 정도로 자유롭게 회계 장부의 수치를 조정하고 조작할 수 있게 모든 규제를 풀어줬기 때문이다. 기업 회계에 쓰이는 장부와 세무 회계에 쓰이는 장부가 다른 사실을 대체 어떤 상식으로 이해할 수 있을까? 미래에 발생할 비용을 올해 회계 장부에 반영해서 세금을 덜 내게 조작하는 일은 도대체 어떤 상식에 근거할까? 이러다가 미래에 외계인이 침공하는 사태가 예상되므로 그런 사태에 대비한 자금 집행 예상액을 미리 비용으로 처리하자는 얘기까지 나오는 게 아닐까?

1장
생산성 지표의 거짓말
현대차와 에이치피브이를 둘러싼 진실 게임

"세상에는 세 가지 거짓말이 있다. 거짓말, 새빨간 거짓말, 통계." 마크 트웨인 자서전에 나온다고도 하고 영국 총리를 지낸 벤저민 디즈레일리가 했다고 전해지기도 하는 이 말은, 동서고금을 통틀어 통계 수치를 악용해 혹세무민하는 이들에게 보내는 경고다. 한국에서는 물가 통계나 비정규직 관련 통계가 대표적이다.

정부는 체감 물가가 아니라 가격에 큰 변화가 없는 항목까지 끼워 넣어 물가 인상률을 낮게 발표한다. 소비자 단체들은 '소비자 물가 지수'를 따로 발표해 정부 통계의 허점을 파고든다. 비정규직 수치도 되도록 낮추려 갖은 방법을 쓰니 몇몇 언론은 아예 정부 통계와 노동계 통계를 함께 쓴다. 자동차 산업을 설명하느라 통계 수치를 즐겨 쓰는 나도 인용할 때 발표 기관과 출처를 밝히는 일은 기본 중의 기본이고, 이 수치가 자칫 악용되면 빠질 수 있는 함정이 무엇인지도 함께 얘기하려 노력한다.

생산성과 통계 수치

다짜고짜 '통계'라는 놈부터 두들겨 패놓고 시작하는 이유는 이제부터 다룰 주제가 '생산성' 항목이기 때문이다. 노동 시간 문제나 임금 항목을 다룰 때는 관련 통계 수치를 비교적 쉽게 이해할 수 있다. 누군가 자기에게 만 유리한 통계 수치를 인용하면 금세 알아챌 수 있지만 '생산성' 항목은 그렇지 않다.

먼저 개념 자체가 매우 낯설다. 이를테면 2012년 11월 7일, 한국자동차 산업협회가 낸 보도 자료에 '자동차 업체별 조립생산성 비교'라는 표가 포 함돼 있었다. 글로벌 완성차 업체의 생산성을 비교하느라 '에이치피브이 **Hour Per Vehicle·HPV**'라는 개념을 쓰고 있다. 에이치피브이는 '자동차 1대 생산 하는 데 들어가는 노동 시간'이라는 뜻이다.

에이치피브이 수치를 보면 자동차산업협회의 의도가 고스란히 드러난 다. 현대차가 나머지 업체에 견줘 수치가 크게 높다는 사실, 곧 현대차의 생 산성이 매우 낮다는 점을 말하고 싶은 모양이다. 자국 업체의 생산성이 낮 다는 부끄러운 사실을 왜 이렇게 당당하게 떠드는 걸까?

자동차산업협회가 이 자료를 돌린 날 이명박 정부는 한국 자동차 산업 노동자가 연간 2500시간이 넘는 장시간 노동을 한다는 조사 결과를 발표 했다. 너무 충격적이라 노동 시간 단축에 관심이 쏠렸고, 자본가들은 급하 게 이 자료를 돌려 노동 시간 단축 논의를 막으려 했다. 현대차의 생산성이 이렇게 낮은데 노동 시간을 줄이면 글로벌 업체를 상대로 어떻게 경쟁하느 냐고 항변했다.

앞서 말한 대로 통계가 나오면 일단 의심부터 해야 한다. 어떤 기관이

자동차 업체별 조립생산성(HPV) 비교(2009년 기준)

현대	지엠	포드	혼다	닛산	도요타
31.3	23.0	21.7	23.4	23.8	27.1

계산한 수치고 출처는 어디일까? 자동차산업협회가 돌린 보도 자료는 아무것도 밝히지 않았다. 황당하게도 언론들은 기초 사실도 확인하지 않고 그대로 베껴 썼다. 출처도 분명하지 않고 계산법도 알 수 없으니 뭔가 냄새가 난다. 수치를 들여다보면 더 이상하다. 현대차 다음으로 생산성이 낮은 곳은 도요타다. 그렇지만 도요타야말로 '마른 수건도 쥐어짠다'는 경영 철학 아래 미국의 빅 3도 혀를 내두르게 만드는 생산성 1위 업체다. 게다가 기준으로 삼은 2009년에 도요타는 자동차 업계 세계 1위를 달리고 있었다.

〈하버 리포트〉와 에이치피브이

에이치피브이라는 개념도 낯설지만, 무턱대고 이 수치를 비교한 출처 불명 자료를 내놓고는 생산성이 낮다고 하는 주장을 어떻게 신뢰할 수 있을까?

먼저 짧은 소개부터 시작하자. 북아메리카에서 완성차 공장의 생산성, 특히 에이치피브이를 측정해 해마다 업계 표준 보고서를 제공하는 곳이 있다. 바로 하버 컨설팅인데, 완성차 자본 컨설팅을 하던 론 하버가 만들었다. 하버 컨설팅은 2008년 1월에 세계적인 경영 컨설팅 업체인 올리버 와이먼에 합병되는데, 〈하버 리포트Harbour Report〉라는 보고서는 해마다 계속 내고 있다. 지금도 론 하버가 직접 에이치피브이 측정을 비롯한 컨설팅에 참여하고 있다고 한다.

여기까지는 웬만한 검색만 해도 알 수 있는데, 우리 같은 아마추어는 이 보고서를 구경하기도 어렵다. 궁하면 통한다고 정말 어렵게 2008년에 나온 〈하버 리포트〉 한 권을 구할 수 있었다. 짧은 영어 실력으로 며칠 밤을 뒤적여 알게 된 사실을 요약해보자. 먼저 내가 구한 〈하버 리포트〉의 원제는 'Harbour Report North America 2008'이다. 제목에서 알 수 있듯이 이 보고서는 전세계가 아니라 북아메리카 지역 완성차 공장만 조사 대상으로 삼았다.

이 보고서가 나온 2008년에는 북아메리카 지역 11개 회원사 72개 공장이 조사 대상이었다. 해마다 6월에 발간되기 때문에 〈하버 리포트〉에 실린 에이치피브이 수치들은 전해에 조사한 결과를 분석한 내용이다. 내가 본 보고서는 2007년 북아메리카 공장들의 에이치피브이 수치를 주로 다루고 있었다. 〈하버 리포트〉가 처음 나온 1981년에는 북아메리카 지역 공장만 대상으로 했다. 아시아나 유럽이나 남아메리카에 있는 공장은 포함되지 않았다는 말이다. 이를테면 현대차 앨라배마 공장은 내가 구한 2008년 보고서에 처음으로 조사 대상에 포함됐다.

사라진 현대차 국내 공장 에이치피브이 수치

몇 년 전부터 〈하버 리포트 유럽〉이 작성되기 시작했고, 2007년에는 처음으로 〈하버 리포트 남아메리카〉가 제작됐다. 유럽과 남아메리카 공장을 대상으로 한 보고서는 회원사들만 공유하고 있어서 우리 같은 아마추어들은 아예 구할 수가 없다. 일반인이 구할 수 있는 〈하버 리포트〉에는 어김없이 '북아메리카'라는 단어가 포함돼 있다. 이런 보고서도 2008년판이 595달러, 한국 돈으로 60만 원을 훌쩍 뛰어넘으니 쉽게 구하기 어렵다.

〈하버 리포트〉의 작업은 북아메리카에서 점점 성장해 이제 해외로 뻗어가고 있다. 지난해에는 〈하버 리포트〉 남아메리카판이 처음 출간되기도 했다. 여전히 성장 중인 남아메리카 지역의 몇몇 완성차 회사가 내부용 자료로 공유하기로 했다. 〈하버 리포트〉 유럽판도 계속 회원사가 늘고 있으며, 분석의 질 또한 높아지고 있다. 유럽판과 남아메리카판은 모두 회원사 내부용 자료로 작성되고 있다. (Harbour Report North America 2008, p. 4)

〈하버 리포트〉는 주로 북아메리카(미국, 캐나다, 멕시코)에 있는 완성차 공장의 제조 성과를 조사하는 보고서다. 유럽과 남아메리카 공장도 조사하지만 결과를 공개하지 않는데다, 대륙을 넘나드는 비교 작업도 하지 않는다. 〈하버 리포트〉 북아메리카판 어디를 봐도 다른 대륙에 있는 공장의 에이치피브이 수치는 찾아볼 수 없다.

사실 매우 당연한 얘기다. 대륙별로 생산 환경과 조건이 다를 수밖에 없는데 어떻게 다른 대륙의 공장들을 단순 비교할 수 있으며, 비교한다 한들 무슨 의미가 있느냐는 말이다. 하버 컨설팅이건 올리버 와이먼이건 모두 자본의 논리에 충실한 경영 컨설팅 업체지만, 나름의 합리성을 추구하고 있는 셈이다.

그럼 자동차산업협회가 공개한 에이치피브이 수치 중 현대차의 수치는 도대체 누가 조사한 결과고 어느 자료에 실렸을까? 이 물음에 자동차산업협회는 답해야 한다. 확실한 사실은 하나뿐이다. 적어도 〈하버 리포트〉가 현대차 국내 공장의 에이치피브이 수치를 측정하지는 않는다는 점이다. 〈하버 리포트〉 아시아판은 없다는 말이다. 그럼 대체 현대차 국내 공장의 에이치피브이 수치는 누가 측정했을까?

모닝과 코란도의 에이치피브이

동희오토가 만드는 기아차의 대표 경차 모닝과 에스유브이 전문인 쌍용차의 코란도는 차량 크기부터 차이가 크다. 들어가는 부품 수와 무게도 큰 차이가 난다. 모닝을 1대 생산하는 데 드는 시간과 코란도를 1대 생산하는 데 드는 시간은 어떻게 될까? 당연히 코란도를 생산하는 데 훨씬 많은 시간이 필요하다.

동희오토와 쌍용차의 에이치피브이 수치를 비교하는 게 의미가 있을까? 당연히 쌍용차의 수치가 높을 수밖에 없다. 수치가 낮다는 이유만으로 동희오토의 생산성이 쌍용차보다 높다고 단정할 수 있을까? 말도 안 된다. 그럼 국내 완성차 공장의 에스유브이 라인은 모두 폐쇄하고 모조리 경차를 만들어야 생산성이 높아진다는 논리가 되기 때문이다.

〈하버 리포트〉도 이 점을 잘 알고 있다. 그래서 지엠의 에이치피브이는 얼마, 포드의 에이치피브이는 얼마 같은 식의 비교를 거의 하지 않는다. 지엠의 플린트 공장에서 생산하는 어떤 차종의 에이치피브이는 얼마, 도요타의 조지타운 공장 제 1라인에서 생산하는 차종의 에이치피브이는 얼마, 제

2라인의 에이치피브이는 얼마 같은 데이터를 제공할 뿐이다.

〈하버 리포트〉는 북아메리카 지역 11개 메이커, 72개 공장, 각각의 생산 라인, 차종, 세그먼트별로 수백 가지의 에이치피브이를 구분해 계산한다. 같은 업체라도 공장, 생산 라인, 차종별로 각각 에이치피브이를 측정한다. 승용차와 트럭 부문을 나누고, 승용차도 소형차와 중대형차와 에스유브이를 구분한다. 심지어 에스유브이도 대형과 중형과 콤팩트형을 모두 나눠 수치를 뽑는다. 생산 라인, 차종, 세그먼트별 에이치피브이를 수백 개 놓고 순위를 매기기는 하지만, 수백 쪽에 이르는 보고서 중 몇 쪽뿐인 순위표는 그저 참고 자료에 지나지 않는다.

〈하버 리포트〉는 순위를 이렇게 매긴 이유를 거의 언급하지 않는다. 2008년 북아메리카판에서 처음 회원사가 돼 조사 대상에 들어간 현대차 앨라배마 공장에서는 2개 차종이 생산되고 있었다. 그중 싼타페의 에이치피브이는 22.58, 쏘나타의 에이치피브이는 18.9였다. 싼타페보다 쏘나타의 생산성이 더 높은 걸까? 〈하버 리포트〉는 그런 말을 전혀 하지 않는다. 앞서 살펴본 대로 싼타페 같은 에스유브이가 쏘나타 같은 승용차보다 에이치피브이 수치가 높을 수밖에 없기 때문이다.

기본을 안 지킨 이유

2008년 북아메리카판 〈하버 리포트〉에 제시된 에이치피브이 순위를 보자. 공장, 차종, 세그먼트별로 100여 종에 이르는 서로 다른 생산 라인의 에이치피브이를 측정해 그중 톱 10을 뽑았다. 단순히 지엠, 크라이슬러, 포드,

2007 Top 10 Vehicle Assembly Plants – Hours Per Vehicle (HPV)

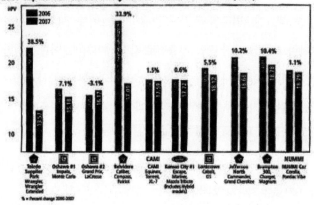

History of Vehicle Assembly Labor Productivity – Hours Per Vehicle (HPV)

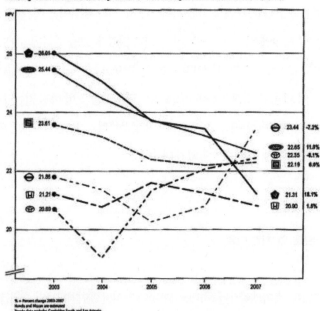

도요타 등의 수치를 얘기하지 않는다. 1위는 크라이슬러 톨레도 공장의 랭글러 생산 라인, 2위는 지엠 캐나다 오샤와 1공장의 임팔라와 몬테카를로 생산 라인, 3위는 오샤와 2공장의 그랑프리와 라크로스 생산 라인이다. 맨 오른쪽 10위가 도요타와 지엠의 합작 법인 누미 공장의 코롤라와 폰티악 바이브 생산 라인이다.

2위와 3위는 캐나다 오샤와 공장에 있는 서로 다른 생산 라인이다. 오샤와 공장의 에이치피브이가 아니라 개별 생산 라인과 차종별 에이치피브이를 따진다는 말이다. 지엠 캐나다의 다른 공장까지 포함한 전체의 에이치피브이를 따로 계산하지도 않는다. 자동차산업협회가 낸 보도 자료처럼 현대차의 에이치피브이, 도요타의 에이치피브이, 닛산의 에이치피브이, 지엠의 에이치피브이를 비교하는 표는 찾아볼 수 없다.

더 놀라운 사실은 1~3위를 기록한 공장이 가장 생산성이 높다고 말하지 않는다는 점이다. 각 공장별로 막대그래프가 두 개씩 그려져 있는데, 오른쪽 수치가 에이치피브이고 왼쪽은 전년 대비 에이치피브이 개선율이다. 절대 수치인 에이치피브이 못지않게 개선율도 매우 중요한 지표라는 뜻이다. 각 업체가 소유한 북아메리카 지역 공장의 에이치피브이를 모두 더해 나눈 에이치피브이 평균치가 딱 한 차례 나오지만, 자동차산업협회처럼 각 업체의 평균 에이치피브이를 비교하는 어리석은 짓은 하지 않는다.

〈하버 리포트〉는 해마다 각 업체별 평균 에이치피브이가 바뀌는 모습을 보여주는 추세 그래프를 한 장 제공한다. 보고서 전체에서 업체별 평균 에이치피브이 수치는 여기에 딱 한 번 등장한다. 이 그래프를 보면 〈하버 리포트〉와 올리버 와이먼이 각 업체별 평균 에이치피브이 수치를 비교하지 않는 이유를 쉽게 알 수 있다. 무의미하기 때문이다. 해마다 위아래로 들쭉날쭉 수치가 요동친다. 이런 수치에 무슨 일관성이 있으며, 도대체 뭘 비교하고 예측할 수 있을까? 같은 대륙에 있는 공장들 수치도 이렇게 들쭉날쭉하는데, 하물며 자동차공업협회가 뿌린 보도 자료처럼 서로 다른 대륙 공장들까지 비교하는 게 무슨 의미가 있을까?

오히려 그래프를 보면 업체별 평균 에이치피브이가 올바른 판단과 예측을 가로막는다. 꾸준히 에이치피브이 수치가 낮아진 지엠과 크라이슬러는 어떻게 됐을까? 보고서가 나온 지 몇 달 만에 파산 보호를 신청했다. 오히려 에이치피브이 수치가 계속 높아진 도요타와 닛산은 여전히 건재하다. 에이치피브이 수치가 좋아질수록 기업이 망할 가능성이 높아진다는 말일까?

에이치피브이 수치에 영향을 미치는 많은 변수들

2008년 북아메리카판 보고서에 나온 수치들 중 최악의 에이치피브이를 기록한 곳은 멕시코 뿌에블라에 있는 폭스바겐 공장인데, 무려 41.33을 기록했다. 현대차 앨라배마 공장이 기록한 20.62의 두 배가 넘는다. 더 놀라운 사실은 〈하버 리포트〉가 폭스바겐의 생산성이 너무 낮아서 문제라는 식의 말을 하지 않았다는 점이다. 폭스바겐의 에이치피브이 수치가 매우 높은 편이기는 하지만 해마다 좋아지고 있다는 점에 주목했다.

3년 뒤인 2011년, 폭스바겐은 도요타와 포드를 제치고 지엠을 턱밑까지 추격하는 세계 2위 자동차 업체로 우뚝 선다. 현대차 에이치피브이보다 두 배나 높은 수치를 기록한 폭스바겐은, 자동차산업협회가 내세운 논리에 따르면 최악의 생산성을 지닌 업체가 아닌가?

더 놀라운 얘기는 따로 있다. 2008년 보고서에 처음 포함된 현대차 앨라배마 공장의 에이치피브이 수치 20.62가 매우 놀라워 보이기는 하지만, 〈하버 리포트〉는 칭찬을 늘어놓기보다는 이런 말을 덧붙이고 있다.

그렇지만 현대차는 북아메리카 공장들 중 가장 높은 아웃소싱(외주화) 비율을 보이고 있다. 65퍼센트가 넘는 모듈을 부품 업체가 조립하고 있고, 독립된 하청 업체들이 40퍼센트 정도의 지원 업무를 떠맡고 있다.

대부분의 부품을 밖에서 조립하기 때문에 최종 조립 라인에 필요한 공정이 많지 않다는 말이다. 자동차 1대 조립하는 데 들어가는 시간은 당연히 낮아질 수밖에 없다고 꼭 집어 지적한 셈이다. 얼마나 많은 공정을 외주화했으면 신규 회원사가 이런 평가를 받았을까?

〈하버 리포트〉는 변수가 많은 에이치피브이 수치를 생산성 지표로 해석하지 않는다. 포드 윅솜 공장의 에이치피브이 수치가 낮아졌는데, 2개 차종을 한 생산 라인에서 만들다 1개 차종이 단종된 덕이라고 분석했다. 한 생산 라인에서 여러 차종을 만들면 노동 강도가 높아지기 때문에 에이치피브이 수치도 높아진다. 20여 개에 이르는 북아메리카의 지엠 공장 중 9개 공장에서 에이치피브이 수치가 전해에 견줘 높아졌는데, 6개 공장에서 신차가 출시된 결과라는 친절한 분석도 덧붙였다. 보통 신차가 출시될 때 계획한 하루 생산량을 100퍼센트 달성하는 데 1~2개월 정도가 필요하다. 노동자가 새 차량에 적응하려면 어느 정도 시간이 흘러야 하기 때문이다. 캐딜락 시티에스^{CTS}를 새로 출시한 지엠의 랜싱 그랜드리버 공장은 자본이 계획한 생산량의 100퍼센트는커녕 90퍼센트에 도달하는 데 16일 걸렸다는 말을 덧붙였다. 신차가 출시되면 에이치피브이 수치가 높아지게 된다.

자동차산업협회가 제시한 자료를 다시 떠올려보자. 2011년 11월에 발표한 보도 자료인데, 왜 2009년의 에이치피브이 수치를 공개했을까? 그해 6월에 가장 최신인 2010년 에이치피브이 수치가 공개됐을 텐데 말이다. 여기가 바로 통계가 사기로 바뀌는 대목이다. 2009년을 떠올려보자. 미국발 금융 위기 뒤 '신차 효과'를 노린 현대차가 미친듯이 새 차를 출시하던 때다. 앞에서 본 대로 신차를 많이 출시할수록 에이치피브이 수치는 높아진다. 자동차산업협회는 현대차의 에이치피브이 수치가 높아질 수밖에 없는 해를 선택했다. 비교 대상이 된 지엠이나 도요타가 2009년 출시한 신차는 적었다. 〈하버 리포트〉는 서문에서 경고했다. "이 보고서에 나온 수치를 기업 평가의 유일한 지표로 삼아서는 안 된다."

에이치피브이를 둘러싼 진실 게임

현대차 국내 공장에서 '자동차 한 대를 만드는 데 드는 시간**HPV**'은 30.5로, 미국 앨라배마 공장(18.6)의 1.6배다. 지엠(21.9), 포드(20.6), 닛산(18.7)보다도 뒤떨어진다. 그런데도 미국 공장 노동자의 평균 연봉은 7~8만 달러로, 한국보다 1000~2000달러가 적다. (곽정수 경제부 선임기자, 〈현대차 노사는 공멸을 원하는가〉, 《한겨레》 2013년 8월 3일)

이제 그나마 진보적인 신문인 《한겨레》의 경제부 선임기자도 이런 얘기를 떠드는 상황이 벌어졌다. 이쯤 되면 에이치피브이를 거의 맹신하거나 광신하는 수준이라 할 수 있다. 이 수치를 측정하는 컨설팅 회사가 저런 비교 자체를 하지 않고, 심지어 저런 비교를 하면 안 된다는 경고까지 하는데 말이다.

이 주장을 깊이 파고 들어가면 수십 개의 의혹이 제기될 수 있다. 그런 의혹 하나하나에 답변하는 과정은 자본가들 스스로 진땀을 흘릴 만한 일들이다. 진실한 답변을 하게 되면 지금까지 자기들이 얼마나 거짓 주장을 했는지가 만천하에 드러나기 때문이다. 그중 가장 곤혹스러울 만한 네 가지만 살펴보자.

첫째, 현대차 국내 공장 에이치피브이 수치인 30.5는 누가 계산했고 어디에 실렸는가? 앞에서 살펴본 대로 〈하버 리포트〉는 북아메리카 공장들의 수치만 공개할 뿐 유럽과 남아메리카 공장들의 수치는 측정은 하되 회원사에만 공개한다. 〈하버 리포트〉 팀은 한국을 비롯한 아시아 공장들의 에이치피브이 수치는 측정도 하지 않으며, 따라서 어디에 공개할 수도 없다. 그냥 현대차가 스스로 계산한 수치 아닌가?

둘째, 현대차 국내 공장의 에이치피브이 수치는 울산, 아산, 전주 공장이 모두 포함된 평균치인가? 특히 대형 버스와 대형 트럭을 생산하는 전주 공장이 포함됐는지 답하라. 한 시간에 63대를 생산하는 아산 공장하고 다르게 전주 공장에서 만드는 대형 차량은 한 시간에 1대 만들까 말까 하다. 전주 공장을 포함하게 되면 현대차의 에이치피브이 평균 수치는 어마어마하게 높아질 수밖에 없다.

셋째, 지엠, 포드, 닛산 같은 다른 완성차 업체들의 에이치피브이 수치는 대체 어디를 기준으로 하고 있는가? 지엠, 포드, 닛산은 모든 대륙에 걸쳐 수십 개 공장을 갖고 있다. 미국 공장들인가? 미국, 멕시코, 캐나다를 포함한 북아메리카 평균인가? 전세계 모든 공장들의 평균인가? 비교하려면 최소한 같은 대륙 공장들끼리 해야 공정하다. 〈하버 리포트〉도 서로 다른 대륙에 있는 공장들끼리 비교하는 짓은 아예 하지 않는다.

넷째, 현대차 에이치피브이 수치를 계산할 때 기준이 되는 노동 시간은 누구의 노동 시간인가? 정규직의 노동 시간인가? 사내 하청 노동자들이 투입한 노동 시간까지 모두 포함한 수치인가? 현대차가 내세운 논리에 따르면 사내 하청은 자기 회사 직원이 아니라 아웃소싱(외주화)한 업무를 수행하는 만큼 에이치피브이 수치를 계산할 때 사내 하청 노동자의 노동 시간은 빼야 하지 않는가? 노동 시간 측정법을 한번 공개하시라. 정정당당하게 논쟁하시라. 자꾸 출처도 분명하지 않은 자료 가지고 장난치지 말고.

이 글은 2012년 3월 《프레시안》에 쓴 〈현대차 생산성 지표의 거짓말〉을 다듬었다. 그 글을 쓰고 6개월이 지난 2012년 9월 중순, 국회 환경노동위원회 김경협 의원실(민주통합당)에서 전화가 왔다. 에이치피브이 관련 사항을 정리해달라고. 쌍용차 정리해고 관련 청문회가 9월 20일로 잡혀 있었다. 그동안 쌍용차는 2009년에 2646명 정리해고를 단행한 근거로 삼정KPMG가 작성한 〈쌍용차 정상화 계획서〉에 나온 에이치피브이 수치를 제시했다.

바로 쌍용차, 현대차, 기아차, 도요타, 포드, 혼다의 에이치피브이 수치를 비교한 그래프였다. 왼편에 있는 쌍용차의 에이치피브이 수치가 아주 높아 생산성이 낮아 보인다. 출처는 '2006년 Harbour Report'로 적어놓았다. 청문회를 준비하던 김경협 의원실은 자료를 찾다가 에이치피브이를 비판한

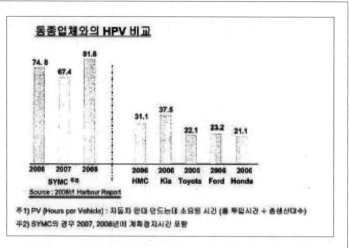

동종업체와의 HPV 비교

74.8 67.4 81.8 31.1 37.5 22.1 23.2 21.1

2006 2007 2008
SYMC 주1)

2006 2006 2006 2006 2006
HMC Kia Toyota Ford Honda

Source : 2008년 Harbour Report

주1) PV (Hours per Vehicle) : 자동차 한대 만드는데 소요된 시간 (총 투입시간 ÷ 총생산대수)
주2) SYMC의 경우 2007, 2008년의 계획정지시간 포함

내 글을 봤다. "도요타, 포드, 혼다는 몰라도 저 자료에 현대차, 기아차, 쌍용차 수치는 〈하버 리포트〉에서 나온 게 아닐 겁니다." 나는 내가 알고 있는 대로 얘기해줬다. "〈하버 리포트〉에서 나온 게 아니라고 확정적으로 얘기해도 될까요?" 시시비비를 가려야 하는 의원실인 만큼 당연히 재삼재사 확인했다. 평범한 토론이라면 나도 자신 있게 얘기할 테지만 정확한 확인을 요청하니 점점 소심해졌다. 영어 실력도 짧고, 〈하버 리포트〉도 2008년 북아메리카판 하나밖에 없는데……

결국 내 자료를 의원실에 넘겼다. 보고서 내용을 다시 한 번 훑어보며 주요 부분을 번역하기도 했다. 한국 공장들을 대상으로 에이치피브이 수치를 조사한다는 말은 여전히 찾을 수 없었고, 관련 수치는 어느 곳에서도 보이지 않았다. 이 얘기를 마지막으로 전하고 판단은 의원실에 맡겼다.

9월 20일 열린 쌍용차 청문회 자리에서, 김경협 의원은 내가 건넨 두툼한 〈하버 리포트〉를 들고 질의에 나섰다. 도대체 그 보고서 어디에 쌍용차 에이치피브이 수치가 있느냐고 말이다. 유창규 삼정KPMG 상무이사의 답변이 이날 청문회의 하이라이트였다. "이 부분은 다른 조사 기관에 용역을 맡겼습니다. 쌍용차 지수는 회사에서 자체적으로 책정했는데, 그 출처를 밝히지 않은 것은 문제입니다." 출처를 밝히지 않은 게 아니라 허위 출처를 적은 사실을 실토했다. 해외 유수의 업체가 측정한 수치라고 조작했다는 말이었다. 궁색해진 쌍용차와 삼정KPMG는 정리해고 인원을 산정할 때 에이치피브이 수치는 참고용이었을 뿐 기준으로 활용되지는 않았다고 변명을 늘어놓기 시작했다.

〈하버 리포트〉가 한국 공장들을 대상으로 에이치피브이를 측정하지 않는다는 사실이 분명히 드러났는데도 여전히 언론은 마치 이 수치가 국제적으로 공인된 기준인 양 생산성 비교 지표로 사용하고 있다. 정작 〈하버 리포트〉는 그런 비교를 하지 말라고 충고하는데도 말이다. 노동자들은 한국 공장의 생산성이 사실은 더 높다고 말하고 싶은 게 아니다. 에이치피브이인지 뭔지, 도무지 이해할 수 없는 이상한 수치로 장난치지 말라는 말이다. 노동자들을 경쟁으로 몰아넣는 도구로 써먹지 말라는 말이다.

2장
얼마면 돼?
시피유와 숫자 조작단

"우리 노동조합에서는 조합원들하고 함께 임원진을 대상으로 다면 평가를 진행했습니다. 100점 만점에 평점이 10점밖에 안 되네요. 분발하셔야겠어요. 사장님! 사장님은 그중 가장 꼴찌입니다. 프라이버시를 존중하는 차원에서 점수는 공개하지 않겠지만, 꼴찌를 하신 만큼 이번에 노조가 정한 퇴출 대상 1호가 된 사실을 알려드립니다. 아, 평가 기법이 뭐냐고요? 민주노총에서 지난 20년 가까이 공인된 기법인데요, 내부 기밀이라 알려드릴 수 없는 점을 안타깝게 생각합니다. 그러니 더는 자세한 내용을 묻지 마시고 그냥 나가주세요."

만일 어떤 사업장에서 노동조합이 이런 얘기를 회사에 공식 전달했다고 해보자. 제 발로 걸어나갈 사장이 있을까? 없다. 사장은 당연히 그 평가 기법이 구체적으로 무엇인지, 점수는 어떻게 냈는지 따져 묻는다.

얼토당토않은 얘기, 현실에 있을 법하지 않은 공상 아니냐고? 그렇지만 이 반대의 상황이 현실에서 벌어지고 있다. 공장과 노동자들의 생산성과 비용을 평가한 뒤 우리 회사가 쓰는 비용이 다른 곳에 견줘 많으니까 양보하라고 노조에 강요하는 짓 말이다. 노조가 구체적인 자료를 달라고 하면 회사는 영업 기밀이라 줄 수 없다고 버틴다. 노동자들은 어쩌라는 말인가? 어디서 비용이 늘어났는지 알 수 없으니, 뭘 양보해야 비용이 줄어드는지 알아낼 방법이 없다.

베일에 싸인 대당 제조비

노사 교섭에서 회사는 늘 비용 문제를 들먹인다. 글로벌 자동차 업계 톱 1~2위를 다투는 지엠은 특히 '자동차 1대당 제조비Cost Per Unit·CPU'라는 개념을 쓴다. 때에 따라서는 'Unit' 대신 'Vehicle'을 써서 'Cost Per Vehicle'이라고 표기하는데, 둘은 같은 개념이다. 지엠은 세계 각국에 흩어진 공장의 경쟁력을 모두 달러화로 환산된 시피유로 비교한다.

시피유는 자동차 1대를 만드는 데 들어가는 비용을 뜻한다. 여러 가지 의문이 생긴다. 나라별로 환율도 다르고 물가도 다르며 노동자 임금 체계도 다른데, 단순 비교를 한다는 게 말이 되나? 어떤 나라는 내수 중심으로 생산할 테고 어떤 나라는 수출 물량이 많은 곳도 있을 텐데, 그럼 수출 선적 비용도 포함되나?

처음부터 김새는 얘기일지 모르지만, 질문에 맞는 답은 나도 모른다. 아니, 사실 전세계 지엠 공장에서 일하는 노동자들도 알지 못한다. '빅 브라더'나 다름없는 글로벌 지엠 본사만 알고 있다. 아무에게도 이런 질문에 관한 답을 하지 않는다. 오직 한마디만 할 뿐이다. "비용이 올라가고 있습니다. 위험한 소식이죠." 2014년 1월, 여성 최초로 글로벌 지엠의 시이오가 된

매리 바라의 취임 기자 회견 자리도 마찬가지였다. 미국 주재 한국 특파원들이 한국지엠 문제를 집중해서 물었지만 대답은 한마디뿐이었다. "한국지엠의 비용 상승 문제를 주의 깊게 지켜보고 있습니다."

비용을 자동차 생산 대수로 나눈 수치라는 사실 말고는 도무지 아무것도 알 수 없는 시피유에 관련해서 지엠은 비용이 가파르게 올라가고 있다는 말만 반복했다. 몇 년 전에 시피유가 몇 달러였는데 올해는 몇 달러로 올랐다거나 다른 나라의 시피유는 몇 달러밖에 안 되니까 분발해야 한다는 식의 얘기를 들을 수가 없었다. 경쟁력 지표가 맞기는 맞는 걸까?

2014년도 마찬가지였다. 노동조합은 교섭 현장에서 2008년 대비 2014년에 시피유가 48퍼센트나 상승했다는 말만 들었을 뿐이다. 2008년에는 몇 달러였고 2014년에는 몇 달러인지 물어도 회사는 아무 자료도 내놓지 않았다. 세르지오 호샤 사장이 직접 부평, 창원, 군산을 돌면서 조합원을 상대로 경영설명회를 진행했지만 사정은 마찬가지였다. 비용이 48퍼센트 상승했다는 말이 전부다. 사장이 직접 설명한다는 점은 긍정적이지만, 부실한 내용은 바뀌지 않았다.

한 가지를 얘기해주기는 했다. 이 48퍼센트 인상분에는 '통상 임금 관련 소송 금액'이 들어 있다는 사실 말이다. 정기 상여금이 통상 임금에 포함된다고 미리 생각해 계산한 금액이라는 뜻이다. 노동자들은 상여금이 반영된 통상 임금을 단돈 1원도 구경하지 못했는데?

자본은 매번 이런 식이다. 겉으로는 '객관성'과 '과학성'과 '효율성'을 강조하면서도, 속으로는 자기에게 유리한 내용이 아니면 숨기고 감춘다. 통상 임금 관련 소송 금액을 얼마나 포함시켰을지 알 수는 없지만, 상정할 수 있는 가장 큰 금액을 넣었을 가능성이 크다. 그래야만 노동자들을 상대로 비용이 상승한다는 협박을 제대로 할 수 있을 테니 말이다.

한국지엠은 한국 공장들의 생산 비용이 상승했다고 빼놓지 않고 강조했다. 특히 군산 공장, 부평 1공장, 부평 2공장이 모두 '고비용 공장'으로 분류돼 있고, 창원 공장만 '중비용 공장'에 들어 있다. 어떤 공장들에 견줘 고비용인지, 다른 공장의 시피유가 얼마고 한국 공장의 수치가 얼마인지 알려주는 자료는 하나도 내놓지 않았다.

48퍼센트 상승, 한국 공장은 고비용

시피유 총액 수치를 비교하기보다는 상승률을 비교하는 쪽이 더 객관적이다. 나라마다 물가나 환율이 다르고 임금 체계도 다르기 때문이다. 절대치 비교는 별 의미가 없다. 얼마나 올랐는지를 비교하는 쪽이 더 낫다.

그렇더라도 48퍼센트의 비용 상승은 꽤 큰 수치로 보인다. 거의 절반이 뛰었다는 소리니까 말이다. 이 대목을 좀 제대로 따져보자. 먼저 거품을 걷어내야 한다. 48퍼센트에는 통상 임금 소송 관련 금액이 포함돼 있다. 정확한 금액이나 비중을 알 수는 없지만, 회사는 사내 소식지 등에서 본디 시피유 상승은 30퍼센트 남짓이지만 통상 임금 문제를 반영하면 48퍼센트가 된다고 한 적이 있다. 좀더 객관적인 수치는 48퍼센트가 아니라 30퍼센트 남짓인 셈이다.

착시를 일으키는 요소가 하나 더 있다. 이 30퍼센트 남짓의 비용 상승은 6년 동안 벌어진 일이라는 사실이다. 기준이 되는 해는 2008~2014년으로, 6년 동안 30퍼센트 남짓이라면 해마다 5퍼센트가량 상승했다는 얘기다(해마다 5퍼센트씩 비용이 상승한다고 해서 '5퍼센트×6년=30퍼센트'라는 단순 계산을 하면 안 된다. 2년 동안 5퍼센트가 오른다고 모두 10퍼센트가 오르지는 않는다. 작년 비용을 100이라 하면 5퍼센트가 올라 105가 될 테고, 다시 올해 5퍼센트가 오르면 '105×5=5.25'가 더해져 110.25가 된다. 2년간 5퍼센트가 오르면 비용은 10.25퍼센트가 오른다. 이렇게 계산하면 6년 동안 5퍼센트가 오르면 모두 합해 34퍼센트가 오른다). 매년 5퍼센트의 비용 상승이 이해하기 어려운 수준일까?

이 두 가지 거품을 걷어낸 뒤 다른 수치하고 비교해보자. 노동자에 관련된 '비용'이라고 하면 당연히 '임금'을 비롯한 인건비가 핵심이다. 임금에 관련해 가장 쉽게 알아볼 수 있는 항목인 최저 임금을 비교해보자. 한국의 법정 최저 임금은 노무현 정부 시기의 인상폭에 견줘 이명박 정부와 박근혜 정부 시기의 인상폭이 훨씬 낮다. 한국지엠에서 30퍼센트 남짓 비용이 상승한 시기가 딱 이명박 정권과 박근혜 정권 시절인 2008~2014년이다. 이때 최저 임금은 얼마나 변했을까?

시급 기준으로 한국의 법정 최저 임금은 2008년에 시급 3770원, 2014년에는 5210원이었다. 6년 동안 인상폭은 38.5퍼센트다. 최저 임금이 이렇게 많이 올랐나? 착시 현상이다. 6년이라는 기간을 벌여놓으니 정말 많이 오른 듯 보인다. 6년이면 어떤 수치를 갖다 대도 변화의 폭이 커 보인다.

중국 최저 임금 5년 새 2배로

지난 6년 동안 최저 임금이 38.5퍼센트 올랐다면, 한국 노동자의 평균 임금도 비슷하게 올랐다고 추정할 수 있다. 그럼 같은 기간 동안 시피유가 30퍼센트 남짓 오른 정도는 놀랍지 않다. 통상 임금 소송분까지 더해 48퍼센트가 올랐다고 해도 호들갑 떨 일이 아니다. 임금뿐 아니라 물가도 10퍼센트 남짓 올랐을 테니 말이다.

한국 상황일 뿐이라고 할 수도 있다. 다른 나라에서는 시피유 상승률이나 임금 인상률이 낮을지도 모르기 때문이다. 알맞은 비교 사례가 있다. 가장 많은 자동차를 만드는 중국이다. 중국의 시피유 상승률은 얼마나 될까? 지엠은 중국의 비용 상승률은 물론 시피유도 공개하지 않는다. 그럼 한국에서 쓴 방법을 중국에도 한번 적용해보자. 지난 몇 년간 중국의 최저 임금이 얼마나 올랐는지를 한번 보자는 말이다.

다행히 중국의 최저 임금과 인상폭에 관한 자료가 하나 있다. 2014년 3월 초, 한국무역협회가 낸 보도 자료에 중국의 각 도시별 최저 임금의 연도별 변화 추이를 보여주는 표가 실려 있다. 드넓은 땅덩어리와 어마어마한 인구를 가진 중국은 각 도시별로 최저 임금을 결정한다.

중국 주요 도시와 한국의 연도별 최저 임금 인상폭을 비교하면 눈이 휘둥그레진다. 2009년부터 2014년까지 5년 동안 중국은 무려 두 배가 뛴 반면, 한국의 인상률은 30퍼센트에 지나지 않기 때문이다(중국 각 도시의 수치는 월 최저 급여고 단위는 위안, 한국 수치는 원 단위의 최저 시급).

표를 그래프로 그려보면 인상폭의 차이가 좀더 뚜렷하게 드러난다. 한국의 완만한 인상률에 견줘 중국 각 도시가 보여주는 가파른 곡선은 매우 인상적이다. 중국의 최저 임금이 두 배로 오른 만큼 지엠 중국 공장의 시피유도 비슷하게 인상되거나 더 많이 올랐을 가능성이 크다.

중국 시피유 상승률 수치를 공개해보라. 한국보다 2~3배 넘는 높은

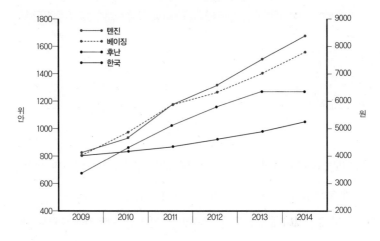

중국 주요 도시와 한국의 연도별 최저 임금 인상폭

상승률을 보일 게 틀림없다. 그렇지만 지엠은 중국의 생산 비용이 위험스러울 정도로 올라가고 있다는 말은 전혀 하지 않는다. 오히려 2016년까지 110억 달러, 한국 돈 약 12조를 투자해 신규 공장 4개를 더 짓고 생산 능력을 연간 500만 대 수준으로 늘린다는 발표를 했다. 이중 잣대다.

북아메리카와 유럽 공장은 빼고

한국지엠이 말하는 고비용 공장의 실체도 좀 따져봐야 한다. 저비용 공장, 중비용 공장, 고비용 공장을 따질 때 미국과 캐나다와 유럽 공장은 빠져 있기 때문이다. 지엠이 정한 기준에 따라 한국지엠 공장들을 나눠보자.

정확한 시피유는 공개하지 않았지만, 한국지엠이 경영설명회 같은 자리에서 밝힌 내용을 정리해봤다. 그런데 공장이 고비용 공장 11개, 중비용

지엠 해외 공장 현황

	시피유	해당 공장
고비용 공장	1000달러 이상	부평 1공장, 부평 2공장, 군산 공장 등 11개
중비용 공장	500~1000달러	창원 공장 등 14개
저비용 공장	500달러 미만	4개(한국 공장 중에는 없음)

공장 14개, 저비용 공장 4개 등 모두 29개뿐이다. 이상하다. 글로벌 지엠의 전세계 생산 공장은 100개 가까이 되는데 말이다.

이 표에는 북아메리카, 유럽, 남아메리카의 공장을 뺀 지엠 해외사업본부[10] 소속 공장만 포함돼 있다. 우즈베키스탄, 남아프리카공화국, 케냐, 이집트, 오스트레일리아, 중국, 인도, 러시아, 인도네시아, 태국, 베트남에 있는 공장들이 비교 대상이다. 이런 나라들에 있는 공장에 견줘 한국 공장에서 비용이 더 들어가는 상황은 어찌 보면 너무 당연하다. 한국을 뺀 나머지 나라의 공장이 모두 많든 적든 한국지엠에서 반조립 상태로 부품을 수입해 최종 조립을 하고 있기 때문이다. 상대적으로 부가 가치가 높지 않기 때문에 대부분의 비용은 핵심 부품을 생산하는 한국지엠의 노동력에 지출될 수밖에 없다.

또한 미국과 유럽에 완성차를 수출하는 공장도 한국이 거의 유일하다. 나머지 국가들은 대부분 내수용 차량을 만들고 있으며, 가까운 나라에 조금 수출하는 정도다. 한국지엠의 경쟁력을 평가하려면 이런 나라들에 있는 공장이 아니라 미국이나 유럽 공장들을 상대로 비교해야 한다. 그런데 지엠은 자료와 수치를 절대 공개하지 않는다. 미국과 유럽 공장의 수치가 한국 공장의 수치보다 한참 높을 게 뻔하기 때문이다.

시피유, 물량을 배정하는 아주 특별한 기준

에이치피브이가 생산성 지표로 알맞지 않듯이 시피유에도 노동자들의 임금 말고도 많은 변수가 개입된다. 가장 대표적인 변수가 공장 가동률이다. 사실 한국지엠의 공장들 중에서 창원 공장의 시피유가 가장 낮다는 점이 역설적으로 그 사실을 말해준다. 창원 공장은 부평이나 군산 공장에 견줘 동일 호봉과 평균 근속 대비 평균 임금이 4만 원 높기 때문이다. 임금 비용이 가장 높은 창원 공장의 시피유가 가장 낮은 이유는 뭘까? 창원 공장의 가동률이 다른 공장에 견줘 높기 때문이다. 몇 년 전 만해도 군산 공장의 시피유는 매우 낮았다. 1년에 26~27만 대를 생산할 정도로 엄청난 공장 가동률을 보였기 때문이다. 그런데 2014년 군산 공장의 생산 목표치는 10만 대가 채 안 된다. 가동률이 절반 밑으로 뚝 떨어졌다.

26~27만 대를 생산할 때나 지금이나 투입되는 총비용에는 큰 차이가 없다. 공장 가동률이 줄어 휴업하는 날에도 근무일보다는 조금 작지만 휴업 임금이 지급되기 때문이다. 따라서 군산 공장 시피유는 공장 가동률이 최대치일 때에 견줘 두 배나 높아지게 된다. 노동자 임금이 크게 늘지도 않았고 다른 부대비가 갑자기 늘어나지도 않았다. 다만 공장 가동률이 절반으로 뚝 떨어진 탓에 시피유가 두 배로 뛴다. 떨어진 가동률도 노동자 탓이 아니다. 지엠이 갑자기 차세대 크루즈를 군산에서 생산하지 않겠다고 선언한 뒤 새 물량을 주지 않고 있기 때문이다.

노사 교섭 자리에서 회사는 이런 말을 한다. "시피유가 높아지면 물량 배정에 어려움이 많다." 적반하장이다. 거꾸로 말해야 옳다. "생산 물량이 줄어 시피유가 (자동으로) 높아졌다." 노동자들에게는 아무 잘못이 없어도 가동률이 낮아지면 비용은 높아지고, 늘어난 비용은 모조리 노동자 책임이 된다. 시피유가 높아지면 생산 물량을 줄일 수밖에 없다는 말은 맞지 않다. 이런 틀에 한번 갇히면 공장이 폐쇄될 때까지 악순환을 벗어날 수 없다.

시피유가 잠깐 높아졌다고 해서 생산 물량을 줄이면 어떻게 될까? 물량이 줄어 공장 가동률이 낮아지고, 다시 시피유 수치가 높아진다. 시피유 수치가 높아졌으니 물량은 더 줄어든다. 가동률은 더 낮아지고 시피유 수치는 더 높아진다. 시피유가 높다고 물량을 빼면, 가동률은 낮아지고 시피유는 다시 뛴다.

시피유가 높아서 물량 배정을 못 한다는 말은 나는 네가 밉기 때문에 밉다는 말과 같다. 아무런 논리적 이유가 없다. 그냥 미워서 밉다는 말이다. 내가 뭘 잘하려고 아무리 노력해도 밉다는 말이다. 글로벌 지엠은 지금 한국지엠이 무조건 밉다고 말하고 있다.

자료와 수치, 논쟁과 설득의 전제

억울한 한국지엠 노동자들은 교섭 자리에서 구체적인 자료를 달라고 요구했다. 지엠도 노동자들이 궁금해하는 자료와 수치를 공개하고 정정당당하게 논쟁을 벌이면 된다. 모든 자료를 다 공개하기 어렵다면 세 가지 질문에 답하라.

첫째, 중국 공장의 시피유 전체를 공개하기 어려우면 2개 공장의 수치만 밝혀도 된다. 가동률이 시피유를 결정하는 핵심 변수인지를 따지려면 지난해 가동률이 낮은 공장들의 시피유 수치만 공개해도 된다. 그나마 가동률이 높은 쪽에 드는 중국 공장들 중에서도 상대적으로 가동률이 낮은 공장이 있다. 이를테면 선양의 노섬 1공장과 하얼빈 공장의 시피유를 한국 공장의 수치에 비교해보자. 중국 공장의 시피유가 모두 공개되면 지엠이 하는 주장이 옳은지 그른지를 한눈에 알 수 있다. 중국 공장들의 시피유 수치는 고르게 나타나지 않을 가능성이 크다. 어떤 공장은 매우 낮고 어떤 공장은 매우 높게 들쭉날쭉할 테니 말이다.

둘째, 가동률이 낮은 공장들하고 한번 비교해보자. 중국 말고도 오스트레일리아 애들레이드 공장, 러시아 상트페테르부르크 공장, 남아프리카 공화국 포트엘리자베스 공장, 베트남 하노이 공장도 환율과 내수 시장 침체 등으로 가동률이 떨어지는 곳이다. 이 공장들의 시피유 수치와 한국 공장의 수치도 한번 비교해보시라.

셋째, 재가동을 시작한 뒤 생산 물량을 늘리고 있는 인도네시아 베카시 공장의 시피유 수치를 공개하자. 몇 년 전에 인도네시아에서 철수한 지엠은 2013년에 다시 사업을 시작했다. 폐쇄한 베카시 공장을 몇 년 동안 방치하다가 2013년부터 재가동했다. 공장을 다시 돌리려면 초기 비용이 꽤 들어갈 수밖에 없다. 공장을 가동한 초기부터 가동률을 높은 수준으로 올리기는 힘들다. 2013년 상반기의 가동률은 매우 낮았을 듯하다. 그럼 베카시 공장의 시피유 수치도 예상보다 아주 높게 나올 수밖에 없다.

한국지엠이 자기 논리에 자신이 있다면 이 공장들의 수치를 떳떳이 공개하면 된다. 한국지엠 공장들의 시피유 수치가 다른 곳에 견줘 낮다는 사실을 입증하는 일은 중요하지 않다. 시피유 수치는 많은 변수들에 따라 달라지는 만큼 경쟁력 지표나 비용을 비교하는 기준으로 쓸 수 없다. 영업 기밀이니 어쩌니 하는 말은 회사가 불리해서 꺼내는 핑계일 뿐이다. 노동자들에게 비용이 너무 높아졌으니 원만하게 교섭하자고 하려면 시피유의 계산 근거와 산출식 등 데이터부터 공개해야 한다. 다른 나라 공장들이 이 정도인데 한국도 좀 노력해야 되지 않느냐고 설득하려면, 당연히 다른 나라 공장의 시피유 수치와 지난 몇 년 동안의 추이를 떳떳이 밝히는 게 좋다.

자료든 수치든 밝힐 수 없다면, 그럼 도대체 회사가 제멋대로 계산하고 비교한 시피유 수치를 노동자들이 믿어줘야 할 이유가 어디에 있을까? 노동자들도 자기 마음대로 각국의 노동 비용을 계산해서 한국이 전세계 최저라고 주장하면 회사는 있는 그대로 믿어줄까?

3장
흑자를 적자로
요술 방망이 통상 임금과 회계 장부

"떴다, 떴어!" 해마다 그렇듯 2014년 4월도 어김없이 바빴다. 한국지엠 감사 보고서가 4월 초순에서 중순 사이에 공시되기 때문이다. 한국지엠은 비상장 기업이라 사업 보고서 등을 공시해야 하는 의무가 없다. 그렇다고 상장 기업들이 경영을 투명하게 하지도 않지만, 노동자를 비롯한 이해관계자들이 기업 경영에 관해 조금이라도 알려면 공시 자료를 활용할 수밖에 없는데 말이다. 그나마 1년에 한 번 공개하는 감사 보고서로 한국지엠의 재무 상태를 살짝 들여다볼 수 있다. 비상장 기업도 감사 보고서는 공시해야 한다. 공시하는 자료는 회계 장부의 '대강'일 뿐이다. 각 항목에는 많은 소항목이 숨어 있다. 우리는 그저 어떤 부분의 총액만 볼 수 있을 뿐 그 안에 구체적으로 무엇이 들어 있는지 알 수는 없다. 이런 감사 보고서도 몇 년 치를 모아놓고 분석하면 숨어 있는 항목과 수치가 조금씩 보인다. 어떤 기업에 관심을 갖고 지난 몇 년 동안 벌어진 사건들을 지켜본 사람은 그런 사건들이 회계 장부에 끼친 영향을 쉽게 알아볼 수 있다. 이를테면 한국지엠에서 통상 임금 문제가 회계 장부를 들었다 놨다 한 사실은 잘 알려져 있다.

통상 임금 회계 처리만 아니어도

한국지엠은 2012년 영업 적자가 무려 3400억 원이라고 밝혔다. 2011년 2000억 원대의 영업 이익에 견줘 매출이 늘었는데도 적자가 난 이유는 통상 임금 때문이었다. 정확히 말해 통상 임금 문제를 빙자한 '회계 수법' 탓이었다. 한국지엠은 통상 임금 소송에서 패소할 때를 대비해 무려 6260억 원가량을 '장기 미지급 비용'으로 처리했다. 통상 임금 충당금을 미리 비용으로 처리하는 회계 수법을 동원해 3400억 적자 회사로 둔갑한 셈이다.

(영업 적자 -3400억) + (통상 임금 비용 처리 6260억) = 영업 이익 2860억

통상 임금 관련 회계 처리를 안 하니 오히려 영업 이익 2860억 원을 기록했다. 틈만 나면 통상 임금 때문에 사업을 못하겠다고 협박하더니, 아예 회계 장부까지 적자 기업으로 만들어버렸다. 2013년 12월에 갑을오토텍 통상 임금 관련 대법원 판결이 나오자 지엠은 이 판결이 자기들에게 매우 유리하다는 사실을 금세 알아챘다. 판결이 나온 뒤 곧바로 2012년에 비용 처리한 통상 임금 관련 금액을 다시 환입하는 꼼수를 부린다. 한국지엠이 환입한 금액은 7890억 원이었다. 이번에는 이 환입금 덕에 영업 이익이 무려 1조 860억 원으로 껑충 뛰어오른다. 2012년에 견줘 2013년이 매출액에서 큰 차이가 없고 차량 생산과 판매도 비슷한 수준인데, 2012년에는 3400억 원 적자를 보다가 2013년에는 1조 원대 흑자라니?

(영업 이익 1조 860억) - (통상 임금 환입 금액 7890억) = 영업 이익 2970억

1년 새 냉탕과 온탕을 오가고 천국과 지옥을 넘나들게 한 원인은 바로 '통상 임금 회계 처리'다. 2013년도 통상 임금 소송을 회계 처리에 반영하지 않으면 어떻게 됐을까? 영업 이익 2970억 원을 기록했다. 다시 말해 한 해는 3400억 원 적자가 나고 다음해는 1조 860억 원 흑자가 나면서 널뛰는 게 아니라 해마다 3000억 원 가까이 영업 이익을 기록하는 재무 건전성을 보여줬을 수 있다. 애초에 빼앗긴 임금 돌려달라고 노동자들이 제기한 쟁점인 통상 임금은, 이제 자본가들이 회계 장부를 들었다 놨다 마음대로 조정하는 수단으로 활용되고 있었다.

한국지엠 사례는 통상 임금 관련 회계 처리가 기업의 재무 상태를 얼마나 마음대로 뒤흔들 수 있는지를 보여줬다. 성형 수술 광고 문구의 대세가 된 '비포 앤 애프터'를 보는 듯한 착각이 들 정도다. 한국지엠이 통상 임금 소송 관련 비용 처리를 한 행위나 이 금액을 다시 환입한 행위 중 어느 경우에도 실제 나가거나 들어온 돈은 단 한푼도 없다. 통장 잔고에는 아무 변화가 없다. 그런데 미래에 그런 비용이 발생할지도 모른다는 예측 하나만으로 회계 장부에서는 수천 억 원이 왔다갔다한다. 그냥 왔다갔다한 게 아니라 멀쩡한 흑자 기업을 너무 쉽고 간단하게 적자 기업으로 둔갑시켰다.

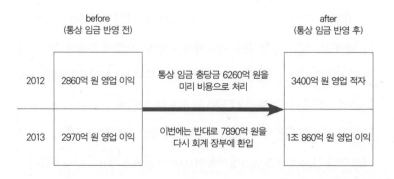

영업 이익 1조 860억 원, 당기 순이익은 1009억 원?

2012년에 멀쩡한 흑자 기업을 적자로 만든 원인이 탐욕스런 기업의 본성이라면, 왜 2013년에는 무려 1조 원대의 영업 이익이 났다고 발표한 걸까? 이런 이윤이 남는다고 하면 세금도 늘어나니 손해 아닐까?

비밀은 '당기 순이익'에 있다. 영업 이익이란 한국지엠 같은 자동차 기업이 차를 만들고 판매하는 등 영업 활동을 해 창출한 이윤을 뜻한다. 그러나 기업 활동이 꼭 영업에만 한정되지는 않는다. 요즘은 많은 기업이 금융이나 부동산에도 투자하는데, 경제 위기로 환율 변동이 잦아지면서 환차익과 환차손도 규모가 커진다. 그래서 영업 이익(적자)에다 영업 외 부문에서 발생하는 이익과 손해까지 반영한 항목을 '세전 이익'이라고 부른다. 쉽게 말해 영업 이익(적자)에다가 영업 외 이익을 더하고 영업 외 손해를 뺀 금액을 말한다. 이 금액이 바로 법인세를 부과하는 기준이 되는 '세전 이익'이다.

한국지엠은 이상하게도 2013년에 영업 외 손해 규모가 7500억 원에 이르렀다. 영업 외 이익은 3970억 원에 그쳐 영업 이익은 1조 860억이지만, 영업 외 이익과 손해를 반영하면 세전 이익은 7326억 원으로 줄어들었다. 영업 외 손해 규모가 왜 이렇게 클까? 조금 뒤에 따져보자.

이제 마지막 단계다. 당기 순이익은 세전 이익에서 법인세를 뺀 금액이다. 내야 할 세금까지 뺀 '순수 이익'이라는 뜻에서 이렇게 부른다. 한국지엠 같은 기업에는 법인세율 24.2퍼센트가 적용되는 만큼 법인세는 세전 이익 7326억 원의 24.2퍼센트인 1773억 원 정도다. 그런데 감사 보고서를 들여다보면 '법인세 비용' 항목이 6316억 원으로 예상 법인세의 3.5배가 넘는다. 세전 이익 7326억 원에 법인세 비용이 6316억 원이면 세율이 무려 86.2퍼센트다. 세전 이익에서 법인세를 빼고 나니 당기 순이익은 1009억 원으로 뚝 떨어진다. 영업 이익이 1조 860억 원인데 이것저것 다 떼고 나니 고작 1000억 원만 남았다는 얘기다. 도대체 한국지엠은 무슨 조화를 부린 걸까?

계산기와 돋보기 들고 꼼꼼히 따져보니

오기가 발동하기 시작했다. 2008년부터 2013년까지 6년 치 감사 보고서를 모두 뒤져보기로 했다. 감사 보고서에 나온 회계 장부 중 '손익 계산서'에 등장하는 주요 수치를 표로 만들어봤다(반올림하는 대신 계산을 편하게 하려고 10억 원 미만 단위를 모두 버렸다. 괄호 안 숫자는 음수, 곧 마이너스 금액을 뜻한다).

먼저 앞에서 설명한 대로 영업 이익(적자)은 영업 활동에서 발생한 이윤이므로, 총매출액에서 매출 원가와 판매비와 관리비를 빼주면 계산할 수 있다. 영업 이익에 영업 외 이익을 더한 뒤 영업 외 비용을 다시 빼면 세전 이익이 나오는데, 다시 여기에서 법인세 비용을 빼면 당기 순이익이 계산된다. 그런데 매출액 15조 원을 자랑하는 대기업의 회계 장부로 보기 어려울 정도로 수치들이 너무 들쭉날쭉하다. 특히 내가 굵은 글씨로 강조한 수치들은 다른 때보다 너무 높거나 너무 낮게 나타난 항목이다. 왜 이런 일들이 벌어진 걸까?

먼저 영업 이익을 다루는 위쪽 부분부터 살펴보자. 2009년에 매출액, 매출 원가, 판매비와 관리비가 모두 크게 떨어지는데, 2008년 9월에 리먼 브라더스 사태가 터지면서 미국발 금융 위기가 세계 경제를 강타했기 때문

	2013년	2012년	2011년	2010년	2009년	2008년
총매출액	15조 6030억	15조 9490억	15조 680억	12조 5970억	9조 5320억	12조 3100억
매출 원가	13조 5290억	15조 1050억	13조 6990억	11조 4210억	8조 5990억	10조 9830억
판매비와 관리비	9880억	1조 1840억	1조 2540억	1조 1000억	7770억	1조 370억
영업 이익 (손실)	1조 860억	(3400억)	1130억	750억	1550억	2900억
영업 외 이익	3970억	6990억	6470억	1조 1940억	1조 2160억	1조 5270억
영업 외 비용	7500억	4750억	5830억	8540억	1조 5720억	3조 850억
법인세 비용	6310억	(80억)	520억	(1700억)	1420억	(3910억)
당기 순이익 (손실)	1000억	(1080억)	1250억	5850억	(3430억)	(8750억)

이다. 한국지엠뿐 아니라 전세계 자동차 업계가 모두 생산량과 판매량이 크게 떨어졌다. 2009년 수치가 낮아진 점은 특별히 이상하지 않다.

2012년과 2013년의 매출 원가 항목은 변동이 크다. 매출액에 큰 변동이 없기 때문에 더욱 의심스럽다. 바로 여기에 통상 임금 관련 회계 처리가 숨어 있었다. 2012년에 미리 비용으로 처리한 6000여 억 원, 2013년에 다시 환입한 7000여 억 원이 모두 이 매출 원가 항목에 숨어 있다. 그래서 2012년에는 전년 대비 갑자기 상승한 반면, 2013년에는 갑자기 줄어들었다. 그나마 영업 이익을 다루는 이 표에서는 통상 임금 회계 처리 항목만 빼면 크게 문제될 부분은 없어 보인다. 영업 이익 항목도 통상 임금 비용 처리 때문에 2012년에 갑자기 적자를 내고 다시 2013년에 많은 이익을 낸 부분만 빼면 전반적으로 안정된 흐름을 보이고 있다.

영업 활동에 관계없는 대규모 손실

문제는 영업 외 부문이다. 대개 한국의 다른 기업들을 보면 영업 외 이익과 비용의 대부분은 환차익과 환차손이 차지한다. 특별한 환율 변동이 벌어지지 않는 한 두 수치는 엇비슷하게 나타나므로 영업 이익과 세전 이익에 큰 차이가 없다. 법인세 비용을 뺀 당기 순이익도 영업 이익에서 조금 낮은 수준에서 형성된다. 그런데 한국지엠의 지난 6년간 당기 순이익의 변동을 보면 아무 일관성도 보이지 않는다. 영업 이익하고도 관계가 거의 없어 보일 정도다. 영업 외 부문에서 이상한 일들이 벌어졌기 때문이다. 먼저 2008~2010년까지 영업 외 이익과 비용이 모두 크게 상승하는데, 이게 다 파생 상품 거래와 평가에서 발생한 이익 또는 손실이다.

2009년과 2010년에도 엄청나지만 특히 2008년에는 영업 외 비용만 3조 원이 넘었는데, 파생 상품 거래와 평가 손실만 2조 3000억 원을 기록했다. 사실 이 대목은 2008~2009년에 의혹이 제기되는데, 지엠이 글로벌 부문에서 입은 파생 상품 손실을 한국지엠에 떠넘겼다는 주장이었다.

한국지엠의 2008년 감사 보고서에 드러난 영업 외 이익과 영업 외 비용의 총액과 주요 항목을 나타낸 표를 보자(마찬가지로 10억 미만 금액은 버렸다). 본디 영업 외 이익과 비용에서 환차익과 환차손이 주요 항목이 돼야 하는데, 2008년, 2009년, 2010년에 파생 상품 관련 항목이 어마어마하게 등장한다. 먼저 파생 상품 관련 손실은 2조 3290억 원인 반면 파생 상품 관련 이익은 고작 3760억 원뿐이다. 둘 사이의 차이를 계산하면 1조 9530억 원인데, 2008년 한 해 동안 파생 상품 평가와 거래에서만 한국지엠이 무려 2조 원이나 되는 손해를 입었다는 얘기가 된다.

영업 외 이익	1조 5270억 원	영업 외 비용	3조 850억 원
외환 차익	8320억 원	외환 차손	3780억 원
파생 상품 평가 이익	2000억 원	파생 상품 평가 손실	1조 3220억 원
파생 상품 거래 이익	1760억 원	파생 상품 거래 손실	1조 70억 원

　제조 업체가 2조 원 가까운 파생 상품 손실을 입은 사태는 한국에서 전무후무한 일이었다. 게다가 한국지엠은 도대체 어떤 파생 상품 거래를 하다가 이런 손실을 입었는지 전혀 밝히지 않았다. 한국지엠에 견줘 매출액 규모가 3배가 넘는 현대차도 2008년 외환 관련 파생 상품 손실이 1310억 원에 그쳤는데 말이다. 한국지엠은 2008년에 영업 이익 2900억 원을 기록하고도 이 파생 상품 손실 탓에 8750억 원의 당기 순손실을 입었다. 2009년에도 3210억 원의 파생 상품 손실을 기록해 1550억 원의 영업 이익을 내고도 3430억 원의 당기 순손실을 입었다. 한국지엠의 회계 장부에서 당기 순손실을 낸 해는 2008년, 2009년, 2012년인데, 2008~2009년에는 파생 상품 손실 때문이었고 2012년에는 통상 임금 관련 비용 처리 때문이었다. 영업 활동이 아니라 영업 외 부문에서 터진 문제 탓에 손실을 기록했다.

　한국지엠이 특별히 영업을 잘못하지도 않았는데 회계 장부에 엄청난 손실이 기록된 일은 2013년에도 벌어진다. 노동자들은 얼마나 억울하겠는가. 큰 이익이 날 때는 회사가 사업을 잘한 덕이라고 주장하고, 손해가 나면 모조리 노동자 탓으로 돌리거나 회사가 어려우니 임금 인상을 자제하라고 협박을 해대니 말이다. '잘되면 내 탓 잘못되면 네 탓'을 만들고 마는 회계 장부, 알고 보면 숫자놀음이다.

4장

회계 조작 장부의 비밀
미래에 들 비용으로 오늘의 세금 아끼기

차 만드는 기업이 차 팔아서 이윤을 남기는 일은 자연스럽다. 한국지엠도 차 만들어 파는 '영업'으로 꾸준히 이익을 낸 기업이다. 통상 임금 소송 관련 금액을 갑자기 비용으로 처리한 2012년만 빼면 영업 적자를 기록한 해는 없었다. 그런데도 당기 순손실을 내거나 영업 이익에 견줘 턱없이 낮은 순이익을 냈다. 2008~2009년에는 영업 이익을 내고도 자동차 영업하고는 무관한 파생 상품 손실 탓에 당기 순손실을 기록했다. 2012년에는 통상 임금 문제로 영업 적자에다 당기 순손실을 기록했다.

숨기기, 기업 회계의 핵심

한국지엠이 딱히 영업을 잘못하지도 않았는데 회계 장부에 엄청난 비용이 기입되는 일은 2013년에도 벌어졌다. 1000억 원의 당기 순이익을 기록했지만, 영업 이익이 1조 원대라는 점을 생각하면 순이익은 아주 많이 줄

총매출액	15조 6030억 원	영업 외 이익	3970억 원
매출 원가	13조 5290억 원	영업 외 비용	7500억 원
판매비와 관리비	9880억 원	법인세 비용	6310억 원
영업 이익	1조 860억 원	당기 순이익	1000억 원

어들었다. 왜 이런 일이 벌어진 걸까?

위 표는 한국지엠의 2013년 회계 장부에서 주요 항목과 수치를 정리한 내용이다(마찬가지로 10억 미만 단위는 버렸다). 먼저 영업 외 비용이 7500억 원이나 되는데, 여기에는 쉐보레 유럽 철수 비용 2500억 원이 포함됐다. 앞에서 본 대로 법인세 비용이 6310억 원에 이르는 점도 매우 기형적이다.

쉐보레 유럽 철수 비용과 법인세 비용. 이 두 가지가 1조원 대의 영업 이익을 1000억 원의 당기 순이익으로 끌어내리는 데 결정적 구실을 했다. 지금부터 이 두 항목을 살필 텐데, 회계와 세무에 밝지 않은 나 같은 보통 사람은 도무지 해독할 수 없는 대목이 한두 가지가 아니었다. 회계 업무에 무지한 내 탓이라고 자책하지는 말자. 보통 사람이 도저히 알아볼 수 없게 회계 기법을 꼬아놓은 기업과 정부의 책임이다.

기업 회계의 핵심은 '숨기기'다. 보통 사람들이 쉽게 해석할 수 없게 만들기가 기업 회계의 본질이다. 깊이 파헤치기는 어려워 포기하기 쉽지만, 그럴 때마다 우리는 '상식'에 바탕해 문제를 바라보는 태도를 취해야 한다. 기업과 정부가 강요하는 틀에 갇히지 말고, 상상력을 동원해 문제를 제자리로 되돌려야 한다.

쉐보레 유럽 철수는 정당한가

먼저 기업이 쓰는 회계 용어가 얼마나 복잡하게 꼬여 있는지 맛보기부터 해보자. 쉐보레 유럽 철수 관련 비용을 회계 처리하는 과정에 관련해 한국지엠의 2013년 감사 보고서 66쪽에는 이런 구절이 있다.

동 결정(쉐보레 유럽 철수 결정)은 당사의 서부 및 유럽 지역 17개 유럽 자회사와 해당 지역의 쉐보레 딜러에게 영향을 미칩니다. 이와 관련하여 당사는 당기 중 딜러 매출 할인 비용 지원, 재고자산평가손실 등 41,762백만원의 비용을 인식하였습니다. 또한, 이와 관련하여 유럽지역 17개 자회사에서 발생한 비용 249,867백만원은 지분법 손실에 반영되어 있습니다.

한국말이지만 참 어렵다. 여하튼 쉐보레 유럽 철수에 관련해 한국지엠 회계 장부에 2900억 원 가까운 돈이 비용으로 반영됐으며, 그중 2500억 원가량은 지분법 손실에 반영하고 417억 원은 이런저런 비용으로 처리했다는 말인 듯하다. 하도 말이 어려워서 나도 이 정도로 짐작할 수밖에 없다.

회사 쪽이 알기 쉽게 설명한다고 해도 상황은 크게 달라지지 않았다. 2014년 4월 29일 직원들을 상대로 1시간 남짓 진행한 웹 채팅에서 한국지엠의 마크 코모 부사장과 미네르바 부사장은 쉐보레 유럽 철수 비용이 왜 이렇게 많으냐는 질문에 이렇게 대답했다.

쉐보레 유럽 철수 관련 비용의 구성은 크게 두 가지가 있습니다. 첫째는 법무적인 책임에 관한 비용으로, 예를 들어 기존 재고의 유동화, 유럽 직원들의 퇴직 관련 비용 및 기타 운영 항목들이 있습니다. 이는 직접 비용으로서 유럽 세일즈 회사들을 소유하는 한국지엠에 손실로 장부에 기록되며, 2500여 억 원의 비용에 해당합니다. 두 번째는 한국지엠에 손실로 지불하는 것이 아니며, 이는 미래 법률 소송에 대한 중재 비용입니다. 한국지엠은 소송 부분을 예방하기 위해 모회사인 지엠에 딜러들의 계약을 조기 만료하는 데 드는 비용을 지불해줄 것을 요청했습니다. 이것이 지엠 장부에 기록된 사실이며, 한국지엠에 발생한 비용이라고 보도된 것은 오보입니다.

이 답변은 해석하기가 더 어렵다. 쉬운 이해는 이쯤에서 포기하자. 그 대신 이런 질문을 던져보기로 했다.

"도대체 왜 쉐보레 유럽을 철수한다는 거야? 손해가 얼마나 나는데?"

내가 던진 질문의 답을 스스로 찾느라 감사 보고서 곳곳을 살펴보다가 '지분법 투자기업의 요약재무정보' 항목을 찾아냈다. 쉐보레 유럽 법인의 재무 상태를 요약한 내용이었다. 놀랍게도 쉐보레 유럽 법인은 2009년 글로벌 경제 위기 때를 빼면 2012년까지 꾸준히 당기 순이익을 기록한 사실을 알게 됐다.

지난 6년 동안의 감사 보고서에 기록된 쉐보레 유럽 법인의 당기 순이익(손실)을 정리한 오른쪽 표를 보자(마찬가지로 억 단위 이하는 버렸고, 괄호 표시 숫자는 음수, 곧 손실을 뜻한다). 세계적 수준의 위기라 어쩔 수 없이 손실을 본 2009년만 빼면 계속 순이익을 기록하다가 갑자기 2013년에 1363억 원의 손실을 기록했다. 쉐보레 유럽 철수 비용 중 2500억 원이 지분법 손실에 반영됐기 때문이다. 쉐보레 유럽 철수를 결정하지 않았으면 2013년도 틀림없이 순이익을 냈다.

2008~2013년 쉐보레 유럽 법인 당기 순이익(손실)

2008년	2009년	2010년	2011년	2012년	2013년
493억 원	(427억 원)	1380억 원	795억 원	469억 원	(1363억 원)

출처: 각 연도별 감사 보고서의 '지분법 투자기업의 요약재무정보' 항목.

내 눈을 의심해야 했다. 멀쩡하게 순이익을 내는 유럽 법인을 왜 철수했을까? 말이 좋아 '철수'지 '공중분해'라고 하는 게 옳다. 쉐보레 유럽 법인의 실체는 유럽 10여 개국에 흩어져 있는 판매 법인이다. 마크 코모 부사장이 말한 철수 비용에는 '유럽 직원들의 퇴직 관련 비용'이 들어 있었다. 유럽 직원들이 일자리를 잃게 된다는 말로, 판매 법인을 다른 업체에 매각하지 않고 완전히 없애버릴 가능성이 높다는 뜻이었다.

그러고 보니 쉐보레 유럽 철수 결정이 내려졌을 때도 유럽 사업에서 손실이 얼마 났다는 보도는 구경하지 못했다. 그저 손실이 크다는 소리만 떠돌 뿐 구체적으로 어디서 얼마나 손실이 났다는 말은 본 적이 없다. 우리는 너무 순진하게 지엠의 주장을 믿고 있었다.

진실에 가까운 내용은 이렇다.

쉐보레 유럽은 손실이 커서 철수를 결정했다기보다는 철수를 결정한 탓에 손실이 커졌다. 2012년만 해도 순이익을 낸 영국, 독일, 스위스, 스웨덴의 판매 법인은 2013년에 갑자기 부채가 자산 규모를 넘는 '자본 잠식' 상태에 빠지고 말았다. 1년 전만 해도 순이익이 나던 튼튼한 곳이 왜 갑자기 이렇게 됐을까?

진짜 낸 세금은 436억, 장부상 법인세는 6316억

법인세 비용 부분을 살펴보자. 이 항목은 회계사들도 어려워한다. 세무사들의 도움을 받지 않으면 도무지 알 수 없는 대목도 여럿이다. 먼저 도대체 이렇게 법인세 비용이 많이 발생한 이유를 설명하는 회사 쪽 말을 들어보자.

여러 가지 이유가 있는데, 그중에서도 통상 임금 소송 환입에 따른 2013년 세전 이익에 대한 법인 소득세 증가, 실현 가능성 판단에 따른 이연 법인세 자산 미인식으로 인한 법인세 비용, 이월 세액 공제 소멸 등으로 인해 유효세율이 높게 나타났습니다. (웹 채팅에서 회사 쪽이 밝힌 법인세 관련 설명)

실현 가능성 판단, 이연 법인세 자산 미인식, 이월 세액 공제……. 한국말이 뭐 이렇게 어렵지? 이번에는 포기하지 말고 도전해보자. 먼저 감사 보고서에서 '법인세 비용의 산출내역' 항목을 정리한 오른쪽 표를 보자.

맨 위의 법인세 부담액은 실제 낸 세금을 뜻하는데, 한국지엠이 2013년에 낸 세금은 고작 436억 원이다. 그런데 요상한 이름을 가진 점선 안의 항목들이 더해져서 장부상 법인세 비용은 6316억 원으로 불어났다. 실제 낸 세금보다 무려 15배 가까이 부풀려졌다. 2012년에 비교해도 점선 안의 항목들이 아주 크게 늘어난 사실을 알 수 있다. 왜 이렇게 갑자기 늘어난 걸까? 일단 늘어나는 항목에 '일시적 차이'와 '이월 세액 공제'와 '이월 결손금'이라는 단어가 들어 있다는 점만 기억해두자.

한국지엠의 2013년 법인세 비용은 세율을 적용한 금액보다 아주 높다

법인세 비용의 산출 내역(단위: 백만 원)

산출 내역	당기	전기
법인세 부담액(법인세 추납액, 환급액 포함)	43,638	21,250
± 일시적 차이로 인한 이연 법인세 변동액	114,090	(70,761)
± 이월 세액 공제로 인한 이연 법인세 변동액	365,284	12,106
± 이월 결손금으로 인한 이연 법인세 변동액	108,686	29,028
법인세 비용	631,698	(8,377)

내역	당기	전기
법인세 비용 차감 전 순이익(손실)	732,685	(116,458)
적용 세율에 따른 세 부담액	177,310	(28,183)
조정 사항:		
비공제 비용(총차이: 당기 9,711, 전기 6,228)	2,350	1,507
실현 가능성 판단에 따른 이연 법인세 자산 미인식 변동 효과	270,353	31,322
세액 공제	(11,726)	(65,580)
이월 세액 공제 소멸	108,225	13,406
세무 조사(유보 조정 사항 포함)(주)	82,409	–
기타	2,775	39,151
법인세 비용	631,696	(8,377)
유효세율(법인세 비용/세전 이익)	86.22%	7.19%

는 사실은 이미 살펴봤다. 감사 보고서 54쪽에 실린 표에 잘 드러나 있다. 세전 이익인 7326억 원에 법인세율 24.2퍼센트를 적용하면 법인세는 1773억 원이 나온다. 그러나 마찬가지로 점선 안의 항목들이 4500억 원 정도 보태지면서 장부상 법인세 비용은 세율에 따른 부담액의 3.5배로 껑충 뛰어오른다.

세율에 따른 부담액 1773억 원에 더해지는 금액 중 액수가 큰 2개를 뽑으면 '실현 가능성 판단에 따른 이연 법인세 자산 미인식 변동 효과' 2703억 원과 '이월 세액 공제 소멸' 1082억 원이다. 여전히 뭔 소리인지 모를 단어들이지만, 눈치 빠른 사람은 벌써 눈치챘을 듯하다. 마크 코모 부사장이 웹 채팅에서 밝힌 내용에, 법인세 비용 산출 내역에 계속 나타나는 단어들이다. 그럼 지금부터는 이 2개 항목에 집중해보자.

일시적 차이, 실현 가능성, 이월 세액 공제

먼저 자주 등장하는 개념부터 살짝 짚어보자. '일시적 차이'라는 말을 이해하려면 기업 회계와 세무 회계가 다르다는 점부터 알아야 한다. 기업 회계에 쓰는 회계 장부와 세무서에 내는 회계 장부는 서로 다르다. 이중장부 아닐까? 그렇다. 이게 정부 당국이 만들어놓은 회계 기법이다. 이중장부를 허용하는 수준이 아니라 아예 이중장부를 의무로 해놨다.

두 개의 회계 장부가 서로 다르다는 말은 같은 항목도 장부마다 수치가 달라질 수 있다는 뜻이다. 황당하게 들릴지 모르지만 사실이다. 두 개의 장부에 수치가 달라지는 부분을 '일시적 차이'라고 부른다. 아니, 더 정확히 말해 '일시적 차이'라는 명목으로 이중장부 사용을 합리화해주고 있다.

'이월 세액 공제'는 말 그대로 '세액 공제의 이월'을 뜻한다. 세계 각국 정부들이 기업 세금 깎아주기 경쟁을 시작한 뒤 한국 정부도 여러 방식으로 세액을 공제해준다. 한국지엠 같은 완성차 업체는 연구 개발비도 꽤 많이 세액 공제 혜택을 받고, 이런저런 투자도 세액 공제를 받을 길이 열려 있다. 그런데 세액을 공제하려면 먼저 세금을 내야 한다. 세금도 안 내는데 깎아줄 수는 없는 노릇 아닌가. 다시 말해 세액 공제를 받을 수 있는 조건이 되더라도 올해 적자가 나서 법인세를 못 내면 공제를 받지 못한다. 한국 역대 정부 경제팀이 어떤 분들이던가. 기업 세금을 못 깎아줘 안달이 나신 분들 아니던가. 이럴 때는 앞으로 5년까지 세액 공제를 받을 수 있게 하고 있다. 그렇게 다음해로 넘어가는 세액 공제를 이월 세액 공제라 부른다.

'실현 가능성'은 뭘까? 이를테면 이월된 세액 공제가 남아 있기는 하지만 앞으로 세금 낼 만큼의 실적이 나오지 않아 결국 혜택을 받지 못할지도 모른다는 전망이 나온다고 하자. 그럴 때 '미래에 세액 공제 혜택의 실현 가능성이 불확실해졌다'고 말한다. 이 불확실해진 세액만큼을 미리 법인세에 반영하는데, 이럴 때 '실현 가능성 판단에 따라 이연 법인세 자산에서 차감한다'는 표현을 쓴다. 좀더 쉽게 풀어보자. 앞으로 이익이 안 남을 듯해서 그동안 쌓아둔 세액 공제 혜택을 받지 못할 가능성이 생겼다. 그럴 때는 마치 그 세액을 올해 낸 듯 회계 장부에 '미리' 기입한다는 말이다. 이 말을 저렇게 어렵게 하고 있다.

법인세가 많이 책정된 원인을 설명하던 회사 쪽의 얘기로 다시 돌아가자. "실현 가능성 판단에 따른 이연 법인세 자산 미인식으로 인한 법인세 비용, 이월 세액 공제 소멸 등으로 인해 유효세율이 높게 나타났습니다." 결국 대부분이 '이월 세액 공제' 문제로 집중되고 있다는 사실을 알 수 있다. 이연 법인세 자산이 어쩌고 실현 가능성이 어쩌고 하는 타령의 핵심에 이월 세액 공제가 자리잡고 있다. 이제 마지막 단계다. 이월 세액 공제만 파고들면 한국지엠의 비정상적인 과다 법인세 문제를 이해할 수 있다.

작년에 이월된 세액 공제가 있는데 올해 추가로 세액 공제가 발생했다고 가정하자. 이 둘을 합하니 올해 세금보다 많아졌다. 낼 세금보다 세액을 더 공제받을 수는 없는 노릇인데, 이럴 때는 어떻게 될까? 작년에 이월된 세액 공제 혜택이 먼저 적용되고, 올해 발생한 세액 공제가 내년으로 다시 이월된다. 앞에서 설명한 대로 5년 동안만 이월될 수 있으며, 그 안에 공제 혜택을 못 받으면 소멸된다.

통상적인 기업 활동에서 이렇게 이월 세액 공제가 소멸되는 사례를 쉽게 찾을 수는 없다. 그런데 한국지엠은 특이하게도 2013년에만 무려 1082억 원의 이월 세액 공제가 소멸한 사실이 감사 보고서에 기록돼 있다. 지난 6년 동안 한국지엠 감사 보고서에서 '세액 공제' 관련 금액이 보인 흐름을 위의 표로 정리해봤다.

먼저 '세액 공제' 항목은 해당 연도에 혜택을 받아 법인세에서 공제된 금액을 뜻한다. 반드시 비례하지는 않지만 이 금액이 클수록 공제 혜택을 많이 받았다는 뜻이므로 경영과 재무 상태가 괜찮다는 얘기다. 다음으로 '이월 세액 공제'는 전년도부터 이월된 세액 공제를 말한다. 이를테면 2008년과 2009년에는 세전 이익이 나지 않아 이월된 세액 공제가 늘어난다.

다음으로 이월 세액 공제의 법인세 효과는 뭘까? 한국지엠의 법인세 부분에서 이 항목이 가장 중요하다. 이월된 세액 공제는 언젠가는 공제 혜택을 받을 수 있는데, 어떤 때는 공제받기 어렵다는 판단을 받기도 한다. 앞에서 설명한 대로 이익이 남지 않으면 세금도 내지 못하니까 세액 공제 혜택도 못 받는다. 또한 어떤 투자를 하기로 해 세액 공제를 받을 수 있다고

	2008년	2009년	2010년	2011년	2012년	2013년
세액 공제	197,995	32,104	112,436	107,556	65,580	11,726
이월 세액 공제	213,515	259,138	369,904	454,195	476,319	379,630
이월 세액 공제의 법인세 효과	–	200,267	3,936	76,807	111,036	379,632
이월 세액 공제 소멸					13,406	108,225
세전 이익(손실)	(1,267,491)	(201,171)	415,176	177,939	(99,702)	732,685

예상하다가 문제가 생겨 투자를 포기할 때도 세액 공제 혜택을 받지 못하게 된다.

여기서 바로 '실현 가능성'이 등장한다. 이럴 때는 실현 가능성이 불확실해져서 세액 공제 혜택을 못 받으리라 예상되므로 미리 법인세 비용으로 잡아버린다는 말이다. 이 기법은 기업 회계와 세무 회계에서 모두 허용된다. 이 수치가 높아질수록 미래에 세액 공제 혜택을 못 받을 가능성이 커지게 돼 경영과 재무 상태가 그만큼 나빠질 수 있다는 뜻이다.

그럼 표에 나온 수치를 살펴보자. 2008년에는 법인세 비용 효과가 없으므로 나쁘지 않은 상태였는데, 2009년에 갑자기 2002억 원의 비용 효과를 인식하게 된다. 그러다 2010년에 다시 39억 원으로 줄어드는데, 세액 공제가 실현될 가능성을 높게 봐 전년도에 비용으로 잡은 금액을 다시 환입한 듯하다. 2011년과 2012년에 이 수치가 조금씩 높아지더니 2013년에는 무려 3796억 원으로 급상승해 2012년의 1110억 원보다 2686억 원이나 뛰어오른다. 이 2686억 원이 한국지엠에 법인세가 과다하게 책정되는 데 핵심 구실을 한 '실현 가능성 판단에 따른 이연 법인세 자산 미인식 변동 효과' 항목에 기입된 2703억 원의 대부분을 차지한다.

게다가 2013년의 '이월 세액 공제의 법인세 효과'에 기입된 수치 3796억 원은 절묘하게도 2013년 '이월 세액 공제' 총액 3796억 원하고 일치한다. 무슨 말일까? 작년 말까지 쌓아놓은 이월 세액 공제 금액이 3796억 원인데, 이 돈이 모두 실현 가능성이 사라졌다는 뜻이다. 앞으로 세액 공제를 못 받는다고, 그래서 이월 세액 공제액이 모두 소멸된다고 회계 장부에 기록했다는 말이 된다. 도대체 어떤 기업이 이런 식의 회계 처리를 할까? 앞으로 한국에서 이익을 안 남기겠다고 결심하지 않고서야 어디 상상이나 할 수 있는 일일까?

한마디만 덧붙이자. 솔직히 말해 많은 기업의 회계 장부를 접하지는 못했지만, '이월 세액 공제 소멸'이라는 항목은 한국지엠 감사 보고서에서 처음 봤다. 한국지엠 감사 보고서에도 2011년까지 없다가 2012년에 갑자기 등장한다. 뭔가 비정상이라는 느낌을 받는 데 충분하다.

'미래'에 발생할 비용들

한국지엠은 2013년에 세전 이익 7326억 원을 남겼고, 적정 세율(24.2퍼센트)을 적용하면 1773억 원의 법인세를 내야 한다. 실제 법인세 비용으로 장부에 기록된 금액은 여기에 4500억 원이 더해진 6316억 원이었다. 이 중에서 이월 세액 공제 혜택을 받지 못하리라 본 금액이 2686억 원이고, 이월 세액 공제가 소멸된 금액이 1082억 원이다. 이월 세액 공제가 사라지거나 사라지게 된다고 본 결과 3700억 원이 넘는 법인세 비용을 장부에 기록했다. 한국지엠 회계 장부에서 1조 원대 영업 이익을 내고도 당기 순이익이 1000억으로 쪼그라드는 원인은 모두 '미래'에 발생할 비용을 작년 회계 장부에 모조리 때려넣었기 때문이다.

쉐보레 유럽 철수 관련 비용은 2013년에는 거의 발생하지 않았다. 철수를 결정한 시점이 2013년 12월 5일 이사회 자리기 때문이다. 그러니 한 달 새에 철수 비용이 2900억 원이나 발생했다는 말이 된다. 반면 쉐보레 유럽 철수는 2015년 말까지 천천히 진행됐다. 실제 비용이 집행되는 시기는 2014년과 2015년인데, 이 비용을 2013년에 미리 회계 장부에 반영했다.

이월 세액 공제가 소멸되는 사태도 '미래'의 일이다. 사실 진짜 사라질지 아닐지도 명확하지 않다. 그런데 그런 비용 2000~3000억 원을 미리 법인세 비용으로 인식해 장부에 기록했다. 이 과정에서 영업 이익 1조 원은 당기 순이익 1000억 원으로 확 떨어졌다. 2012년에 통상 임금 충당금으로 비용 처리한 6260억 원도 지금 당장 줄 돈이 아니라 '미래에 소송 결과에 따라 지급해야 할지도 모르는 돈'이었다. 그 돈을 '미리' 회계 장부에 기입해 멀쩡한 흑자 기업을 적자 기업으로 만들었다.

이 모든 기법이 기업 회계와 세무 회계에서 허용되고 있다. 한국지엠처럼 미리 비용을 처리해도 상관없고, 그렇게 하지 않아도 상관없다. 당연히 모든 기업은 비용을 될 수 있는 대로 많이 처리해서 세금을 덜 낼 수 있게 장부를 꾸미기 마련이다. 이런 일은 한국지엠뿐 아니라 거의 모든 기업에서 벌어진다.

핵심이 바로 여기에 있다. 정리해고나 임금 삭감 등 구조 조정 공격이 벌어진 거의 모든 기업에서 '회계 조작' 의혹이 제기됐다. 그런 의혹들은 모두 정당하다. 정부가 만들어놓은 회계 원칙과 기준 자체가 조작과 이중장부, 나아가 삼중 장부 작성을 합리화했기 때문이다. 조작하지 않는 기업이 바보가 될 정도로 자유롭게 회계 장부의 수치를 조정하고 조작할 수 있게 모든 규제를 풀어줬기 때문이다. 기업 회계에 쓰이는 장부와 세무 회계에 쓰이는 장부가 다른 사실을 대체 어떤 상식으로 이해할 수 있을까? 미래에 발생할 비용을 올해 회계 장부에 반영해서 세금을 덜 내게 조작하는 일은 도대체 어떤 상식에 근거할까? 이러다가 미래에 외계인이 침공하는 사태가 예상되므로 그런 사태에 대비한 자금 집행 예상액을 미리 비용으로 처리하자는 얘기까지 나오는 게 아닐까?

노동자들에게는 왜 이런 혜택을 주지 않을까? 자녀들이 몇 년 뒤 대학에 들어가면 등록금과 교육비가 더 들어갈 테니 미리 비용으로 책정해서 세금을 덜 내게 말이다. 부모가 언젠가는 아파서 병원에 입원할 테니 미리 병원비를 수입에서 공제하는 식으로 서류를 꾸며 올해 연말 정산에서 돌려받을 수 있게 말이다.

5장
주인 없을 때만 성장한 '이상한' 기업
정리해고 무효 판결과 쌍용차 노동자들

주인 없을 때만 성장하는 이상한 기업

경총이 2013년 2월에 낸 소책자 〈쌍용자동차에 대한 올바른 이해〉에 실린 다음 쪽의 표를 보자. 지난 20년 동안 쌍용차의 당기 순이익 흐름은 유난히 들쭉날쭉한데, 그중에서도 수익이 나던 시절은 2001~2004년 한철일 뿐 대부분 적자를 면치 못했다. 경총은 이 말을 하고 싶었던 모양이다.

그런데 이 표가 그만 내 삐딱한 본성을 건드리고 말았다. 그렇지 않아도 회계 조작 논란이 끊이지 않는 쌍용차 아닌가. 이 표에서 유일하게 흑자를 기록한 구간, 곧 2001~2004년은 어떤 시기였을까? 2000년 대우그룹이 부도난 뒤 2004년 상하이차에 인수되기 직전까지, 조흥은행이 맡아서 경영하던 '은행 관리' 시절이었다.

자동차 사업에 전문성이 없는 은행이 관리하던 시절에만 수익을 남겼다는 말이다. 억누를 수 없는 호기심이 불타올랐다. 적자가 난 나머지 시기에는 도대체 누가 경영하고 어떤 일들이 벌어졌을까? 경총이 정리한 소책

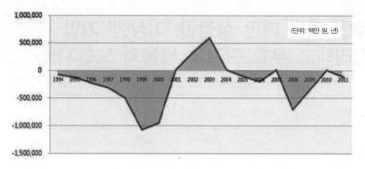

쌍용차의 단기 순이익(1994~2011년)

(단위: 백만 원, 년)

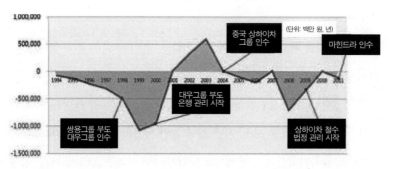

쌍용차의 당기 순이익과 쌍용차의 역사

(단위: 백만 원, 년)

중국 상하이차
그룹 인수

마힌드라 인수

대우그룹 부도
은행 관리 시작

쌍용그룹 부도
대우그룹 인수

상하이차 철수
법정 관리 시작

자에 매우 자세히 기록된 쌍용자동차의 역사를 표에 넣어봤다.

들쭉날쭉한 그래프 못지않게 주인도 여러 번 바뀌었다. 쌍용그룹이 부도난 뒤 대우그룹으로, 대우그룹이 다시 부도나면서 은행 관리로, 상하이차가 인수한 뒤 '먹튀' 논란만 남기고 떠난 2009년부터 법정 관리로, 2011년에 인도 마힌드라 그룹에 인수돼 지금에 이르고 있다. 이렇게 시기 구분을 하니 독특한 특징이 드러난다. 1998년 대우그룹 인수 뒤 적자폭이 더 커졌고, 주인 없이 조흥은행이 관리한 시절에는 오히려 흑자를 달성했다. 상하이차가 인수한 2004년부터 갑자기 흑자 행진을 끝내고 적자로 돌아서더니, '먹튀' 논란만 남긴 채 상하이차가 철수한 뒤 법정 관리를 받던 2009년부터 오히려 적자폭이 줄어든다. 마찬가지로 마힌드라가 인수한 2011년부터 다시 적자폭이 늘어난다(적자는 2013년이 돼서야 줄어든다).

쌍용, 대우, 상하이차, 마힌드라 등 주인 있는 시절에는 적자를 면하지 못한 반면, 은행 관리와 법정 관리 등 주인 없는 시절에는 흑자를 보거나 적자폭이 줄어들었다. 경총은 우리에게 또 다른 진실을 알려줬다. 쌍용차는 주인이 없을 때만 성장하는 기업이었다. 따라서 경총은 쌍용차의 공기업화나 국유화를 지지해야 하지 않을까?

판결문으로 하고 싶은 말

나만 이런 의문은 품지는 않았다. 2014년 2월 7일 서울고등법원은 2009년 쌍용차 정리해고가 무효라는 판결을 내렸는데, 판단 근거 중 하나가 바로 이 대목이니 말이다. 판결문 일부를 확인해보자.

······ 쌍용그룹을 대신하여 피고를 인수한 대우그룹이 부도 위기에 처한 후 피고에 대하여 기업 구조 개선 작업이 진행되었지만 2002년까지 피고의 매출 규모는 오히려 상향세를 유지하였고, 비록 기업 구조 개선 작업이 진행되는 동안의 경영 위축 등의 영향으로 2003년 이후 매출이 하향세로 돌아섰으나 그 축소 규모는 그다지 크지 않은 채 2005년까지는 13만 대를 상회하는 일응 견고한 매출 추이를 유지하는 등 경영진의 잦은 교체, 장기간의 기업 개선 작업에도 불구하고 상당한 기간 경쟁력을 유지하고 있었던 점 ······.

판결문의 백미는 바로 이 문장이다. 정리해고와 경영 위기 등을 다루느라 어쩔 수 없이 '경쟁력'이라는 단어를 쓰기는 했지만, 알기 쉽게 바꾸면 이렇게 된다. 쌍용차라는 곳의 핵심은 자주 바뀌거나 '먹튀' 의혹을 받는 경영진이 아니라 '차 만드는 노동자들'이다. 경영진이 자주 바뀌어도 매출과 판매량에 큰 변화가 없고, 오히려 상승세를 기록하기도 한 점이 바로 그 증거다. 자본가 없이도 노동자들끼리 차를 잘 만들었다는 얘기니까 말이다.

특정 자본이 회사를 인수하면 그때부터 어김없이 회사 실적은 곤두박질쳤다. 쌍용차를 인수한 자본가들은 차 잘 만들기가 아니라 쌍용차 노동자들이 지닌 차 만드는 능력을 빼앗아가는 일에만 열을 냈다. 우리는 여기서 아주 상식적인 결론을 끌어낼 수 있다. 쌍용차가 경영 위기를 겪는다면 노동자들 때문이 아니라 경영진들 탓이라는 사실 말이다. 재판부는 저 문장으로 바로 이 말을 하고 싶지 않았을까?

대중의 상식에 근거한 판결

이 판결문을 읽을 때마다 참으로 경이롭다는 생각을 지울 수 없었다. 70여 쪽에 이르는 판결문 중 유형 자산 손상 차손이 어쩌고저쩌고 유동성 위기와 재무 건전성 위기가 이러쿵저러쿵 하는 대목에서는 전문가가 아닌 탓에 이해하기 힘든 내용이 많았지만, 정리해고가 무효라고 판단한 근거들만 따로 뽑아서 보면 평범한 노동자도 쉽게 이해할 수 있다. 특히 보통 사람이 이해하기 어려운 언어로 진행된 '회계 조작' 논란을 아주 알기 쉽게 정리했다. 쌍용차를 폐업할 생각이 없다면, 곧 계속 기업이 존속하는 상황을 전제로 자산을 평가하면 당연히 신차를 출시해 이익을 내는 방식을 고려하는 게 상식이지만, 쌍용차 정리해고를 강행한 회사와 회계 법인은 이 점을 거의 고려하지 않았다는 지적이었다. 상식적으로 신차는 말할 것도 없고 구형 차종을 팔아 어느 정도 이익을 낼 수 있는데, 이 점도 너무 박하게 평가했다는 말이었다.

'상식'을 둘러싼 싸움이었다. 회사와 회계 법인은 쌍용차가 갖고 있던 차종 라인업이 대부분 얼마 뒤 단종될 테고 후속 차량도 없다고 전제한 뒤 기업 가치를 계산했다. 기업 회계의 기초를 모르는 사람들이 보기에도 정말 이상한 방식이었다. 가만히 앉아서 망하고 싶지 않은 기업이라면 달러 빚을 내서라도 후속 차량과 신차를 내놓아야 '상식'에 맞았다.

재판부가 감정 신청을 받아들여 외부 전문가(서울대학교 경영학과 교수)가 작성한 감정서는 회계 법인이 한 일 처리에 큰 문제가 없다는 결론을 내리는데, 근거를 보면 정말 한국말인지 의심될 정도로 난해한 단어들로 가득 차 있었다. 그 덕에 차 만드는 노동자들의 '상식'에 기대어 쓴 판결문이 더욱 빛나 보였다.

'노동자들의 집단 투쟁'이라는 가치

2009년 쌍용차 정리해고가 무효라는 판결의 취지 중에는 이런 대목도 있다. 애초 회사가 계획한 정리해고는 2646명을 구조 조정하는 계획의 일부였고, 정리해고가 강행된 2009년 6월 8일까지 노동자 1666명이 희망 퇴직으로 회사를 나간 상태라 대상자는 980명만 남은 상태였다.

77일 점거 파업 끝에 노사가 작성한 '8·6 합의서'에 따르면, 대상자 980명 중 459명을 무급 휴직으로 전환하는 내용이 들어 있었다. 재판부는 애초 2646명을 구조 조정하려는 시도 자체가 엄밀한 계획으로 보이지 않는다는 말을 덧붙였다. 정리해고 대상자 중 많은 수를 무급 휴직 형태로, 곧 해고하지 않은 상태로 뒤바꿀 수 있었다는 지적이었다. 이미 희망 퇴직으로 구조 조정 인원을 대부분 정리한 상태에서 굳이 2646명을 채우려고 980명 정리해고를 끝까지 밀어붙일 이유가 없었다는 말이었다.

회사는 이렇게 항변할 법도 하다. "2009년에는 회사가 한 치의 양보도 하지 않으려 한다는 사회적 비난이 쏟아졌다. 그럼 정리해고 대상자의 절반 가까운 수를 무급 휴직으로 돌리는 양보를 하지 말았어야 한다는 말인가?" 2009년으로 잠시 되돌아가면 이 대목은 다르게 읽힌다. 8·6 합의가 나오던 때, 459명이 무급 휴직 형태로 해고를 면하게 된 점은 거의 주목받지 못했다. 오히려 지배적인 시선은 77일간의 처절한 파업을 벌여도 결국 정리해고를 막지 못한 현실에 꽂혀 있었다.

파업을 이끈 간부들이 구속된 틈을 타 민주노총 탈퇴까지 결행한 정권과 자본이 100퍼센트 승리한 자신감을 드러내는 시절이었다. 그렇지만 이 합의를 끌어내려는 노력은 말 그대로 필사적이었다. 정리해고는 막아내지 못했지만 절대로 회사가 세운 계획이 100퍼센트 관철되지는 못하게 하겠다는 파업 노동자들의 집단적 의지였다.

459명의 무급 휴직 전환을 두고 파업 노동자들은 아무도 '승리'나 '선방'이라고 평가하지 않았다. 정리해고를 막아내지 못한 만큼 '이기지 못했다'는 사실은 분명했다. 그렇지만 77일간의 파업이 아무런 변화도 끌어내지 못했다고 할 수는 없다. 무급 휴직 전환이라는 합의는 2646명을 구조 조정한다는 계획에 '작은 생채기'를 냈다. 그 '작은 생채기'가 정리해고를 무효로 판단한 몇 가지 중요한 근거 중 하나로 꼽혔다.

몇몇 언론은 회계 조작을 밝혀내려는 끈질긴 노력, 변호사와 회계사들의 헌신 등을 높이 평가하기도 한다. 그렇지만 판결문의 이런 구절을 보면, 정리해고를 무효로 판단하게 만든 가장 핵심적인 원동력은 바로 2009년 쌍용차 노동자들의 집단적 투쟁이라는 사실을 알 수 있다. 재판부가 이 점을 의식했는지는 알 수 없지만, 결과적으로 77일 파업의 정당성을 인정받은 셈이었다.

차 만드는 노동자들의 자긍심

쌍용자동차는 한국 완성차 업체 중에서 지금까지 생존해 있는 사실 자체가 경이로운 기업이다. 잦은 경영진 교체, 법정 관리와 은행 관리, '먹튀'와 기술 빼가기 등으로 얼룩진 기업이 아직도 살아 있는 게 오히려 이상하지 않을까?

쌍용그룹이 부도가 난 뒤 지금까지 이어지는 20년에 가까운 파란만장한 역사가 시작될 때, 한쪽에서는 쌍용차가 어려움을 겪는 이유를 두고 농담처럼 '무쏘 신화'를 들먹이기도 했다. 쌍용차가 무쏘를 정말 튼튼하게 잘 만들어서 고장도 잘 나지 않고 오랫동안 몰고 다닌다는 얘기였다. 완성차 업체 처지에서 보자면 차가 가끔 고장도 나고 부서지고 해야 부품도 갈고 차도 바꿀 텐데, 차가 지나치게 튼튼해 오히려 이윤 창출에 큰 걸림돌이 됐다는 말이다. 농담처럼 떠돈 얘기니 진지한 반론을 펼치느라 열 올리지는 마시기를. 이 '농담'에는 '차 만드는 노동자'의 자긍심이 녹아 있다. 현대 차건 기아차건 한국지엠이건 르노삼성이건 쌍용차건, 차 만드는 노동자는 누구나 이 차를 탈 사람들이 평생을 몰아도 끄떡없는 자동차를 조립한다는 마음으로 일한다. '애사심'하고는 거리가 멀다. 애사심이 있어야 차를 잘 만든다면, 경영진이 저토록 자주 바뀐 쌍용차는 망해도 훨씬 전에 망해야 했다. 쌍용차 노동자들은 기업주나 경영진이 아니라 자기가 만들 차를 타고 다닐 평범한 사람들을 사랑했다. 부품을 잘못 끼워 행여 사고라도 날까 봐 볼트와 너트를 조이고 또 조인다. 배기가스 한 모금이라도 덜 마시게 엔진에 문제가 없는지 확인하고 또 확인한다. 2009년 파업을 이끌다 3년 동안 옥살이를 한 뒤 이제는 민주노총의 첫 직선제 위원장으로 당선한 한상균 쌍용차지부 지부장은 그때 이렇게 말했다.

영혼까지 파괴된 이 상처는 어떤 명약으로도 치유되지 않을 것 같아요. 저 굳게 닫힌 문을 열고 들어가서, 내 손때가 묻은 임팩트랑 드라이버를 들고 전 국민이 사랑하는 에스유브이를 만들 때, 그때에만 비로소 치유될 수 있겠다 생각해요. 바로 그게 중요한 겁니다. (〈재판 이겼지만 상처 그대로 … 시간은 쌍용차 편〉,《프레시안》 2014년 2월 26일)

차 만드는 노동자들의 심성이 이렇다. 평범한 사람들에게 사랑받고, 그 사람들이 안전하게 오래 탈 수 있는 자동차를 만든다는 자긍심과 자부심. 2009년에 이명박 정권과 자본은 바로 그 자긍심과 자부심을 짓밟았다. 그래서 쌍용차 노동자들은 결코 포기할 수 없었다.

파업 막바지 순간, 구사대와 전투 경찰은 생산 라인을 치고 들어와 바리케이드를 치운답시고 기계와 생산 설비까지 마구잡이로 부수기 시작했다. 공장을 때려 부수지 못하게 기계와 생산 설비를 보호하고, 단전과 단수라는 악조건 속에서도 비상 발전기를 돌려 도장 공장의 화학 물질이 굳지 않게 한 사람들은 파업 노동자였다.

자기들을 씹다 뱉는 껌 취급하는 회사를 사랑해서? 이렇게 하면 정리해고에서 빼줄까 봐? 아니다. 차 만드는 노동자들은 본능적으로 이렇게 반응했다. 나를 자르는 회사가 밉고 또 밉지만, 내 몸을 축나게 하는 컨베이어 벨트와 기계 설비도 미워 죽겠지만, 그래도 내 가족이 탈지도 모를 자동차를 만드는 생산 라인이었다. 증오심에 앞서 차 만드는 노동자의 디엔에이에 깊숙이 새겨진 본능이, 구사대와 경찰 특공대의 군홧발에서 생산 시설을 보호하게 이끌었다.

서울고등법원 재판부는 차 만드는 노동자들의 자긍심을 세워주면서 고통의 시간이 그리 길지 않기를 바란다고 덧붙였다. 그러나 쌍용차 자본은 대법원에 상고해 고통을 더 연장시키는 길을 선택했다. 그래서 아직 쌍용차 노동자들, 아니 '차 만드는 노동자'들의 투쟁은 현재 진행형이다. 고등법원의 판결이 있던 2014년 2월 7일, 이웃한 한국지엠은 사무직 노동자를 대상으로 한 희망 퇴직을 강행했다. 고등법원 재판부가 찾아낸 '상식'을, 이 땅의 자본가들은 '비상식'이라 여전히 우겨대고 있다.

후기

기쁨도 잠시, 서울고등법원에서 승소한 지 겨우 9개월 만인 2014년 11

월 13일에 대법원은 2009년 쌍용차 정리해고가 적법하다며 파기 환송을 결정해 이 사건을 다시 서울고등법원으로 돌려보냈다. 노동자들에게 유리한 사건은 4~5년씩 쥐고 있으면서 시간 끌기로 유명한 대법원이 이 사건은 유례없이 속전속결 판결을 내렸다. 쌍용차 회사는 상고심을 앞두고 법무법인 바른을 포함해 세종과 동인 등 대형 로펌 세 곳을 법률 대리인으로 선임해 대응했다. 노사 양쪽 대리인이 제출한 자료만도 몇 트럭이 될 텐데 고등법원이 고심해 내린 판결을 9개월 만에 180도 뒤집고 만 셈이었다.

겨우 9개월이었지만 쌍용차 해고 노동자들은 자기들의 진정성을 이해해준 서울고등법원 판결이 지닌 의미를 잊지 않았다. 법리 논쟁이 아니라 '차 만드는 노동자'가 가진 자긍심과 자부심을 세상이 이해해주는지가 중요했다. '역사의 법정'이 만일 있다면 바로 이런 의미가 아닐까.

대법원 파기 환송 결정이 있고 1년 뒤인 2014년 12월 30일, 금속노조 쌍용차지부는 쌍용차 회사, 기업 노조인 쌍용차노조하고 함께 해고자 복직을 핵심으로 하는 합의서를 쓴다. 2009년 5월 22일 쌍용차지부가 정리해고에 맞서 공장 점거 파업에 돌입한 지 2413일 만의 일이다. 물론 쌍용차 해고 노동자들이 성에 차는 합의는 아니었다. 그래도 이 합의에 따라 몇 명 안 되지만 해고 노동자가 현장에 복직하기 시작했다. '역사의 법정'은 아직 선고를 내리기 전이다.

우리에게,
자동차란

편리한 교통수단

역사적으로 보면 자동차는 마차에서 발전했다. 처음에는 돈 많은 부르주아들이나 누리는 호사였다. 20세기 들어 두 차례 벌어진 대전에서는 탱크와 전차 등 인명을 대량 살상하는 무기로 바뀌기도 했다. 그런데 생산력과 과학기술의 발전, 특히 포드 자동차를 세운 헨리 포드가 도입한 '포디즘'이라는 대량 생산 체제 덕에 자동차 산업은 눈부시게 성장했다. 또한 노동 계급이 집중돼 조직화가 진전되고 헌신적 투쟁이 벌어지면서 실질 임금도 올라, 어느새 차 만드는 노동자들도 자동차 한 대쯤 갖는 시절이 왔다.

큰 피해를 주는 복잡한 기계 또는 전자 장치

자동차는 인류와 자연에 엄청난 해를 끼치기도 한다. 먼저 매일같이 벌어지는 교통사고에 따른 인명 피해를 들 수 있다. 일정한 실력을 공인받아야만 자동차를 운전할 수 있는 면허제를 비롯해 음주운전을 단속하고 처벌하는 행정 제도와 사법 제도가 있지만 교통사고는 계속 늘어난다. 어느새 교통사고는 질병 다음으로 가장 큰 사망 원인이 됐다. 질병이나 자연재해에 따른 죽음은 인간의 힘으로 어쩔 수 없는 일이지만, 교통사고는 도로 사정 때문이건 만취한 사람의 미치광이 운전 때문이건 결국 인간이 만들어낸 비극이다. 거꾸로 말하면 인류가 통제할 수 있는 교통사고도 많다.

교통사고의 원인은 여러 가지지만, 요즘 가장 큰 문제는 차량 결함이다. 지엠은 점화 장치 불량으로 엔진 시동이 꺼지거나 에어백이 제대로 작동되지 않는다는 사실을 알고도 10년 동안 결함을 방치해 적어도 사망자 13명과 부상자 수백 명을 낸 책임이 있다는 사실이 드러나 차량 수백만 대를 리콜했다. 불량 부품 대신 상태가 좋은 점화 장치로 교체하는 데 차량 1대당 들어가는 비용은 고작 57센트(600원)였다.

헨리 포드 시대 이후 자동차 대량 생산 체제는 더욱 발전했고, 이제 몇몇 완성차 조립 공장에서는 시간당 60~80대나 되는 자동차를 찍어낸다. 이런 속도라면 미세한 결함을 잡아낼 가능성은 애당초 없다고 보는 편이 상식적이다. 그러나 자본가들은 시간당 생산 대수**UPH, JPH** 또는 차량 1대당 조립 시간**HPV**이나 제조비**CPV** 같은 수치가 생산성의 절대 지표인 양 떠든다.

자동차의 모델이 된 마차는 작동 원리를 이해하고 재료만 있으면 누구나 만들어 쓸 수 있는 도구였다. 내연 기관을 비롯해 여러 기계 부속품들이 쓰이는 자동차는 보통 사람이 이해할 수 없는 복잡한 기계 장치다. 자동차가 안전성과 내구성을 갖춰 설계됐는지, 문제없이 잘 만들어지고 있는지, 좋은 부품을 쓰는지를 평범한 자동차 운전자들은 거의 알아낼 수 없다.

요즘은 복잡한 기계 장치들에 더해 많은 전자 장치들이 자동차에 장착되고 있다. 내비게이션, 음향 기기, 블랙박스, 후방 카메라 같은 전자 장치들은 블루투스나 와이파이 등 유무선으로 통신을 주고받으며 작동한다. 운전 차창에 주행 정보를 띄우거나, 졸음 운전 등을 감지해 차선 변경을 제한하거나, 중앙선 침범을 미리 차단하는 장치가 개발 중이다.

이런 전자 장치가 오작동할 가능성까지 더해지면서 자동차는 점점 더 알 수 없는 기계와 전자 기기로 구성된 복합 장치가 되고 있다. 무선으로 신호를 주고받다가 신호가 갑자기 약해지거나 장애물이 등장하면 어떻게 될까? 반대편 도로에 나타난 난폭한 음주운전 차량을 피하느라 중앙선을 침범할 수밖에 없을 때는?

스마트폰이 대중화된 시대지만 50대 이상은 이 복잡한 전자 기기를 제대로 쓸 줄 몰라 전체 기능의 1퍼센트도 채 활용하지 못한다. 자동차도 보편적 사용자들이 쓰는 도구가 아니라 소수 전문가만 이해하는 장치, 보편적 인류가 아니라 자본가들만 통제할 수 있는 상품으로 특화되는 중이다.

공해 유발자 내연 기관

지금 세계 자동차 산업은 브릭스를 비롯한 신흥 시장이 떠받치고 있다. 전세계 자동차 총판매량의 절반 정도를 차지하는 이 시장은 다른 한편으로 늘어난 자동차에서 뿜어내는 엄청난 배기가스의 배설지기도 하다. 특히 2007년 판매량이 879만 대이던 중국의 자동차 판매량은 2013년 무려 2198만 대로 뛰었고, 2016~2017년에는 3000만 대로 늘어날 전망이다. 늘어난 자동차 판매량에 비례해 늘어난 배기가스는 중국 정부의 골칫거리다. 베이징의 가시거리가 100미터가 안 될 정도라 중국 주재 외교관들은 가족 숙소를 베이징 외곽에 잡고 있다. 자동차 등록 대수가 빠르게 늘어나고 있는 대도시는 '등록 차량 제한제'를 운영해야 하는 지경에 이르렀다. 대기 오염을 줄이기 위해 1년에 팔 수 있는 자동차 대수를 제한하는 제도다.

자동차가 대기 오염의 주범이라는 사실은 아주 오래전부터 누구나 잘 알고 있다. 자본가들은 물론 각국 정부도 심각성을 잘 알기 때문에 조금씩 해법을 내놓기 시작했다. 대표적인 해법은 두 가지다. 바로 배기가스 배출 규제와 친환경차 개발이다.

가장 강력한 배기가스 배출 규제 제도를 실시하는 곳은 유럽이다. 대부분의 국가에서 강하건 약하건 규제를 실시하고 있다. 차량 크기나 용도에 따라 탄소 화합물이나 질산 화합물 같은 온실가스 배출 기준이 구체적으로 적용된다. 그렇지만 규제가 강하다고 환경 친화적이라 속단해서는 안된다. 얼마 전 폭스바겐 사태가 보여주듯이 단순히 배기가스 배출량 표시를 조작하는 수법 하나만 가지고도 규제를 쉽게 비웃을 수 있기 때문이다. 게다가 피해가 가장 심각한 중국을 비롯한 신흥국에서 실시하는 규제는 전혀 강력하지 않을 뿐 아니라 현 상태를 개선하지도 못할 수준이다.

신흥 국가는 자동차 산업의 발전이라는 구실을 대며 자본가들이 마음껏 차를 만들고 팔 수 있게 온갖 규제를 풀어주고 있다. 나름대로 강력한 규제를 실시하는 유럽과 미국은 배기가스 배출을 일정 수준 아래로 낮출 수 있는 엔진 기술을 가진 자본가만 살아남을 수 있게 됐다. 이런 기술을 개발할 수 있는 자금력과 인력을 갖춘 자본만 자동차 시장에 진출할 기회를 얻게 된다는 말이다. 이런 국가들이 실시하는 규제도 글로벌 자본의 기

> **전기는 국산이지만 원료는 수입입니다.**
>
> 우리나라는 전기 생산을 위해 많은 양의 석탄과 석유를 수입하고 있습니다.
> 따라서 여름철 전력과소비는 고스란히 외화 낭비로 이어집니다.
> 에너지 절약을 위한 작은 실천, 대한민국 경제에 큰 도움이 됩니다.

> **전기는 친환경이지만 원료는 화석 연료입니다.**

술력 발전 수준에 맞춰 진행된다.

유럽과 미국에서 실시되는 규제는 한편으로는 인류와 자연에 해를 끼친다는 반성의 목소리가 들끓고 환경 운동이 거세진 결과였다. 그렇지만 다른 한편으로 세계에서 가장 착취에 열심인 자본가들에게 더 많은 돈벌이를 보장하는 장치로 등장하기도 했다.

전기차, 하이브리드차, 연료전지차, 클린디젤 등 이른바 친환경차의 등장도 비슷한 면이 있다. 화석 연료를 태울 때 나오는 배기가스를 규제하고 대기 중에 탄소가 늘어나지 못하게 하려는 시민들의 요구가 한쪽에 있다. 다른 한쪽에는 이런 기술력을 바탕으로 경쟁에서 다른 자본가들을 무너뜨리려는 글로벌 자본의 의도가 놓여 있다.

사실 여기에는 다른 이해관계도 있다. 아직까지 제조업 자본 못지않게 큰 영향력을 자랑하는 석유 자본이다. 친환경차가 등장하면 석유 소비가 줄고, 그렇게 되면 석유 자본은 돈벌이 수단을 빼앗기게 된다. 인류가 지닌 과학기술의 발전 속도에 견줘 전기차 개발이 늦춰진 데는 석유 자본의 이해가 얽혀 있다는 주장이 정설로 받아들여진다.

그래서 석유 자본의 이해를 건드리지 않은 채 추진되는 친환경차 개발이 대세다. 특히 플러그인 하이브리드 전기차PHEV는 콘센트를 꽂아 배터리에 전기를 공급하는 방식이기 때문에 석유 사용량에 큰 차이가 없다. 이 전기를 생산하는 원료가 석유기 때문이다. 이런 방식의 친환경차 개발은 '친환경'이라고 말할 수 없다. 아무리 좋은 전기차를 개발해도 그 전기를 생산하려고 화석 연료를 태운다면 대기 중에 탄소 화합물이 늘어나는 상황은 막지 못하기 때문이다. 화석 연료가 아닌 대체 에너지, 말 그대로 그린 에너지를 개발해야 진짜 친환경 산업이 발전한다.

인간과 화물을 나르는 수단이자 자본의 생산 수단

자동차는 뭔가를 운반하는 수단이기도 하다. 특히 인간이 먼 곳까지 왔다갔다하는 데 필요한데, 그렇게 오가는 이유는 대부분 출퇴근을 비롯한 '일' 때문이다. 그 '일'이 자본의 이윤 창출이라는 목표 아래 존재한다는 사실은 자본주의 탄생 이래 불변의 진리기도 하다. 일가친척이나 지인들하고 어울리려고, 또는 가족들끼리 단란한 여가를 보내려고 자동차를 쓰는 여유는, 하루에 8시간 넘게 일주일에 5~6일가량을 출퇴근이나 출장 등으로 자동차를 이용한 뒤에나 주어진다. 평범한 노동자들이 자가용이든 택시나 버스든 자동차를 이용하는 이유는 대부분 '일'이다. 자동차가 자본가들에게 가장 필요한 수단이라는 말이기도 하다. 아울러 자동차는 화물과 건설 자재 등을 실어나르는 자본의 생산 수단이기도 하다. 전국 곳곳을 그물망처럼 연결하는 고속 도로를 만든 이유가 화물과 전쟁 물자 운송이라는 사실을 잊지 말자.

자동차 관련 산업에서 일하는 노동자들의 일자리와 벌이 수단

'자동차 산업과 노동자'를 주제로 한 글이라면 가장 중요하게 다룰 내용이 일자리다. 무엇보다 자동차는 자동차라는 제품을 생산하고 판매하며 수리하는 노동자들의 일자리와 생계 수단이 된다. '제조업의 꽃'으로 불리는 자동차 산업은 전후방 연관 산업 효과가 꽤 큰 업종이다.

먼저 자동차는 2만 개에 이르는 부품이 장착되는 복잡한 조립품으로, 수백에서 수천 곳의 부품 회사에서 부품을 납품받아 완성차 공장에서 최종 조립된다. 완성차 업체뿐 아니라 부품 업체까지 고용 효과가 어마어마하다. 차를 다 만들고 나서도 판매와 정비 부문이 돌아가야 자동차가 도로 위를 굴러다닐 수 있다. 바로 이런 점 때문에 생산 물량과 고용을 등치시키는 자본의 이데올로기가 기승을 부린다. 신차 생산 하나만 배정돼도 중소 도시를 먹여 살릴 수 있을 정도의 고용 유발 효과가 난다. 완성차 공장 하나를 폐쇄하면 수만 명이 일자리를 잃고 도시 전체가 죽은 듯한 상황에 빠져든다. 쉐보레 크루즈를 로즈타운 공장에 유치한 덕에 오하이오 주에 있는 일자리 8개 중 1개가 크루즈 생산에 연관됐다고 선전하며 2012년 미국 대선에서 버락 오바마가 압승을 거둔 얘기, 그리고 파산을 선언한 미국 자동차산업의 심장부 디트로이트의 사례가 극명한 대비를 보여주지 않는가.

자동차를 운전해 먹고사는 이들, 화물 운송 노동자, 건설 운송 노동자, 택시와 버스 등 운수 노동자들도 마찬가지다. 자본가의 이윤율을 좌우하는 결정적 변수는 자동차의 '회전율'이다. 서울에서 부산까지 화물차가 일주일에 몇 번 왕복할 정도의 운수 물량이 나오는지, 하루에 골재를 몇 번 실어나르는지 따위가 중요하다. 이런 차량들은 종종 '도로 위의 무법자'처럼 행동한다. 차량이 큰 탓에 과시하려는 성격을 키운다거나, 막장 일자리나 다름없어 노동자들이 본래 거칠기 때문이 아니다. 회전율을 높여야만 이윤이 늘어나는 자본가들이 내린 명령에 따라, 목구멍이 포도청인 노동자들은 일자리와 임금을 보장받으려 어쩔 수 없이 과속과 과적을 한다.

—

지금까지 인류에게 자동차가 무엇을 의미하는지 살펴봤다. 편리한 교통수단이라는 의미만 빼면, 모두 자본가들의 이윤 창출이라는 목적에 꽉 붙들려 있다. 물론 자동차는 인류에게 꼭 필요하다. 교통사고를 일으킨다는 이유로 자동차를 없애자는 주장은, 화재가 위험하니 불을 쓰지 말자는 말하고 똑같다. 문제는 인간이 만든 자동차를 자연자원처럼 인류의 편리와 필요에 맞게 사용하고 통제할 방법을 찾는 데 있다.

우리가 지금 살고 있는 사회가 자본주의인 만큼 자동차가 무엇이냐는 질문은 자본주의 체제에서 자동차란 무엇을 의미하느냐는 뜻으로 해석될 수밖에 없다. 편리한 교통수단이 돼야 할 자동차는 인간이 인간을 착취하고 부려먹는 데 필요한 수단으로 왜곡되고 만다.

'인류의 필요를 위한 자동차 생산'이 아니라 '생산을 위한 생산'이자 '시장 판매를 위한 생산', 곧 '자본의 이윤을 위한 생산'이 진행되고 있다. 도대체 이렇게 많은 자동차가 왜 필요한지, 날마다 생산되는 자동차들이 필요한 주인을 잘 찾아가는지 알지 못한 채, 노동자들은 오늘도 일인당 수백에서 수천 대에 이르는 자동차를 만들어내고 있다.